TQM在淡江

IN TAMKANG UNIVERSITY

感‧動‧服‧務

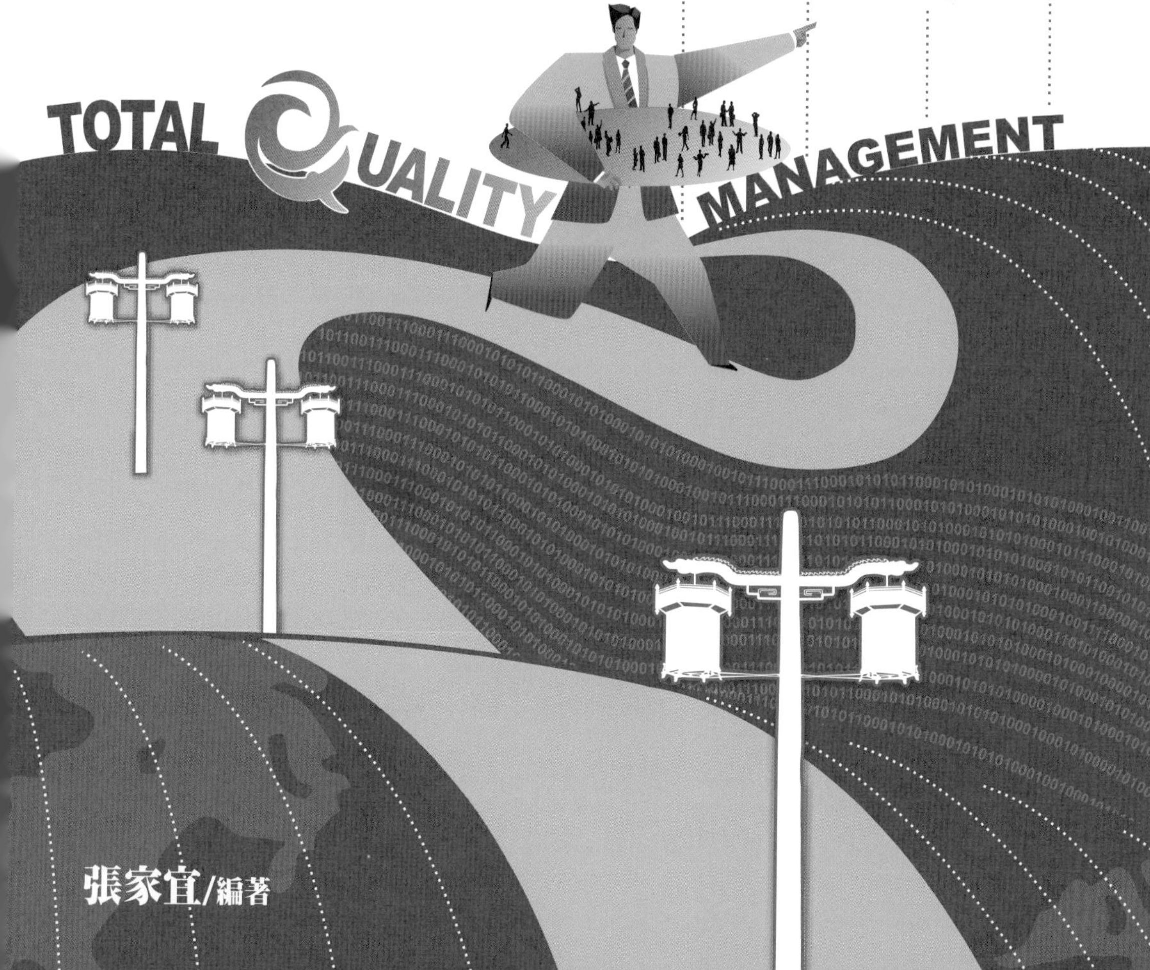

張家宜/編著

推薦序一

數十年來，我一直傾全力於高等教育領域實務的推動與研究。記得在1991至1992年，曾花了整整一年的時間特別專注於美國高等教育改革的研究，當時美國高等教育機構正嘗試將企業界的全面品管體系 (System of Total Quality Management) 導入，藉以提升並維持高等教育的教學、研究、行政及服務的品質。

全品管的概念及理論基礎最早是由美國品管大師戴明博士 (Dr. William Edwards Deming) 所提出，最初未被美國產業界重視，反而在日本被奉為管理至寶，而於60年代開始全面推行，使得日本產業猶如脫胎換骨般躍入世界舞台，並於70年代逐漸超越美國。1982年，美國管理學及產業界不得不宣布，其管理科學已落後日本，並派遣大批專家到日本取經，才赫然發現，日本不但將TQM活用於產業界，連教育界也早已將其應用於各級學校了。這些現象迫使美國學者重新定位戴明理論，並開始大力鼓吹與推廣。1990年以後，美國各大學校院自如雨後春筍般的爭相以TQM的理念提升學校品質，此風潮更擴展至歐洲、澳洲以及亞洲各國，近二十餘年來，全品管在高等教育的推行十分普及，顯示本人在當時確已預見並掌握世界高等教育發展的趨勢。

淡江大學從1966年(民國55學年度)起就在每學年度定期舉辦「教學與行政革新研討會」，召集全校一、二級主管及教師代表，由本人與校長共同依當下教育大環境的趨勢擬定研討會的主題，以確定學校未來發展的方向，而達到「革新」的效益。1992年配合本人既有的學校管理模式－同僚、官僚及政治模式，將TQM的理念引進管理體系中，並因應社會環境變遷的需求增加企業管理模式。1993年淡江成立「教育品質管制委員會」，統籌TQM的執行計畫，其首要任務就是讓全體同仁對TQM觀念有所體認，及舉辦各式相關活動及研習會議。並藉由每學年度上學期定期舉辦之「教學與行政革新研討會」，啟發學校同仁對推動TQM之認知，從而建立共識。每學年度下學期定期舉辦「全面品質管理研習會」，召集全校主管、教師代表及行政人員參加，邀請國內外品質管理專家或學者進行專題演講及座談，研討TQM相關主題，藉以廣為宣導及深化TQM之精神內涵與理念，使大家了解組織使命及願景，並以實施TQM做為校務推動之方針。

當品質成為組織文化之一部分，TQM之核心精神已成為組織運作之基本遵循原則，便更進一步推行落實品質教育的競賽活動。2006年首開全國先例設置「淡江品質獎」，聘請校內外專家學者組成評審小組，參照國品獎周詳的評審標準及嚴謹的評審程序，遴選對推行TQM具有卓越績效之單位。鑑於「品管圈活動」為落實TQM之根基，於2009年起開始推行「品管圈競賽活動」，希冀藉由活動推行能在各教學與行政單位徹底推展，同時提供相互觀摩與交流機會。2012年起更開放學生圈隊加入競賽，讓本校同學在出社會前即可熟知品管圈之應用，更能具備發現問題、解決問題的能力。

張家宜校長自美國史丹福大學獲得高等教育行政博士學位後，從1993年在副校長任內就負責淡江大學全品管理論的研究與實務的推動，更於2004年接掌淡江大學校長，綜理校務。以其二十年推動TQM的經驗，帶領全校同仁三度挑戰國家品質獎，鍥而不捨，終於在2009年榮獲19屆國家品質獎，證明淡江這些年致力於TQM的推動有了很好的成效。這是國家給淡江最高的肯定，也是建校以來所獲致的最高榮譽。從這個基礎上，我們仍需繼續不斷的學習和訓練，精益求精、進步再進步。

本書是張家宜校長根據她對TQM深度的理論探討與推動校務的實證成效，邀集校內獲得淡江品質獎的單位主管共同撰寫本書，詳述淡江如何推動全面品質管理的經驗，資料多元，架構嚴謹流暢，內容兼顧理論與實證。本書之出版必能提供國內關心高等教育人士之參考，相信也能成為學者研究或高等教育管理階層的重要參考文獻，有助於提昇組織經營績效。故特此慎重推薦，並期許淡江全體教職員生持續加四倍努力，迎接未來更大更困難的挑戰。

淡江大學創辦人

張建邦

2014年 5月

推薦序二

萬丈高樓平地起—我看見這個學校努力不懈、持續改善

本人與淡江之緣，起於2008年擔任淡江大學申請第18屆中華民國國家品質獎之評審委員，復於2009年擔任第19屆之評審委員，再次續緣。原來創辦人張建邦博士早在1992 年即引進全面品質管理(TQM)之理念與作法，品質管理的工作由點到線、由點到面、由面到立體，逐步生根、落實。很高興看見淡江大學將所有推動全面品質管理的精華，毫不藏私地把「眉角」濃縮在這本書中，真正落實幾年前評審委員建議的「將申請國家品質獎及淡江品質獎的辛酸歷程經驗與獨特的手法彙編成冊，做為國家品質獎得主之典範」，很榮幸受邀為之撰序並鄭重推薦！

在張家宜校長的領導、堅持及全體教職員工的努力下，經過三次挑戰國家品質獎，於2009年獲得第19屆中華民國國家品質獎之最高榮譽，其熱忱與努力非常令人感佩。淡江大學重視品質管理已成為該校的DNA，張校長秉持「品質沒有最好只有更好」的理念，除了早在2002年就已出版《高等教育行政全面品質管理-理論與實務》專書，讓其他有意願投入品質管理的高等教育機構參考之外，持續推動淡江品質獎及品管圈等相關活動，深耕品質文化。本人多次獲邀忝任淡江品質獎之校外評審委員，深覺許多校內單位的申請書內容非常專業，甚至優於國家品質獎的得獎單位，因此我強烈感受到張校長落實品質管理的點滴工程。

淡江大學是國內少數設置品質管理專責單位為直屬校長之一級單位，由此可知該校對品質管理及校務研究工作的重視程度。無論是學校本身的標竿學習，或是扮演其他機關團體的標竿學習對象都不遺餘力，諸如不定期邀請美國國家品質獎得獎大學、國際品質大師等到校演講；不論哪個機關團體想到淡江大學參訪，他們都竭誠以待、據實以告。在一個學生人數高達28,000人的學校中，要全面且長期推動TQM並不容易。因此，看見張校長和全體教職員工如此用心經營品質，本人既感動又感激。

品質文化是一個國家競爭力的核心，如果未來能設置品質管理相關研究所，培養品質管理專業人才，此創舉或將對提升社會整體品質有更大的助益。近年來高等教育面臨各式各樣的評鑑、認證及排名壓力，如何追求卓越已是不容忽視的課題。國家品質獎提供一個完整的卓越經營架構，未來期待教育主管機關能考慮將此架構列入評鑑的選項之一，鼓勵各大專校院挑戰不同層面的品質標準。

日鑫創業投資股份有限公司董事長

盧瑞彥

2014年 5月

自　序

20世紀末，開放政策使得高等教育壟斷性競爭的時代來臨，而教育部的鬆綁政策讓國內高等教育機構有較大的自主空間，更積極發展各校特色，以吸引優良的師資及學生。邁入21世紀以後，高等教育的品質提升成為眾所矚目的焦點。尤其，教育改革、追求卓越、學術聲望以及績效責任，更是全球共同關心的議題。進而開始正視各學校的使命、願景、策略與經營管理模式等。

1990年，我赴美史丹福大學攻讀教育行政博士學位，父親利用休假亦於1991至1992年在美研究，為淡江大學未來發展尋找方向。父親洞察先機，如獲至寶地發覺全面品質管理（TQM）可能是高等教育行政管理的新觀念及未來趨勢。回國後即自82學年度引進TQM理念運用於淡江大學以提升教學、研究、行政及服務的品質。本人畢業後也回國參與，協助校長負責全校推行TQM的程序規劃與教育訓練，應用組織學習的原則追求成長及推動變革。本人自2004年接任校長至今10年，更是全心投入校務的全面品質管理，期使淡江邁向不斷以創造持久競爭優勢的學習型組織。20年來，淡江頗受各界好評，從校務評鑑10項最佳的績優、蟬聯17連霸的企業界最愛、全世界第一所安全校園大學、…到榮獲友善校園與企業環保最高榮譽獎等，在在發揮了全面品質管理的績效。

全面品質管理是以思患預防的哲學為基礎，透過全員集體的參與，不斷的改進，達到品質第一的目標，最終目的是滿足並超越顧客的需求。在追求品質的過程中，不只是顧客的要求得到滿足，成員也得到了自我成長的滿足感，進而提升整個組織的效能。1980年戴明以「日本能，我們為什麼不能？」激起全美的工業品質革命，而設置國家品質獎。1990年教育界以「工業界能，為什麼教育界不能？」全球的教育機構因應日漸激烈的競爭環境，逐漸將企業界的TQM策略，應用於學校管理。

本書分參篇，第壹篇包含兩章，探討全面品質管理的理論：第一章品質發展之道，旨在介紹TQM的發展、意義內涵及觀念架構，讓讀者對TQM有初步認識。第二章高教品質之賢，探討美國高等教育推行TQM及其相關的研究。

第貳篇包含五章，以淡江的經驗敘述高等教育推動全面品質管理實務，說明淡江大學推行TQM的歷程，包括：第三章淡江品質之路，第四章標竿學習之旅，第五章校務精實之鑰，第六章內控內稽之實，第七章營運績效之現，旨在說明全面品質管理須要透過領導階層擬定執行的具體方案。

第參篇包含八章，係以淡江品質獎歷年來8個得獎及績優單位的實務做深入實證說明，包括：教務處、學務處、總務處、商管學院、圖書館、資訊處、財務處以及文錙藝術中心，期望藉此課題，提供各高等教育機構改善學術、行政及服務品質之具體實證。另外，在每一章末都附上一篇感動服務的小文章，這是淡江在推動全面品質管理以來，各單位的心得分享。

古人說：「十年磨一劍」，而淡江推行全面品質管理卻走了20年，3度挑戰國家品質獎，全員參與，嘔心瀝血，才精心磨鑄成這把高等教育全面品質的寶劍，讓淡江得以面對高等教育詭譎多變的衝擊，而穩健的發展校務與永續經營。在此，感謝淡江大學前任林雲山校長及張紘炬校長的相繼推動，以及全校同仁在這20年來秉持著TQM持續改進的團隊精神，他們對於TQM的決心與對本人的支持，是本校得以持續推動TQM的最大動力。其次是來自國際與校外全品管專家蒞校演講TQM成功經驗的分享，給予本校在TQM行政推動實務上莫大助益。

本書是集理論研究及行政實務全員參與的經驗，再加上淡江實際投入TQM之推展實務，期以此客觀程序與結構機制，讓淡江有一穩定而自我更新成長之平台，更有效地支持所有單位之發展與成長。並以此證明推展TQM之經驗完全符合臺灣高等教育競爭的現況，期望大家能共同努力，達成品質優異的目標。在此，特別感謝各篇章的主筆與撰寫感動服務的同仁們，利用工作之餘撰寫書中的每一個單元。由於倉促付梓，疏漏之處祈望讀者不吝指教。

謹以此書獻給為高等教育發展盡心盡力的父親張建邦先生及母親張姜文錙女士。

淡江大學校長

張家宜

2014年 5月

目　　錄

第壹篇
全面品質之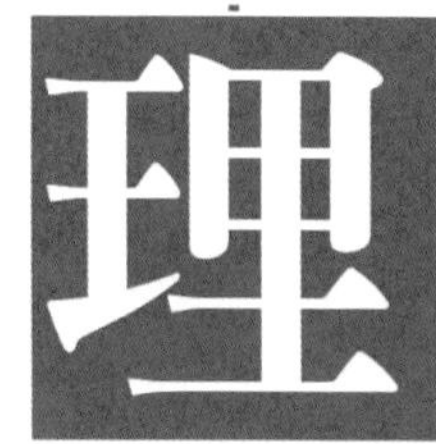

使命
(Mission)
承先啓後
塑造社會新文化
培育具心靈卓越的人才
願景
(Vision)
宏揚私人興學的教育理念
創造精緻卓越的學術王國
價值
(Values)
樸實剛毅 五育兼備
學術自由 學校自治
策略
營造四個校園
實施波段建設
培育卓越人才
實踐三環五育
創造學術王國
落實三化教育
活化第二曲線
建立S形曲線
爭取社會資源
發揮馬太效應
創造競爭優勢
善用藍海策略
治理
(Governance)
領導體系
四個管理模式
全面品質管理
組織活化

第一章　品質發展之道

追求產品高品質原是工商企業努力提升經營能力的目標，面對激烈市場競爭，品質信用一旦破產，企業經營也將隨之出現存續危機。早期物資缺乏、供不應求的時代，品質但憑生產者自訂標準；工業革命後，生產技術日趨複雜，產品種類繁多，品質被視為生產線末端檢驗良窳的結果；晚近工商服務業發達，產品定義從實體產品擴大到無形服務，產品或服務品質的認定轉變為以顧客導向為核心，品質不僅要滿足顧客的基本需求，更進一步要超越顧客的期望。

全面品質管理（Total Quality Management, TQM，簡稱全品管）的基本理念係發源於美國品管專家，原本應用於製造業，1940年，戴明（Deming）首度提出有關全面品質管理的管理哲學時，由於美國正風行科學管理，因此並未獲得廣大迴響。二次世界大戰之後，麥克阿瑟（MacAuthur）將軍延請戴明及裘蘭（Juran）等人到日本講授品質管制的方法，以重建日本的經濟力量，日本產業界在1950年代接受品管大師的指導後，發展出品管圈（quality circles）技術，管理思想上起了革命性的轉變。在二十年中迅速洗刷「模仿王國」與「劣等貨品」的恥辱，提升日本製造業品質，更以高品質產品攻佔全世界市場，成為世界經濟大國，今天日本能從戰後的經濟蕭條到今日的富裕，部分應歸功於戴明的品質管理理論（秦夢群，1997）。

1970年代，品質管理特別強調品質管制是每個人的責任，組織全體成員都要參與品質管理的工作，品質保證不只是產生優質的產品，也必須考慮到使用者安全與尊重生命的需求。品質的觀念，經日本企業管理學者石川馨（Ishikawa）等人的推動，建立日本本土化的「全公司品質管制」（Company-Wide Quality Control, CWQC）品管模式，品質是全面管理出來的信念普遍受到企業界認同。

1980年代，美國國家廣播公司（NBC）報導〈日本能，為什麼我們不能？〉的專題，引起美國熱烈討論戴明品管理念，企業界開始研究日本式的品質管理，政府也開始正視提升品質的重要性。美國引進原本出自美國學者的日本式品管模式再重新建構之後，成為TQM模式，顧客需求滿意度成為判定品質高低的重要指標，理論體系更臻成熟，並隨之見諸世界各國，迅速傳播到英國、澳洲等英語系國家。1980年代末期，美國教育界開始引進追求品質的觀念，許多高等教育機構陸續導入TQM作為提升學校經營績效之途。

一、全面品質管理的意義與內涵

TQM的管理模式經過二十餘年來的理論研究與實地實驗，已經趨於成熟，其最基本的想法就是讓組織內的每一個人共同參與和品質有關的活動，透過周延管理的執行過程，不斷地追求品質改善，達到顧客滿意的最終目標。國內外學者對於TQM的意義有以下不同看法：

(一) TQM的定義

Barkley & Saylor（1994）分別針對「全面」、「品質」與「管理」加以解釋：「全面」係指組織中所有成員及所有事件都必須參與組織中持續改進的過程，除了人員之外組織中的任何事情包括制度、過程和任務都必須密切合作朝向同一個目的；「品質」係指顧客滿意的達成，顧客包含了內、外部顧客，內、外部顧客滿意的達成是TQM的目標；「管理」係指組織的領導，必須採取TQM的領導方式。

Sallis（1996）亦就「全面」、「品質」及「管理」的概念加以解釋：「全面」係指TQM並非單由高階主管推行，再利用命令的方式要求部屬執行，而是組織中所有的人、事、物都參與持續改進的事業中；「品質」是指適合標準或達到顧客的要求；「管理」是指組織中所有人員無論擔任何種職位、角色都是自身任務的管理者。Lewis & Smith（1994）定義TQM是一套管理哲學，利用管理系統領導組織有效達成目標，保證顧客滿意並創造利害關係人的最大價值。除此之外，奧瑞岡州立大學副校長Coate指出TQM強調高品質產品或服務的追尋，強調每一個人在組織之中對卓越的承諾，而卓越是藉由團隊合作進行持續不斷的改進而達成；TQM意謂著做到最好、傳送高品質的服務以符合並超越顧客的期望（Coate, 1994）。

在國內學者方面，戴久永（1992）從「全面」、「品質」與「管理」三方面定義，認為：「全面」是指組織中的每一項產品及相關部門，同時應該包含組織中的每一成員，讓每位員工都能為他本身及工作小組的品質負責；「品質」是指活動過程、結果與服務均能符合或滿足顧客的需求，此顧客包括內部顧客（組織中負責下一個流程的單位）以及外部顧客（產品或服務的使用者）；「管理」是指組織為了確保良好品質所做的措施及行為，一個全面品質的環境是由管理方式所創造及維持的，管理是手段、目的的判斷使用。吳清山與林天祐（1994）也同樣從以下三組字面來探究：「全面」指所有單位和所有人員都必須參與品質改進的過程，並為品質的好壞負責；「品質」則是指品質改進的活動過程、結果與服務要能夠符合顧客需求；「管理」則是有效達成品質改進目標的手段和方法。

綜合以上學者觀點，TQM的意義在於事先妥當謹慎地安排和設計任何產品的製程或服務，避免事後的篩檢與錯誤，使所有人員都能持續不斷致力於品質的改進，以滿足顧客要求。透過系統化的原則與策略，塑造追求低成本、承諾高品質的組織文化，使組織中所有部門及成員均能持續改進所有的產品、服務與工作流程，最終目的在於滿足並超越內外部全體顧客現在與未來的需求與期望，俾使組織得以不斷改善與永續發展的一套管理哲學。

(二) TQM的理念與意涵

基於學者對TQM的不同定義，對TQM的內涵、理念與原則也各有不同，國外學者如戴明在日本實行的全面品質管理內涵有五大項：（1）主管須負責，品質必須由上位者領導，對未來規劃錯誤，或為了預防問題的發生，都將帶來人力物力的浪費；（2）顧客就是國王、皇帝、總裁與發號施令者，顧客是生產線中最重要的一部分；（3）瞭解並降低每一個流程的變異；（4）組織中的全體成員都必須參與並持續改進品質；（5）教育訓練，讓人們樂在工作（Crainer, 2000）。

Juran（1989）認為要有效的達成品質管理，必須擁有高階主管的承諾，因為高階主管是組織中最重要的人，唯有高階主管設立目標，組織專業的管理部門，鼓勵員工持續改進，真正的品質管理方能落實。Melan（1995）指出管理者是創始和傳播改變的代理人，許多失敗的TQM可歸因於缺乏管理者的承諾或長久的目標；因而，要成功的推行TQM，主管的承諾為不可缺乏之要素。Freed（1994）則認為擁有高階主管的支持將有助於TQM的實施；此外，TQM不是命令出來的，而是各級主管領導下屬共同創造出來的。

全員參與可謂TQM中不可或缺的一環，一個組織要成功推行TQM必須要組織中所有部門都參與（Melan, 1995；Barkley & Saylor, 1994）。Jablonski（1992）認為TQM強調組織內部從高階主管到基層員工全員參與改進的過程。Freed（1994）則認為共同研究和團隊合作的結果往往比個人單打獨鬥來得好，組織中每個人都必須對願景負責，以促進全員參與。

顧客滿意的達成是TQM的最終目的，組織不僅要兼顧內部顧客需求，也必須滿足外部顧客的期望。所謂內部顧客意指組織內部負責製造產品或服務的成員，外部顧客為組織外部接受產品或服務的人。不同顧客群對組織的期待、產品或服務品質的要求各異，推行TQM必須先定義與組織相關的顧客，進而瞭解其需求上的個別差異，才能提供令顧客滿意的服務或產品（Melan, 1995；Barkley & Saylor, 1994）。

對組織而言，傾聽顧客的聲音非常重要，這將有助於產品在設計、行銷及分配的過程確能符合顧客期望（Besterfield, Besterfield-Michna, Besterfield, & Besterfield-Sacre, 1995）。因此，組織必須將顧客期望清楚的文件化，以作為是否符合顧客期望的測量標準。為了顧客滿意度的達成，組織必須對所提供的產品或服務進行持續性改進。

Sallis（1996）指出TQM重視長期的品質改進，強調持續創新及改變，並且將持續改進的文化傳遞給組織中每一位員工。Sherr & Lozier（1992）主張TQM並非一個被動的描述語詞，而是一個積極的持續改進過程。持續改進過程的實施必須由誠實、願景分享、耐心、承諾及TQM理論五個要素所組成。Jablonski（1992）主張TQM的組織強調利用結構式方法進行問題解決，組織在面對問題制定決策時，必須由全體員工一同蒐集資料，作為決策訂定的參考依據。

TQM強調人力資源的運用，為了使這些資源發揮最大功效，必須給予適當的教育訓練。Sallis（1996）則認為實施員工教育訓練是建立品質認知和品質知識的必要方法，亦為發展品質文化的重要策略；因此，學校在實施TQM的初期，必須以TQM的原則來訓練每一個員工，除了建立員工的品質概念外，亦可讓員工學習解決問題的技巧與決策技術。

Sims & Sims（1995）指出TQM的內涵有以下四項：

1. 顧客至上：品質是由顧客定義的，組織中的每個人都必須定義自己的內外部顧客，並發展自己與顧客間的工作關係。
2. 承諾流程改進：任何事情都是一種流程，管理者應將工作流程的目標、標準與評估定義清楚。
3. 全員參與：包括鼓勵合作、責任分擔、共同決策和團隊工作，透過品質教育訓練可使員工參與更加容易，使員工學習設計工作流程的技巧，全員參與也可能是簡化流程的關鍵。

4. 系統化思考：工作上，85%的錯誤導因於系統問題，只有15%的錯誤是個人表現不佳引起，故應重視整體系統思考的觀念。

國內學者如吳清山、林天祐（1994）認為外部消費者固然決定了最終產品的品質，內部消費者則肩負決定製造過程的品質，兩者對於品質的影響同樣重要，故TQM的五項重要理念為：事先預防、永續改進、顧客至上、品質第一、全面參與。吳清山、黃旭鈞（1995）認為TQM的主要內涵則有以下六項：

1. 顧客滿意至上：任何產品與服務品質終究必須以顧客的滿意程度為依歸。
2. 承諾品質第一：重做或延誤會增加許多成本。故必須對品質有所承諾，把品質視為降低成本的第一要件。
3. 持續不斷改進：組織中每個人都必須致力於個人與團體的不斷改進。
4. 發展人力資源：必須充分訓練、發展及授權給所有成員，使成員能持續改進自己及其所提供的服務。
5. 全體成員參與：強調組織必須讓全員參與改進品質，團隊協力合作以共同追求高品質。
6. 資料本位決定：重視科學方法，以客觀統計資料來增加決策之客觀性與正確性。

綜合以上學者所見，歸結TQM之理念主要包括顧客至上、持續改進、事先預防、團隊合作、資料基礎、品質承諾、全面參與、人力資源等八大項：

1. 顧客至上：讓組織內所有成員知曉自己的內外部顧客為何，並瞭解掌握與滿足顧客對品質要求的重要。
2. 持續改進：建立組織內所有成員不斷創新與學習，以顧客意見作為改進標準的觀念。
3. 事先預防：讓組織內所有成員重視平時工作歷程的重要，避免結果錯誤導致成本浪費。
4. 團隊合作：組織內所有成員能有效運用品管小組，透過團隊合作方式解決問題。
5. 資料基礎：組織內所有成員正確運用品質技術工具蒐集資料，幫助解決問題。
6. 品質承諾：組織內所有成員瞭解並重視高品質工作。
7. 全面參與：組織內所有成員瞭解個人與部門在TQM中之重要，並能消除階級觀念共同參與決策。
8. 人力資源：協助主管階級組織內所有成員瞭解工作發展與教育訓練之重要性。

二、全面品質管理觀念架構

在瞭解TQM之理念與內涵後，學者將TQM哲學形成觀念架構圖，較常見者為全品質屋（House of Total Quality）與全品管輪（TQM Wheel），分述如下。

(一) 全品質屋

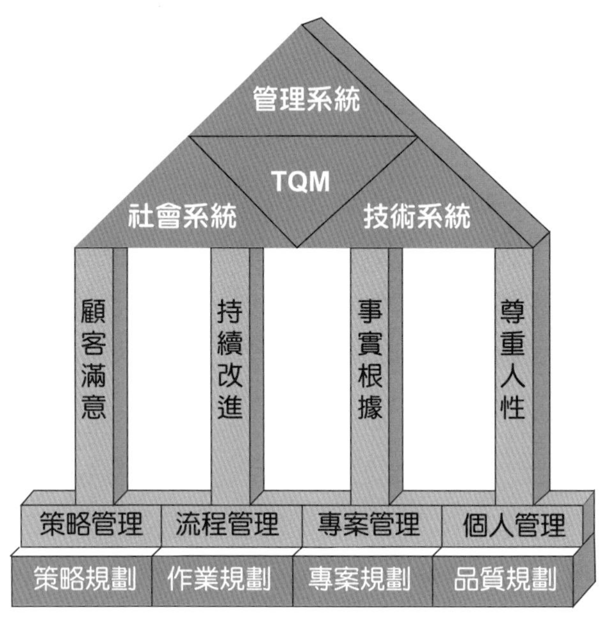

圖1-1　全品質屋

資料來源：*Total Quality in Higher Education*（p.84）, by R. G. Lewis & D. H. Smith, 1994, Delray Beach: St. Lucie Press.

Lewis & Smith（1994）以全品質屋來象徵TQM基本觀念，如圖1-1所示，說明一個完善的TQM系統，需有策略規劃管理、作業流程規劃管理、專案規劃管理以及品質個人規劃管理四大管理領域奠定基礎，輔以顧客滿意、持續改進、事實根據與尊重人性四大精神支柱，才能架構最上層管理、社會、技術系統的TQM環境。

1. TQM系統

全品管屋的最上層是由三個子系統組合而成，分別為社會系統、技術系統以及管理系統。要成功推行TQM，此三個系統環環相扣，缺一不可。

社會系統包含以下幾個要素：組織文化（存在各組織不同的價值、規範、態度、角色期望等）、個人與群體間的關係及個人角色和溝通的行為模式。為達成全面品質目的，社會系統必須在顧客滿意、持續改進、事實根據和尊重人性的環境下發展。

技術系統則包含所有的工具和方法，是能將品質利用量化概念衡量的技巧。此系統的焦點在於組織中的工作流程，受到任務實踐與顧客服務不同之影響，發展項目也各有差異。但在大多數組織中，技術系統通常包含技術累積、追求標準化、工作流程材料規格、工作規定與責任、人機介面、工作步驟型態、可用資訊、決策流程、問題解決工具與流程，以及設備工具與人力安排等項目，期能透過完善的工作系統發展，降低工作重做與產品變異數、節省時間、人力、物力，並增進員工學習與顧客滿意。

管理系統包含組織架構（正式設計、政策、責任劃分、權力模式與授權）、組織任務願景與目標，以及管理行動（規劃、組織、領導、協調、控制）。管理系統提供組織在政策、程序、實務與領導上有所依據，並得以在策略、流程、專案與個人管理等四方面的良好管理運作中發展得宜。

2. 品質四支柱

任何組織中的TQM推行均需要四大關鍵支柱，分別為「顧客滿意」、「持續改進」、「事實根據」與「尊重人性」，此四支柱皆為TQM實施關鍵，缺少任何一項，全品質屋將坍方，TQM的推行亦將失敗。

3. 品質基石

要使全品質屋屹立不搖，地基自然不容忽視，由圖1-1可知，要順利達成TQM推行，需以「策略規劃」、「作業規劃」、「專案規劃」及「品質規劃」為基石，打造「策略管理」、「流程管理」、「專案管理」與「個人管理」之地基，如此才得以支撐上述支柱，而使TQM推行穩健紮實。

策略規劃是管理階層最廣泛者，藉由策略規劃，建立全組織的品質管理策略與架構，策略管理是一種由上而下的策略，雖由組織高階主管發展制定，但必須由組織全體成員共同透過團隊合作、腦力激盪等活動參與制定程序，策略管理的成果在於組織三到五年的計畫、任務、願景、價值觀、目標與目的之具體定義。

流程管理的基礎在於作業規劃，周延的作業規劃需透過作業成效最大化目標與問題解決手法，以確保產品在所有製造流程中都能符合標準要求與顧客所需。一般而言，在流程管理階段均需要透過跨部門協調溝通之功能，期使產品製造流程標準化，故此階段的績效表現須將產品標準流程書面文件化，以建立溝通之共同語言、降低產品瑕疵與成本浪費，並解決工作瓶頸。

專案管理之基礎在於專案規劃，專案規劃能建立一個有效計畫、組織、執行與控制所有資源和活動的系統，在此管理階段的小組成員依專案目標與任務不同而有不同之專案工作團隊編制，團隊成員依專案性質差異分別訂定執行目標、程序、控管、進度、績效考核與技術分析等工作項目，組織連結各種不同專案而促成整體目標之達成，此為專案管理之重要成果。

個人管理之基礎則在於個人品質規劃，此階段旨在提供組織內成員培養持續改進的精神，發展個人工作能力與控制品質的提升，組織內每位成員均應發展個人工作目標願景，並將之與組織整體目標相連結，個人管理之重要成果在於提高工作滿意、增進溝通，促進更良好的工作環境系統（Lewis & Smith, 1994）。

(二) 全品管輪

TQM之基本觀念架構如圖1-2所示，其中心思想是顧客導向，重視顧客的聲音，以下所有TQM管理活動都是為了達成顧客滿意，而以「每日控管」、「方針管理」及「跨功能管理」三大方向進行之。

1. 每日控管

每日控管的焦點在於讓組織內各單位小組能有最佳化的品質表現，組織推動TQM時應充分利用小組團隊合作力量，各單位將工作人員結合成立每日控管小組，小組領導者負責規劃會議、建立工作排程和進度，並與其他業務有關單位之小組負責人協商溝通，輔以下述三類活動，以求工作品質改進。

(1) 持續改進與標準化：為達成每日控管目標，組織成員應針對各單位會議所檢討協商之事項，持續改進缺失追求更佳品質，並盡量將各項工作流程訂定標準化作業程序，避免重做與時間資源的成本浪費。

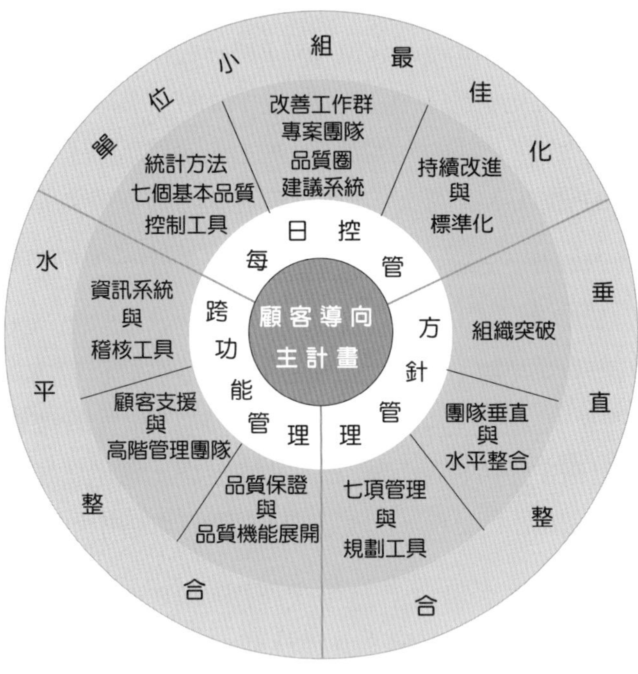

圖1-2　全品管輪

資料來源：*Readings in Total Quality Management*（p.323）, by H. I. Costin,（ed）, 1994, For Worth: Harcourt Brace & Company.

(2) 改善工作群：組織可透過改善工作群與建議系統的建構，成立專案團隊分工負責，每個專案團隊皆可視為一個獨立的品質圈，由其自發性地進行改善活動，並透過建議系統管道，提出品質改進方案，使各單位的品質追求活動能整合成為組織的整體文化。

(3) 統計方法與品質控制工具：TQM的基本內涵之一即是運用科學方法分析事實作為決策依據，確認目標並隨時掌握作業流程問題，因此適當的統計方法與品質控制工具不可或缺。

2. 方針管理

方針管理（Management by Policy, MBP；亦稱Hoshin Planning）旨在垂直整合組織各單位，MBP係指組織依據經營目標，制定短、中、長期經營計畫，使企業全體成員有效率地達成目標。MBP是TQM重要的一環，其基本精神在於為追求目標達成，組織全員必須不斷找出影響工作品質瓶頸之原因，並持續改善工作流程，提升產出品質。

(1) 七項管理與規劃工具：由於MBP本質上屬於目標導向之管理手法，故組織整體或各部門目標的制定即為首要任務，在TQM組織中，目標制定是全員共同參與，透過各種管理規劃工具逐步釐清而呈現，因此工具之瞭解與應用不可忽視。

(2) 團隊垂直與水平整合：為達成運用MBP分析導出之管理目標，各部門往往因目標之共通性或相關性而必須將單位團隊化整為零，加以垂直或水平整合，以發揮更有效的合作功能，使顧客產品／服務流程愈加完整順暢。

(3) 組織突破：TQM的推行必須仰賴全體成員對組織績效皆有精益求精之基本價值，願意不斷地挑戰傳統，嘗試新法突破工作障礙，並改善工作與產出品質，唯在此堅定信念下，才能透過各項工具與團隊整合之途達到MBP的目標。

3. 跨功能管理

跨功能管理則將焦點置於部門水平整合，組織為因應未來顧客需求的快速變遷，必須隨時保持彈性，傳統中太過專業化分工的組織已不適用（Stahl, 1999/2000）。TQM推行重視跨部門的合作，透過每日控管小組的協商會議打破單位界線，使不同部門間的員工結合為一個大團隊，輔以下列三類管理活動水平整合各同級部門，共同為滿足顧客需求之作業而努力。

(1) 品質保證與品質機能展開：品質保證是品質管理的基本要求，而「品質」是由顧客來認定，在以顧客滿意為中心思想的全品管組織中，需學習利用品質機能展開法（Quality Function Deployment, QFD），設法將顧客表達出來之期望系統化，轉化為組織內部每個產品發展與服務實行的階段作業。透過由外而內的轉化技術，使產品產出的每個階段與流程都能嚴格把關，俾使達到顧客滿意的終極目標（白滌清，1999）。

(2) 顧客支援與高階管理團隊：提供顧客的產品製程或服務流程，需要組織跨部門的團隊合作與互相支援，因此各單位高階管理者對部門之個別顧客，或與組織整體相關之內外部顧客的產品／服務支援活動，均需高度認同並全力支持，俾使成員全心投入滿足顧客期望使命。

(3) 資訊系統與稽核工具：組織運用跨部門合作提供顧客支援服務時，產品或顧客之資訊與部門相關業務之稽核至為重要，不同部門在顧客服務流程中所需資訊雖各有差異，但資料需求有共通之處時，系統則必須快速提供即時而正確之資料，俾使各單位迅速掌握一致的顧客需求資訊，在業務改進協商與相互稽核上亦能發揮相輔相成之效。

三、結語

TQM理念原是美國品管專家為追求製造業界產品品質提升所發展出來，推展至日本，再傳回到美國，甚至擴散到英、澳各地。應用範圍從產業界的製造業到一般服務業，再到非營利組織，最後導入教育機構，並獲致實質成果後，非營利事業機構如圖書館、政府機關也隨之加入TQM行列（林天祐，1998）。1990年代之後，各國教育改革呼聲日高，製造業與服務業界應用TQM成功轉型的經驗，開始受到歐美教育專家學者之重視，相關理論探討以及實際應用也陸續出現。

感動服務，服務感動

一、感動由心，服務有愛

感動來自心，來自心之愛，因愛而有動力去服務一切，此所謂愛心，所謂服務。因此，感動服務已不再只是利益的追求，而是愛心實踐，實踐愛心。試問：有那位商人因其利益的獲得而令人尊敬、感動、愛戴呢？

二、萬法唯心

有願才有力，有志才有氣，此為願力，此為志氣。有大願、大志，才能成大事、立大業。感動服務正是人生大事業之所在，無論所做之企業或內容大小，感動無二無別也。

三、心願共享

（一）「新教室」的誕生

商館階梯教室以蘭陽校園之規格更新。我們要的是「新教室」，不是「新的舊教室」。我們要學生對環境感動，進而尊重自我、尊重環境。

（二）衛生紙傳奇

淡江廁所的衛生紙之所以感動學生，是因為我們超越了學生對自己、對廁所、對學校，甚至對人性的想像與期待，原來人也可以如此的尊嚴與高貴。「各取所需」的高信任帶來高感動與高滿足。

（三）休憩文化區的營造

文館、傳播Q館前的停車場，由於上、下課時間人車擁擠，人車爭道而造成諸多的不便，經過師生建議、學校規劃、改善成為現在的休憩文化區，此區是汽機車禁行的聖地，樹蔭下木製桌椅，常見師生論學、談天。偶而傳來咖啡、紅茶、麵包香，伴隨著露天台階不時舉辦音樂表演，是校園浪漫文藝指數百分百、粉絲評價百分百讚的最佳首選。

四、感動相生

如何讓校友感動？如何因校友的感動而帶動全校師生的感動？國際會議中心以實體建築，讓人無法規避直接而強烈的感動。校友以無私的愛服務母校，這豈不是大感動？我們要以最佳的成績回報校友與社會，感動相生，自強不息。

（行政副校長．高柏園）

第二章　高教品質之賢

1980年代，在新管理主義（new manageralism）與新自由主義（new liberalism）思潮的影響下，英國柴契爾政府削減教育預算，教育必須回應「業界的需要」，思考如何提升公家經費的運用績效。在預算逐漸減少的情形下，高等教育機構必須用更少的資源，提供更多的服務。為了提升教育資源的分配及使用率，高等教育的內部效率（例如學生單位成本）及外部效率（例如研究成果），逐漸成為社會關注的焦點（戴曉霞，2000）。1988年的英國教育改革法案（Education Reform Act）設立了績效指標以監督教育過程，此績效指標主要指出過程中的效率，教育機構必須確保能提供學習者有品質的教育（何瑞薇譯，2003）。

歐美先進國家為了求生存及爭取資源，以市場化機制作為大學經營管理的手段，重視效率（efficiency）、效能（effectiveness）與卓越（excellence），提升大學教育品質，有效因應國際競爭的壓力，追求大學的永續發展，已將提升教育品質列為大學經營的首要工作（楊國賜，2008；張明敏譯，2005；Slaughter & Leslie, 1997）。品質雖然不是一個嶄新的概念，但是在目前高等教育的發展及改革中的政策辯論，是個非常重要的議題。

聯合國教科文組織（UNESCO）在1993年10月公布了高等教育變遷與發展的策略，指出高等教育在快速變遷的世界中，面臨實用性（relevance）、品質（quality）以及國際化（internationalization）三個主要的挑戰。在活動及功能方面，包含教學、訓練及研究的品質，教職員、課程及資源的品質，學習的品質，教學與研究的成果，學生的品質，治理與管理的品質，教學、學習及研究環境（UNESCO, 1993）。高等教育越來越重視組織卓越與評量的方法，不管是哪一種型態的高等教育都需要確保持續改進教育品質、行政服務、研究以及整體效能。在快速變遷的環境下，利害關係人對於一個有品質機構的定義依舊莫衷一是。基於這樣的需求，亟需透過方法論來評量績效，並清楚界定需求及努力的策略目標（Ruben, 2001）。在評量績效的方法中，教育界效法最受企業界廣泛使用的全面品質管理（TQM）。

TQM在1980年代成功地應用於美國企業界，提高了競爭力。1990年代之後，高等教育有感於招生與財務的競爭壓力，政府亦需更有效地控制公共資源的使用，提升對大學績效的考核。因此，紛紛向企業界學習TQM經驗，將TQM的理念與架構導入高等教育（張家宜，2002）。大部分率先採用TQM的是少數美國的社區學院，以及一些英國的進修教育學院。從1990年起，許多跟品質有關的想法在高等教育已完善的發展，品質的概念在學校中也逐漸被研究與實施。依據美國教育委員會（The American Council on Education）的研究，有大約百分之七十的大學採用TQM的技術，兩年制學院已大量的進行TQM的活動（引自Dettmann, 2004；何瑞薇譯，2003）。

在美國的企業中，最受重視的TQM工具為馬康包立治獎（Malcolm Baldrige National Quality Award, 簡稱MBNQA）（Dettmann, 2004）。美國國會為了增進企業的競爭力，於1987年設立MBNQA，目的在提升企業的品質意識、瞭解品質的要求，透過提供企業執行自我評估與持續改善的指導原則，增強其競爭力，以及分享成功策略與施行成效的資訊。這個獎項每年頒給績效卓越的機構，表揚組織的成功績效策略，有效提升美國企業的效能及國家的經濟，也提供其它想要追求品質的國家，管理及組織品質的核心原則（NIST, 2013; Ruben, 2001）。根據美國商務部的統計，全球已有超過六十個國家，以美國國家品質獎指標作為評選管理品質的標準，藉以提昇該國企業的競爭力（褚耐安譯，2007）。台灣現行的「中華民國國家品質獎」（自1990年開始實施）即是以MBNQA為基礎。

1991年，IBM公司設置「IBM大學校院TQM獎」計畫（IBM-TQM Award Program），首次以MBNQA之評審標準為依據，鼓勵大學校院開始導入TQM理念治校（岳林，1994）。人們在教育市場的消費選擇越來越多元而跨國界，使得全球高等教育產業競爭更加激烈，大學校院必須不斷追求卓越、提供最佳教育、研究以及服務品質，透過內部績效責任與外部評鑑的活動以確保教育品質，才能永續經營（張家宜，2004；2008）。本章旨在從獲得MBNQA之三所學校探討高等教育的經營績效，並從其獲獎經驗中分析歸納其異同，提供台灣高等教育在追求卓越，提升競爭力過程中一些實際作法的參考。

一、美國馬康包立治國家品質獎—教育績效指標

為了提升企業的品質及生產力，美國設置MBNQA，主管機關為美國商務部，由國家標準科技局（The National Institute of Standards and Technology,簡稱NIST）管理及評審，並委託美國品質學會（American Society for Quality）負責執行，每年邀

請總統頒予績效卓越的機構。這個獎項是由公、私立部門共同以夥伴關係設置，包括美國商務部、企業、基金會以及私人捐獻（NIST, 2013），旨在提高對於品質的重視及績效卓越的意識，並把它當作競爭的優勢條件，讓很多的企業可以提升效能與品質。美國組織已將MBNQA視為重要的改進工具，藉以評量及改進績效，獲致成功（Dettmann, 2004）。

這個獎項最初只頒給製造業、服務業以及中小企業；1999年加入教育與醫療機構，2007年加入非營利組織，分別提供企業界、教育界以及醫療界3種績效卓越指標。MBNQA的績效指標是來自TQM的架構，以系統性的觀點，分成七大構面（如圖2-1），包括「領導」（Leadership）、「策略規劃」（Strategic Planning）、「重視顧客」（Customer Focus）、「評量、分析與知識管理」（Measurement, Analysis, and Knowledge Management）、「重視人力」（Workforce Focus）、「重視流程」（Operations Focus）以及「績效成果」（Results）。七大構面各有不同的評分比重，總分為1000分，任何一項分數都來自於非常絕對的評斷標準，獲獎的機構必須達到600至750分以上（Alexander, 2006）。

在申請書的內容方面，一般機構至少75頁，小型企業及教育機構則至少50頁，在申請書中詳細說明落實全面品質的過程，以及得到什麼成果。最後不管申請成功或失敗，申請機構都會收到一份很詳細的回饋報告（萬言書），說明其品質系統的優、劣勢（Dettmann, 2004）。在教育機構部分，根據環境需求及系統觀點，幾乎每年都會吸收一些新觀念和新作法，對重要內容作一些調整。自2009年起，改為一次提供2年的績效卓越指標，採用以高度成功為導向的MBNQA指標幫助教育機構追求組織卓越，可以更有效地找出需要改進的地方，發現自己的優、劣勢，並找出改進的機會。

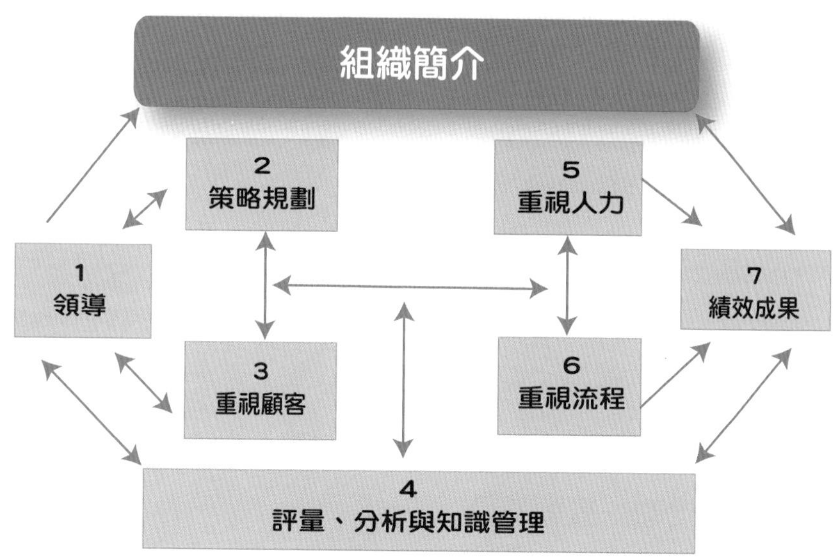

圖2-1　MBNQA績效指標架構圖

資料來源：http://www.nist.gov/baldrige/

在整個申請過程中，需要很多人不斷的提出回饋意見與討論，會遇到挑戰也會有一些收穫。挑戰的部分，包括如何把指標內容變成大家都能懂的語言，以及確認哪些是適切的資料；而收穫的部分是可以利用這個過程重新檢視校園的狀況，讓整個校園更有團隊合作的精神（Sorensen, 2004）。

本章以2011至2012年MBNQA教育績效指標為主要參考來源，評審重點包括重視顧客（學生及利害關係人）、組織的核心職能、以及永續性與社會責任。申請機構在說明七大指標之前，先以前言說明組織概況，提出一些問題讓組織從自我評量的觀點自我檢視，包括(1)從組織環境及關係兩部分，描述組織的關鍵特質為何？(2)從競爭環境、策略性脈絡以及績效改進系統說明組織的策略性地位為何？接著詳細說明各指標內容，並提供具體的操作性定義，簡要說明如下（NIST, 2013）：

(一) 領導：權重120分

領導構面包括高階領導（70分）及治理與社會責任（50分），前者描述高階領導如何與教職員工溝通及鼓勵高績效，包括願景、價值、任務、溝通以及組織績效。後者描述組織如何領導改進治理的系統與途徑，以及確保達成社會責任與支持關鍵社群，內容包括組織治理、道德行為、社會責任以及支持關鍵社群。

(二) 策略規劃：權重85分

策略規劃構面包括策略發展（40分）及策略執行（45分），前者描述組織如何建立策略性改變與競爭優勢：包括策略發展過程與策略目標。後者描述組織如何將策略目標轉化成行動計畫：包括行動計畫發展與展開、以及績效的預測。

(三) 重視顧客：權重85分

檢視組織如何讓學生及利害關係人獲得長期的成功經驗，包括如何建立一個重視學生及利害關係人的文化、如何傾聽顧客的聲音，以及使用這些資訊來改進及得到創新的機會。包括顧客的聲音（45分）及顧客投入（40分），顧客的聲音描述如何獲得及使用來自學生與利害關係人的資訊：包括傾聽學生及利害關係人的聲音，學生及利害關係人的滿意度和參與情形，以及學生與利害關係人資料的分析與使用。顧客投入描述如何服務學生及利害關係人的需求，以及建立彼此間的關係：包括課程、服務，及學生與利害關係人的支持，以及建立學生與利害關係人的文化。

(四) 評量、分析與知識管理：權重90分

檢視組織如何選擇、蒐集、分析、管理及改進這些資料、資訊及知識，以及如何管理資訊科技。內容包括組織績效的評量、分析及改進（45分）及資訊、知識及資訊科技的管理（45分），前者包括績效評量，績效分析與回顧，以及績效改進。後者包括資料、資訊及知識管理，以及資訊資源與科技的管理。

(五) 重視人力：權重85分

檢視組織在整體任務、策略及行動計畫下，如何投入、管理及發展，有效運用人力；以及建立高績效的人力環境。內容包括人力環境（40分）及人力投入（45分），前者描述如何建立一個感性且受支持的工作環境，包括人力潛能與能量，及人力狀況。後者描述如何讓人力達成組織及個人的成功，包括人力表現、評量人力投入、以及人力與領導發展。

(六) 重視流程：權重85分

檢視組織如何設計工作系統，及如何設計、管理與改進關鍵過程，再透過這些工作系統，傳達學生及利害關係人的價值，達成組織成功及永續經營。內容包括工作系統（45分）及

工作過程（40分），前者描述如何設計工作系統：包括工作系統設計、工作系統管理及緊急應變能力；後者描述如何設計、管理及改進關鍵組織工作流程，包括工作過程設計及工作過程管理。

(七) 績效成果：權重450分

檢視組織所有關鍵領域的績效及改進情形，包括學生學習成果（120分）、重視顧客的成果（90分）、重視人力的成果（80分）、領導與治理的成果（80分）以及預算、財務與市場成果（80分）。

整體而言，Baldrige架構是一個根據品質理論的卓越模式，它能夠很有效地評估機構的改善情形。教育績效指標即提供教育機構一個整體架構，讓他們的任務、願景、價值以及目標，能夠與長期努力改進的資源結合在一起。這些績效指標是一系列深植在高績效組織的信仰與行為中的核心價值與概念，這些價值及概念包括願景領導、以學習者為中心的教育、組織與個人的學習、評價教職員及夥伴、靈敏度、放眼未來、創新管理、根據事實進行管理、重視成果以及創造價值與制度觀點（NIST, 2004）。

二、獲得MBNQA高等教育機構之經驗

MBNQA從1987年設立到2012年為止，共有99個機構獲獎，當中只有3個高等教育機構，依序為2001年的University of Wisconsin-Stout（UW-Stout）、2004年的Kenneth W. Monfort College of Business （MCB）以及2005年的Richland College

（RLC）。本單元以這三個學校為例，先說明個別組織的概況，再以MBNQA之七大構面說明他們的獲獎經驗。

UW-Stout創立於1891年，1971年成為威斯康辛大學系統之一，有100多年的歷史。自1990年開始採用NBNQA準則，作為教職員訓練，學習品質系統的工具，於2001年成為第一所獲得MBNQA的大學。UW-Stout獲獎時約有8千名學生（目前有9千多名學生）、1千2百多位教職員工，以實用為導向，透過蒐集市場的相關資料，清楚洞悉社會的需求，為學生做好教育的準備工作。該大學與外部機構建立長期夥伴關係，致力滿足社會的需求，有長遠計畫地追求教育品質（Sorensen, 2004; UW-Stout, 2001）。

第二個獲獎的學校是成立於1968年的MCB，它是North Colorado University的五個學院之一，約有1千多名學生，45位專任教職員，曾於1992年獲得國際商管學院促進協會AACSB國際認證。20多年持續追求績效卓越的品質之後，終於在2004年獲得MBNQA。MCB的績效卓越基礎是以改進大學部課程的品質為核心，當其他大學不斷增加研究所及博士班課程時，MCB選擇將研究所減班或裁撤，專注在大學部的教學上（MCB, 2004）。

第三個獲獎的學校是成立於1972年的RLC，位於德州的公立2年制社區學院，約有2萬名學生，500多位專任教職員。學校的重點為教學、學習以及社區營造，協助學生透過課程進入四年制大學、與職業相關的專業證照、以及最新科技的應用。當了27年校長的Steven K. Mittelstet是RLC重視高績效品質文化的重要推手，1996年開始有系統地推動各項TQM的作法（RLC, 2005）。該校同時於2005年獲得德州績效卓越獎，是第一所獲得MBNQA的社區學院。

以下根據這三所獲獎學校的申請書（UW-Stout, 2001; MCB, 2004; RLC, 2005），簡要敘述其獲得MBNQA的經驗，說明如下：

(一) 領導

1. 組織領導

UW-Stout是一個典型階層式的功能性組織，以學生為中心，包括學術與學生事務、行政與學生生活服務兩個部分；由教師評議會（the Faculty Senate）、職員評議會（the Senate of Academic Staff）以及Stout學生會（the Stout Student Association）三個實體共治。任務、願景及價值是UW-Stout改進績效的原動力。UW-Stout的高階領導人透過更多跨組織的溝通、參與更多的活動以及更多利害關係人代表，完成任務、價值及策略。在1996年提出一個去除組織的複雜及約束，鼓勵多向溝通創新的領導系統，這個領導系統以Chancellor's Advisory Council 為領導系統的核心，由高階領導人、學院的師生、學生服務、教師評議會、學術的職員評議會、職員以及學生會代表，共19人組成，每兩週開會一次。為了讓這些成員可以達成共同合作達成目標，另外組成行政領導團隊，提供他們需要的知識與技能。

MCB依據任務、願景及價值，進行各項持續改善的活動，以學生為中心，系統化的決策過程、組織的合作以及對任務的承諾，提供領導者將能量聚焦在創造關係利害人價值的重要領域。MCB的高階領導人包括院長、副院長、助理院長以及行政會議，由高階領導人訂出價值、任務、願景以及前後一致的策略規劃。2001年時，所有MCB的教職員共同檢視任務、願景以及價值，共同承諾建立一個獨一無二且高品質的大學部商學教育課程。具體作法包括降低班級人數（30人以下）、聘請學術或專業資格的教師、國際知名的經理人以及應用科技。

RLC的高階領導人創造一個重視授權與責任的領導環境，以社區及學生為中心，設置ThunderTeam（簡稱TT）作為最高領導團隊，成員包括校長、副校長、助理校長、學生、教師、職員以及社區成員，以向下挖掘資料並加以分析的改進方法，開展RLC的願景、價值、方向以及績效期望。以價值為例，包括正直、相互信任、體貼、有意義的溝通、負責以及歡樂。每天透過多樣化的方式溝通，如每天電腦一開機就會出現本週的價值（Value of the Week），或是將「教學、學習、社區建立」這樣的任務印成海報，貼在每一間辦公室的門上。

2. 治理與社會責任

UW-Stout以「與企業、教育、社區及政府合作」的價值作為社會責任的指導原則。這些作法超過州、聯邦以及其他組織一般標準的要求，確保學生、教職員工長期的健康、安全與道德標準。如果發生安全問題，負責單位會展開地毯式的密集調查。在活動方面，UW-Stout密切地與社區及企業合作，參與其它UW系統校園的活動，找出對企業最好的實務以及直接參與州政府制訂政策的組織。

MCB採用多樣化的方法評量課程的提供、服務與運作，以及對於社區和社會產生的影響。以道德行為作為MCB的優先價值，並將這種價值廣泛地落實在教室及學校的文化中。例如每科教學計畫都要讓學生知道，追求學問的同時也要注意道德問題，學校也會提供每位教師及學生一本詳載道德行為的學生手冊。MCB的許多課程中會包含直接影響當地社區的專案，包括在教師的監督與諮詢服務下，讓學生直接在當地的企業工作，這也提供學生真實世界的工作經驗。

RLC的高階領導團隊創造一個有道德的環境，促進以高標準看待合法及合乎道德的行為，也公平對待所有學生及員工。努力超越利害關係人的期望，確保落實高道德標準及學生與員工的健康與安全。

(二) 策略規劃

UW-Stout策略規劃的過程以SWOT分析內外部情勢為中心，回應任務、價值及願景。策略發展的途徑包括委員會間的合作與內部組織的分析，以及在檢視環境後，決定外部需求、競爭以及公共政策的方向。2001年之後，設置利害關係人願景會議（Stakeholder Visioning Session）審查整個策略規劃。

MCB策略規劃的過程也是以SWOT分析內外部情勢為中心，回應它的任務、價值及願景。以創造一個重視卓越及持續改進的組織環境為目標，將「高度接觸」、「多元科技」以及「深度專業」的課程策略具體落實在策略架構中。

RLC的優先策略規劃包括（1）界定及回應社區教育的需

求、（2）讓所有學生都能成功、（3）讓所有員工都能成功以及（4）確保機構的效能。每項策略都有明確的Key Performance Indicators （簡稱KPIs）評量。TT每個月檢視KPIs，評估達成這些策略的進度。如果發現無法達成，TT會要求成員到組織內部，透過向下挖掘的方式，找出根本的問題，並提出改進績效的建議。

(三) 重視顧客

UW-Stout會評量所有學生在整個學術及職業過程的需求、期望及態度，加上其他利害關係人的需求及期望，作為發展策略及完成任務時的主要資訊。透過「學生申請資訊與傾向」、「新生調查」、「學生參與各委員會的調查」、「學生抱怨」以及「校友調查」等不同方法，傾聽未來學生、目前學生、教職員以及校友的聲音。

MCB以提供大學部商學院學生高品質的教育為目標，透過多元的方法傾聽學生及利害關係人的需求與期望。這個方法包含正式與非正式管道，透過不同方法，傾聽未來學生、目前學生、教職員以及校友的聲音，例如邀請高中生參訪MCB、學生評鑑課程、校友意見調查以及員工滿意度調查等。透過小班教學及低生師比讓教師與學生高度接觸，創造輕鬆談話的氣氛。

RLC透過多元有系統性的方法（學生滿意度調查、社區論壇以及各項會議等），與學生、利害關係人/夥伴（政府相關單位、其他K-12的學校以及大學、教職員工）及校園內的相關供應者（書局、影印店、電腦以及飲食業者等）溝通，傾聽他們的主要需求、期望及服務。

(四) 評量、分析與知識管理

UW-Stout把任務、價值以及利害關係人的需求當作發展策略目標及年度計劃的基礎。透過許多績效指標評量學生、利害關係人以及教職員工的需求，如以高品質、富挑戰性的課程呈現利基，並將評量這些績效的頻率細分為以週、季、半年、一年或兩年為單位。

依據MCB的任務、價值以及願景提出策略規劃，再依策略類別訂出對應之KPIs。KPIs作為追蹤整體組織績效、引導學校每天工作的績效評量標準，以及評量MCB關鍵利害關係人的滿意度及績效的品質，例如學生至企業實習的情形及高度接觸的課程。

RLC透過不同的委員會組成多種會議，分別以週、月或年為單位，保持績效評量系統能符合當前的需求及方向。RLC每年八月正式地評估KPIs，並且為了回應無法預料及快速變遷的環境，RLC每個月追蹤一次KPIs。TT在1999年發展Strategic Planning Priority；2000年開始追蹤KPIs的成效，將組織績效評分卡的結果刊登在每個月出版的Thunion Report。2004年，改造PCAB-TT（President's Cabinet-ThunderTeam）架構：TT每週討論與策略或KPIs有關的事件，而PCAB每個月討論具體操作性的事件。

(五) 重視人力

UW-Stout重視教職員的最高指導原則是—「透過主動參與大學社群、學生、教職員的成長與發展」的價值。UW-Stout根據工作績效的品質，頒發各種獎項和形式的表揚，例如傑出教學獎、傑出服務獎以及傑出研究者等。除了這些正式的表揚方法之外，個人獲獎時也會接到祝賀信以及將這些成就刊登在許多校園的宣傳品中。

MCB的教職員全部支持以卓越的大學部商學教育為任務，大部分教師基於這樣的任務導向，選擇MCB作為他們工作的地方。為了確保學生的回饋能反應在教師評鑑系統中，以學生評鑑作為審查教學績效時的主要依據，這個結果會直接影響教師的薪酬。MCB設計多元機制的薪酬及各種獎項，強化高績效的工作及重視學生與利害關係人的意見，包括前述之功績制薪酬之外，還有教學、研究、服務優良獎以及專業發展情形等。

RLC「讓所有員工成功」的組織價值及策略規劃優先性，反應了對於教職員的價值。RLC維持一個強而有力的獎勵系統，讚揚所有個人及團體的優良表現。除了大量非正式、立即的回饋方法之外，還有很多不同的正式表揚獎項，如每月優良員工、教學卓越獎、服務獎等，其中許多獎項會提供額外的獎金。

(六) 流程管理

UW-Stout為了達到「高品質、以學生為中心，讓學生主動學習及應用適當科技的卓越教學」，設計及開展各項學程與支持的過程。每個學程將一系列整合實務經驗活動的課程，透過在校園內、外及遠距教學課程。課程的關鍵績效包括修課人數、學生及校友評鑑課程品質及實用性，再於每學期分析及審查這些課程的評鑑結果，提出改進的成果。

MCB的課程與整體支持過程圍繞在創造一個學習的環境，藉此讓學生有成功的職業及有責任感的領導力。例如在課程方面，從各科教學計畫表檢視「介紹現代商學知識與實務」以及「提供學生對於商學領域功能性廣泛了解」的關鍵過程，進而讓教職員、學生、利害關係人依據管理控制系統設計學習導向，達到關鍵需求。

RLC為了讓學生在快速變遷的世界中，能夠成功地生活及成為有責任感的公民，提供各種課程及服務，「讓所有學生成功」的策略優先性讓這些決定得以聚焦。RLC重視以學習為中心的過程，完成任務及目的。學習評量分為形成性及總結性評量，評量內容包括學生學習及學生服務，例如以課程設計為關鍵過程時，過程要求包含應用合宜的科技、符應學生的需求及一般例行性的要求，關鍵評量包括成功的學習（總結性評量）與符合需求的程度（形成形評量）。著重學生及組織績效與KPIs密切的結合，這些過程可以為學校創造價值並排出資源使用的優先順序。

(七) 成果

UW-Stout使用很多指標來評估任務、價值及策略規劃的實現程度。包括透過與同等程度學校、開設類似課程的學校、競爭者、以及全國平均值比較，評斷績效成果。

1. 學生學習成果

UW-Stout以「卓越的教學」及「學生的成長與發展」的價值為成果。UW-Stout追蹤學生從入學到畢業後成為校友的職業，也追蹤企業雇主對畢業生的評量。這部分的績效成果與教育學生成功地將課程應用到企業、教育及為人服務的工作直接相關。Oblinger & Verville （1998）提出商學院的畢業生需要靈敏度、適應力、溝通、解決問題以及團隊合作的能力。UW-Stout的學生能力比同等級學校及全國平均學生能力更佳。

MCB從教育測驗服務（Educational Testing Service）這個全國性標準測驗組織的調查發現，MCB在1994至2004年的學生學習績效增加了34%。到了2003-2004年，更高達全國前10%，2004年秋季的調查更高達全國的前5%。此外，教育標竿機構（Educational Benchmarking Ins.）每年評量全國商學課程學生「應用科技」、「管理科技」、「分析及解釋資料」、「批判性思考」、「問題解決能力」、「成為有效的領導者」以及「表達技巧」等能力。MCB學生的各項能力不僅高於全國平均，並且在全國的前10%。

RLC在「讓所有學生成功」的價值下，將追蹤及改進與學生學習成果有關的事項列為優先的KPIs。為了顯示這部分的努力，RLC與德州、全美國的其它競爭者比較績效等級，2004年的結果高於同等級的學校。

2. 重視顧客成果

UW-Stout建立「合作關係」的價值，是從高度關切並協助學生進步、以及利害關係人的滿意度著手。UW-Stout對學生進行廣泛的調查，從大一新鮮人追蹤到畢業之後，超過90%的新鮮人非常滿意在UW-Stout的學習經驗。

MCB以學生為中心的策略，使它獲得學生的高度滿意。以學生對課程的整體滿意度為例，MCB的平均滿意度皆在全國的10%，其中從2000至2003年，連續四年的平均滿意度更高居全國的前2.5%，甚至更高。有一項針對171所學院畢業生所做的調查發現，MCB連續六年獲選為最佳課程學院。

RLC會隨著學生及社區的需求而調整相關作法，學生及利害關係人的滿意情形是RLC成功的關鍵要素。就學生滿意度的五個最重要的評量項目而言（課程安排、上課時間、教學品質、課程多元以及智識成長），RLC已連續四年超越全國標準。2004年時，RLC在12個滿意度問項中，有六項高於全國平均。

3. 預算、財務與市場成果

UW-Stout列出了預算及財務績效的關鍵指標，讓學生及關鍵利害關係人支持學校的價值及績效成果。在全國逐年調降教學預算配置的情形下，UW-Stout反而提高教學的預算，支持校園的核心價值。UW-Stout在資源有限的情形下，更有效率地分配預算，讓更多的資源挹注於有品質的課程。

MCB在有效將財務分配到教室的相關支出方面享有聲譽，並持續展現對於財務的責任，維持每一單位預算成長率小於通貨膨脹率。預算通常會跟隨物價指數調整，MCB在1998至1999年的預算雖然有升高，但與科羅拉多州的預算相較，只做些微的調整。到了2003至2004年時，有明顯的差異，MCB並沒隨著物價指數升高而提高預算，反而呈現下降的趨勢。

由於州政府縮減補助款，RLC努力降低每一個學分的成本，增聘必要員工（以兼職為主），提升服務品質並實施新措施。受限於預算，兼職教師必須迅速反映市場變化，加強自身技能以獲得教職，並協助控制教學成本。在「改進學校課程及運作的效率與效能」的優先策略下，每月檢討KPIs與品質提升計畫，如果計畫與實際達成結果之間發生落差，則需再訂改進計畫。

4. 重視人力成果

UW-Stout透過許多指標評量「教職員的成長與發展、人員的多樣性、主動參與共享的治理」，包括教職員士氣、員工滿意度、教師離職情形、抱怨、員工多樣性、不受騷擾與歧視的自由、專業發展以及教授人數。以員工滿意度為例，所有員工1998至1999年的平均滿意度為3.67，2000至2001年為4.00（5點量表），顯示員工越來越滿意在UW-Stout工作。

深度專業是MCB的三大價值之一，評量指標包括教師的資格、薪水、升等、獲得永聘的比例以及資深教師輔導資淺教師的程度，並從職員通過科技認證的情形檢視「應用多元科技」這個價值。另外一個重要的部分是瞭解教職員工的滿意情形，MCB一直維持很高的教師滿意度。雖然2003年時，因經費減少無法加薪、教學負擔加重以及學生評鑑教師教學的比重過高，滿意度有些下降，不過教師滿意度仍然高於全國平均值。

RLC採用多元方法檢視工作系統中的績效，包括離職率、服務年資、管理人員背景的多樣性、尊重多元文化、員工學習與訓練、薪酬、服務品質以及員工滿意度。在校園品質滿意度調查的八個項目中（高階領導的支持、員工訓練、授權與團隊、重視顧客、品質改進、策略品質規劃、評量與分析以及品質保證），RLC的各項滿意度都比其他同等級的學校高。

5. 組織效能的成果

UW-Stout設立許多關鍵指標支持它的價值--「高品質、以學生為中心，學術與研究以及與社區的合作關係」。這些指標包括課程的特殊配置、大學部及研究所課程活化、聯邦經費、實驗室的比例、入學率、遠距學習的成長、安全的環境、學生滿意度、校友滿意度等。以課程活化為例，讓學生參與課程發展過程，設計知識、技能及能力的指標，讓學生與企業界保持互動、滿足雇主的需求。

MCB在學習成果績效方面有顯著的進步，指標內容包括學生入學品質、畢業率、校友就業調查、流程績效、聲望調查、與同等級學校的比較以及組織效能。以學生入學的品質為例，學生入學成績逐年提升，入學後再接受一個有品質的教育，可以讓他未來成為一個高品質的畢業生，達成MCB「培養高品質商學院畢業生」的任務。

RLC成功的關鍵因素來自一個有效的人力資源系統、健全的財務以及穩定的市場。相關成果包括學生對教學的滿意度、學習的投入、學生對於服務支持的滿意度、服務據點滿意調查、使用網路校園課程的比例、線上申請及註冊、財務增加情形、電腦配合計畫的比例以及供應者績效等。以學生支持服務滿意度為例，由於RLC強調持續改善行動，在Noel Levitz Student Satisfaction Inventory的調查項目中逐年改善，甚至在2002年時高於全國平均。

6. 領導成果

UW-Stout在MBNQA的申請書中並未對這個項目再提出說明，不過從高階管理者帶領學校參與社區的活動可知UW-Stout對於社區的投入，例如CAC的主席Charles Sorensen參加Greater Menomonie Development以及Corporation Board。學生也參與社區及社會的服務，〝STOUTREACH〞是由學生自願發起的社區服務計畫，2001年有520位學生參加一系列的社區服務計畫。

MCB對於能擁有道德的行為及善盡社會責任，在校園內及重要利害關係群體間建立一個值得尊敬的聲譽，感到很驕傲。就課程中表達道德、社會責任議題的滿意度為例，畢業生高度肯定教師在課程中強調相關的重要議題，從一項與美國182所商學院的比較結果來看，MCB排名在前2.5%。

對社區營造的投入是RLC不可或缺的任務，包括確保利害關係人的信任及主動參與社區事務。以社區觀點為例，因為大部分學生來自社區，所以透過Noel Levitz Student Satisfaction Inventory的調查結果獲得社區信任及看法。RLC在1998、2000、2002以及2004年的平均分數都高於全國，尤其是2002年特別高，可能是因為那年RLC利用多元的社區討論及焦點團體評估並建立社區的信任感，在社區工作的能見度較高。

三、結語

綜上所述，這三所學校雖然有些不同的作法，但是都依據自己的任務、價值以及願景，進行策略規劃，重視學生及利害關係人的意見與回饋、訂定明確的關鍵績效指標，尤其是非常重視學生的學習過程及成果，不會讓大學生畢業後面臨失業、學非所用或與社會脫節。

高等教育是培育國家人才的重要階段，扮演提升國家的競爭力的重要推手。這些年來，由於國內大學數量蓬勃發展，使得外界越來越關心大學的辦學績效。大學必須走出象牙塔，積極且有效地回應外在的需求，並且要在越來越少的資源下，做越來越多的事情。因此，如何兼顧效能與效率是所有高等教育機構共同面臨的課題。

MBNQA以品質優先與顧客至上為最高原則，將TQM的精神發揮得淋漓盡致，且依據任務、願景以及價值，訂定各項關鍵績效指標，逐一將品質落實於每個環節。因此，以這份指標內容當作自我績效評估及改進的工具，可以幫助組織提升績效與競爭力。此外，從三個學校的獲獎經驗可知，卓越的績效是需要整個組織中的每個單位、每個人的工作以及角色環環相扣，透過高階領導團隊的帶領，以學生為中心，設立屬於自己組織特色的任務、願景、價值、目標以及策略，透過TQM最重要的持續改進精神，以PDCA的方式，逐一檢核各項指標的落實程度。

申請「教育部精進師資素質計畫」的感動歷程

教育部在2013年成立師資培育與藝術教育司提出一些師資培育機構的激勵措施。本院師培中心接到來文時，可以提出競爭型計畫構想書爭取獎勵，但是時間緊迫，如果構想書沒通過，一切仍將歸於零。

一、首部曲

記得當時，年關已近，寒假也已展開。哪有人力投入?我聽聞張雅芳教授已提出了一些構想，她的行動，令人感動！在繳交時間的壓力下，整個相關的團隊都得動起來，大夥的「用心」、「用腦」自不在話下，竟然能夠「眼」明「手」快地完成40頁的計畫構想書並且準時送達教育部。大夥也「安心」的過農曆年了。

二、再出發

時間過得很快，轉眼間寒假已過。四月底教育部來文，告知我們先前提的計畫構想通過了，也就是說有機會得到四、五百萬的獎助，真是令人喜出望外。對師培中心來說，這實在是一項利多，但是教育部要求計畫架構不能改，並且要提出五個完整的子計畫，而在5月6日前送達。在時間壓力與獎助金的拉拔下，原來的團隊似乎有點力不從心想要放棄。我得知此事時，已經是4月29日，只剩下8個工作日可用，還包括行政流程需跑完的時間。我們要如何「智」取？這又是一項不可能的任務。隨即請院秘書緊急召開會議，4月30日 (星期二)六位教授中，五位出席。會中決定每位教授的子計畫需要10-15頁的篇幅來呈現，5月4日的午夜完稿，最後交由我統整，並於5月6日完成將計畫送達教育部。

面對時間的壓力，連我自己也沒有十足的把握可以如期交卷，但是，我們不能放棄。於是，重新進行腦力激盪，定調「學習共同體」概念，實現以學生為中心的「協同學習」，並選定正德、淡水國中及竹圍高中的國、英、數三科為師培生的實驗基地。大家共同參與，一起為落實十二年國教的願景與理念相互支持、彼此學習。

三、與時間賽跑

從e-mail 中我得知幾位教授反覆的溝通想法、討論子計畫間的協調合作、經費的有效運用。感謝有這樣的科技，我們不必進行面對面的溝通，仍能達到一定知識分享的效果，也互相激勵彼此的進度。我們都在與時間賽跑！5月2日我告知團隊，我的部分已經完成，大家也都加快撰寫的腳步。5月3日(星期五)我們先請財務處進行經費審核，結果，所有老師都如期交卷了，行政程序也完成了，5月6日我們的任務順利達成了。

四、感動分享

在緊迫的時間裡，有效地整合全員參與，發揮「心、腦、眼、耳、口、手」的激盪，共同完成一項任務，怎不令人感動？試想若不是老師們對學校用心、對淡水地區關心，有誰願意在不確定的結果與有限的時間壓力下動腦、動手呢！

（教育學院院長．張鈿富）

第貳篇
校務行政進化論

第三章　淡江品質之路

本校是國內最早實行全面品質管理（Total Quality Management, TQM）的大學，自1992年引進TQM機制，1993年開始實施，發展至今共歷經導入期、紮根期、發展期以及精進期等四個階段（如圖3-1）：

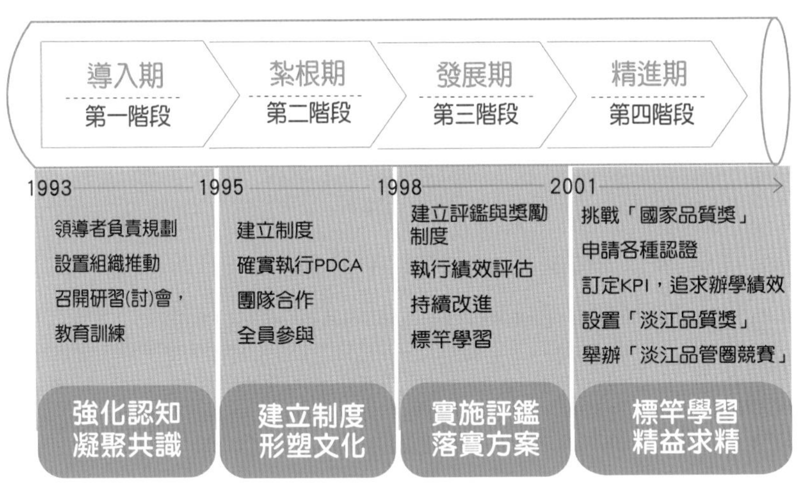

圖3-1　淡江大學推行全面品質管理歷程

(一) 導入期（1993年~1994年）

本階段重點在強化認知、凝聚共識。最高領導者張創辦人建邦博士負責規劃並展現對推動TQM的決心，成立由校長擔任主任委員之「教育品質管制委員會」負責推動，並帶領全校高階主管研讀「校園品質管理之策略」一書，進行品質觀念知識教育。

本校自1966年起即不定期舉辦「行政績效檢討會」、「教學與行政革新研究會」、「教學革新研討會」等，1980年後定名為「教學與行政革新研討會」，參與對象包括全校一、二級主管及教授代表。為凝聚全校領導階層推行TQM之共識，增進本校高階主管與教授對TQM的認知與支持。自1993年起，「教學與行政革新研討會」成為本校每年定期舉辦的會議，並加入TQM之相關議題。

另一方面，為循序建立行政體系全體成員之TQM觀念，1993年起每年定期舉辦「行政人員全面品質管理研習會」，參與研習對象為全校行政人員（2001年起增加教學單位人員之參與，並更名為「全面品質管理研習會」），邀請專家演講，並不定期研討TQM相關知識及教育訓練課程；期能藉此廣為宣導TQM之精神與內涵，並增進行政人員的TQM理念，瞭解組織使命及願景，並以TQM作為推動工作之方針。本階段並推動全校人員電腦每人一機，加速推進本校的資訊化工作。

(二) 紮根期（1995年~1997年）

本階段重點在建立制度，形塑文化。執行TQM以單位團隊為導向，強調全員參與，各單位主管將工作內容責成相關人員成立TQM小組，宣導及溝通TQM作法，實施TQM員工訓練以及執行TQM方案，定期召開小組會議，檢討並改進工作內容及計畫執行成效，以落實TQM的推動。

各單位秉持戴明的「PDCA」（Plan、Do、Check、Act）循環管理原則，於每學年開學前，依其任務或使命，訂定年度工作計畫（Plan），計畫內容包括：工作項目、預期達成目標、執行方式及評估指標等。其次，在學期間，全員須確實依計畫工作項目執行（Do）並落實之。各團隊的TQM小組成員每月（至少）定期開會檢討工作執行情形，確實掌握計畫工作進度，評估工作計畫與TQM執行績效。再者，學期結束時，檢討（Check）整體工作計畫之執行成效，完成工作執行績效評估，最後對達成率不佳的項目進行改善行動（Act），使下一學年度（循環）能改進缺失，做得更好、更完善。

此外，各單位皆依據TQM格式訂定規章，如教務規章、學務規章、總務規章及人事規章等，明訂組織章程以為行事依據。在標準流程方面，各單位則編製專屬之工作手冊，以作為工作之準則。在行政效率方面，各單位持續發展辦公室自動化系統，致力於公文自動化系統之整合，各單位隨時檢討行政流程之簡化，以提高行政效率。

(三) 發展期（1998年~2000年）

本階段重點在實施評鑑，落實方案。各單位自行設計問卷，不定期實施書面及網路意見調查，隨時改進以滿足顧客需求。學校針對行政人員訂有「優良職工獎勵規則」；針對教師方面，為鼓勵教師從事教學與研究，則訂定了「教學優良教師獎勵辦法」、「專任教師研究獎勵申請辦法」及「專任教師學術及教學著作獎勵規則」等。

除上述具體獎勵辦法外，1998年起，由校長室督導執行校務自我評鑑，編製「校務自我評鑑報告書」，學術副校長負責督導各教學單位，致力提升教學、研究之品質；行政副校長負責督導各行政單位完成「TQM工作檢討報告」，查核TQM執行情況。執行多年來，全校教師、行政人員及學生對TQM的推行均給予正面肯定。

執行績效評估，檢討TQM實施得失，提供成員回饋機會，並將品質管理內化於員工工作中，希望藉此塑造本校持續改進，提升服務品質的措施外，更積極向辦學優秀的學校進行標竿學習。1997年度起，每年組行政人員團赴國內外大學如日本及美國之姐妹校、元智大學等進行參訪，實地了解並學習，以截長補短，使本校TQM的推行更上層樓（詳第四章）。

(四) 精進期（2001年之後）

提升品質是一場永無終點的歷程，本階段重點在持續強化標竿學習，精益求精。本校分別於2001年、2007年及2008年三度挑戰國家品質獎，也積極申請工程、ISO等各類認證，以追求卓越辦學績效，提升學校社會評價等。此外，為擴大應用TQM於學術品質上，本校更導入教學品質保證之TQM機制，藉以提升教學品質。

自2006年度起，本校特設置「淡江品質獎」，訂定「淡江品質獎實施規則」，對推行TQM具有卓越績效之單位提供獎勵金並公開表揚，迄今已完成8屆淡江品質獎之甄選及頒獎。另一方面，鑒於品管圈活動（QCC）是落實TQM之根基，為了協助本校各教學與行政單位有效發揮全員參與及持續改善之精神，強化組織體質，從2009年度開始推行舉辦「淡江品管圈競賽活動」（詳第七章），該活動強調跨組織的合作，俾提供各單位相互觀摩與交流機會，進而提升本校的整體績效，強化行政與教學整體品質及競爭力。

綜合而言，本校在導入、紮根、發展以及精進四個階段，均已有相當具體的成果，「決心」、「教育」與「執行」是實施TQM的重要因素。本校由創辦人張建邦博士引進TQM後，在校長、副校長的持續推動下，透過「全面品質管理研習會」及「教學與行政革新研討會」的教育，讓校內所有成員建立正確積極之品質觀念。每位同仁皆願意貢獻一己之力，集思改進之道，使學校成為一個活化的組織，體制及運作更臻健全，進而提升教育品質，在21世紀為高等教育發展另闢一番新氣象。

一、打造淡江品質屋

大學教育領導系統中可分為使命、願景、價值、策略與治理等五項，「淡江品質屋」融合此五項內涵，並以淡江大學宮燈教室為意象建構而成（如圖3-2）。品質屋為本校永續發展的藍圖，其屋頂包括「使命」、「願景」與「價值」，其中，「使命」是本校永恆存在之基本目的，「願景」是為達成使命而努力的未來方向，「價值」是為了實踐使命所篤信的價值與行為；品質屋之支柱為「策略」，是為了達成使命、願景、價值三項而發展出來的執行步驟；品質屋之基礎工程為「治理」，是靈活運用、確保策略成功執行的管理體系。打造淡江品質屋，一方面讓全校教職員工生瞭解本校之使命、願景及價值，同時也闡明本校經營策略與治理方式，其詳細內涵如下：

圖3-2　淡江大學品質屋

(一)「使命」：本校以「承先啟後，塑造社會新文化，培育具心靈卓越的人才」為使命。學校之整體規劃以配合國家社會之需求、掌握世界學術發展之趨勢為考量，在發揮大學一貫的教學、研究與服務功能之下，同時肩負歷史傳承與更新社會文化之責任，希冀造就知識創新、德智兼修、中西融貫、樸實剛毅的棟樑之才。

(二)「願景」：本校以「弘揚私人興學的教育理念，創造精緻卓越的學術王國」為願景。淡江是臺灣第一所私人興學的高等學府，在憂患的時代中誕生，自立自強，發揮了私人興學彈性多元、機會均等的教育理念，不但披荊斬棘開拓教育與學術的康莊大道，也為私人興學開創新格局。從淡水五虎崗到礁溪林美山，淡江在波段建設中建立了淡水、臺北、蘭陽及網路4個校園，打造理想的學術王國（Academic Kingdom）；以學術自由、兼容專精和博雅的學科，挑戰尖端的創新研究，學校發展兼顧使命傳承及市場機伶，並提供教師、學生、職員、行政主管等成員健全與優質的校園空間，成為如此的學術王國是淡江追求卓越，邁向優質精緻綜合大學的方向。

(三)「價值」：為本校經營品質基本的態度、信念與行動準則。本校所追求之價值為「樸實剛毅」、「五育兼備」、「學術自由」以及「學校自治」。「樸實剛毅」為本校校訓，是淡江人的座右銘，也是淡江人應有的涵養，其內涵為：存誠抱樸、生活簡樸；守法務實，做事務實；剛柔相濟，為人剛正；志道弘毅，意志堅決。「五育兼備」要求師生注重專業素養與生活教育相即相融，以促進德智體群美五育均衡發展，體現心靈卓越的核心價值。「學術自由」強調學術不分黨派、種族、宗教、性別、國界等，無論人文、自然科學、社會科學領域，都可享有充分研究與討論的自由。「學校自治」旨在讓教職員工生共同參與學校行政與教學等校務運作，維護學校自主權，不受外力干預。

(四)「策略」：為落實使命、願景與價值，本校採取了下述六項整合創新的策略。

1. 實施波段建設，營造四個校園

六十餘年來，淡江歷經第一波的奠基期（1950年~1980

年），第二波的定位期（1980年~1996年），第三波的提升期（1996年~2005年）以及第四波的轉變期（2005年~迄今）。從淡水的五虎崗發展到宜蘭礁溪的林美山，建立了淡水校園（知識之城）、臺北校園（知識之海）、蘭陽校園（智慧之園）以及網路校園（探索之域）等四個校園，並完成校園間的區隔與整合，它不僅以「網路一線牽」縮短了空間的隔閡，更讓美式的實用教育、中式的全人教育與英式的菁英教育能在同一個學術王國中切磋琢磨，共創未來願景。

2. 實踐三環五育，培育卓越人才

淡江教育情境的設計，除了發揮教學、研究、服務三大教育功能外，尤其注重學生的品行與生活教育。本校以「專業課程、通識教育課程、課外活動課程」等「三環」以及「德、智、體、群、美」等「五育」為教育方針，培養學生具備「全球視野」、「資訊運用」、「洞悉未來」、「品德倫理」、「獨立思考」、「樂活健康」、「團隊合作」及「美學涵養」等八大基本素養，期使畢業的學生將來成為具心靈卓越（Excellence with a soul）的國家棟樑。

3. 落實三化教育，創造學術王國

「國際化、資訊化以及未來化」的三化教育，是淡江大學永續經營與發展的策略。國際化是未來空間的格局，建構淡江人具有國際觀的思考模式。資訊化是未來生活的模式，培育淡江人具有資訊人性化的人文關懷。未來化是未來時間的架構，建構淡江未來的願景，以認識未來、適應未來，進而創造理想的未來。為創造學術王國，本校自我定位分為「優質綜合大學之經營」與「心靈卓越人才之培育」兩大內涵。在大學經營方面，以組織之波段發展為主軸，策略重機伶、資源重整合、行政重績效、治理重品質、系所求均衡、研究有重點、環境重安全、文化求共識；在人才培育方面，以學生為主體，提供質量並重的教育機會，師資重素質、教學求卓越、資訊重e化、學習兼五育、課程重創新、輔導重互動、社團重服務；前述亦皆為淡江建立學術王國的行動策略。

4. 建立S形曲線，活化第二曲線

組織之發展是由無數的「S型曲線」加總組合而成，從緩慢成長的「引介期」進而加速成長，而達頂峰的「成熟期」，然後逐漸衰退。任何組織發展到高峰時，就會走下坡。面臨低潮時，就應立即謀求新的「第二曲線」，以避免「第一曲線」步入「衰退期」。任何組織的成長均有其極限，當事業成功之時，即危機潛伏之時。因為世事詭譎多變，百年老店若只是維持生存，不求變化，必會被時代淘汰。本校的波段建設就是由一連串的S型曲線所構成，目前正處於第四波高峰，必須謀求轉變建立新的S型曲線，也就是要開創新的作風、新的策略，講求品質，活化組織，重視速度，才能另創高峰，確保淡江第四波的成功。

5. 發揮馬太效應，爭取社會資源

「馬太效應（Matthew Effect）」係指社會中出現一種

強者愈強、弱者愈弱，或者富者愈富、貧者愈貧的現象。同樣地，在高等教育領域中，凡有優勢者，則這種優勢局面會不斷地加強，反之若處於劣勢，則這種不利條件也會繼續加劇。以目前教育部對私立大學的「私立大學獎補助款」、「獎勵大學教學卓越計畫」等經費補助方式為例，必須在「研究」或「教學」上有卓越表現者，才有機會爭取獲得。淡江發揮馬太效應，就是要使辦得越好的院、系、所，能獲得學校更多的獎助，以帶動學校院、系、所之間的良性互動與競爭，進而提升學校的學術聲望，爭取政府單位如：教育部、國科會、經濟部等，以及社會各界、校友更多的肯定與資源，使學校能辦得更有特色。

6. 善用藍海策略，創造競爭優勢

「藍海策略」為企業流行的管理思潮，旨在創造沒有人與其競爭的市場空間，它不是參與競爭，而是超越競爭，強調價值的重塑與創新。這種策略致力於增加需求，不再汲汲營營於瓜分不斷縮小的現有需求和衡量競爭對手。淡江在面對進入春秋戰國時代的大學競爭，應該避免校際間惡性競爭所導致相互廝殺，血流成河的「紅海策略」，要以良性競爭又互相合作產生「雙贏」的藍海策略來取代，才是優勝之道。在發展中，除了加強國際學術合作外，也要聯合國內外大學，加強校際合作關係，共享資源，才能產生「雙贏」甚至「多贏」的效益。

(五)「治理」：本校以「領導體系」、「四個管理模式」、「全面品質管理」及「組織活化」等治理模式，落實教學、研究及行政等所有面向之績效管理。

1. 領導體系

大學治理雖牽涉到大學內部組織、決策中的權限分配，以及成員參與決策的方式與程度，但由於學術自由，大學自治的精神必須融入其中，因此如何在「人」的參與和「制度」的建構、互動中，達成大學教育的目標，則需透過「領導」居中折衝與協同，並發揮組織的效能。本校的領導核心由校長主導，並分設三位副校長，協助督導學術、行政與國際事務；蘭陽校園主任和各一、二級教學與行政主管，則各司其職共襄校務。領導團隊在學校各波段的發展過程中，都能獲得全體教職員工生全然的支持與信賴，並凝聚全員高度共識與向心力，完成各階段的發展目標。

2. 四個管理模式

「官僚」（又稱為科層）、「同僚」、「政治」和「企業」為本校獨具特色的四個管理模式（如圖3-3），其中最先採取的是前三者。「官僚模式」是建立在法律規章之上，是以合理公平的規範制度為標準，應用於行政單位。「同僚模式」強調學術單位應管理自己的事務，對各種事務不同的意見，須由組織中的成員彼此溝通協調後達成共識，可用於教學單位。「政治模式」則是由組織成員經由妥協、磋商之後，而形成決策最終方案，當官僚體系中的行政單位和同僚學術專業教授彼此的目標相左時，由校長透過政治模式來完成最終決策。近年來，隨著知識產業化的趨勢，使得高等教育亦需用企業化策略來經營，因此再加上「企業模式」，以因應反映社會的需求，達到成本、效率、產出及效能之統合，增強學校的競爭力。

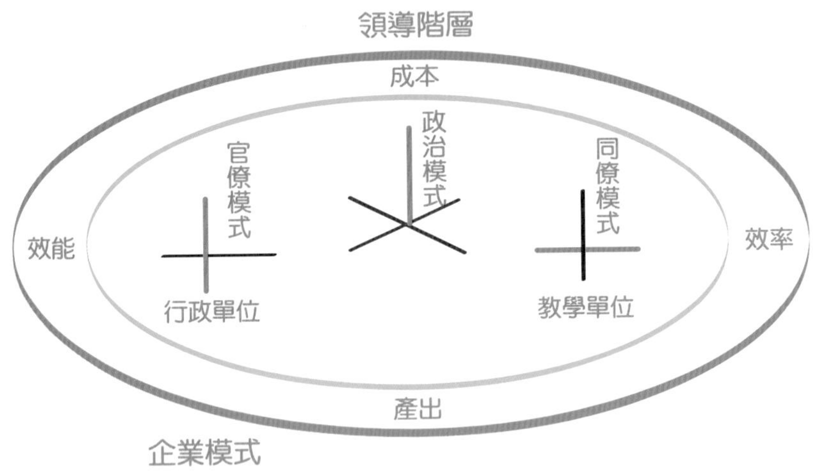

圖3-3　淡江大學四個管理模式之運用和特色

3. 全面品質管理

「教育品質」的良窳攸關學校的未來發展與競爭力，本校於1992年引進TQM時，設置「教育品質管制委員會」（現為教育品質管理委員會），由校長擔任主任委員直接領導運作，並成立教育品質管理的專責單位，執行推動TQM。推動過程特別強調全員參與，重視顧客需求，追求持續改善，以團隊合作達成具高品質的辦學績效，進而創造最佳的競爭力。

4. 組織活化

組織的活化與強化，是本校在各波段發展所重視和推動的基礎工作，在因應各時期環境變革與挑戰時，本校均適時調整組織架構，重新定位，增強組織功能，創造競爭優勢，以提升辦學績效。近年來，為因應教育部推動多元管道入學的激烈競爭設立了「招生組」；為提升教師教學成效與增強學生學習成果而成立「學習與教學中心」；為整合推動國際化之業務，深耕國際交流而增置「國際事務副校長」等，皆是本校活化組織、建構組織競爭力的具體作為。

二、挑戰國家品質獎

我國國家品質獎（Taiwan National Quality Award, TNQA）於1990年經行政院核定設立，為國內由行政院頒發與表揚之最高榮譽經營品質獎項。設立國家品質獎旨在建立企業整體卓越經營績效與形象，以提升企業卓越經營水準，強化其組織及經營能力具持續獨特性競爭優勢能力。其目的包括：1.獎勵推行卓越經營管理有傑出成效者；2.樹立標竿學習楷模；3.提升整體品質水準；4.建立優良組織形象。

為達成以上目的，國家品質獎評審委員會經過縝密籌劃，訂定周詳評審標準及嚴謹評審程序，並聘請產、官、學界專家代表參與評審工作。國家品質獎執行初期僅開放「製造業」申請，自1996年（第7屆）起，增列資訊服務、倉儲、零售、運輸、土木工程、建築工程及旅館等七行業。2001年（第12屆）更擴大開放教育、醫療、金融、保險、貿易、水電燃氣、工商服務、財團法人、社團法人等政府單位以外之行業申請，2002年（第13屆）再增列政府機關、國防事業等政府單位。

目前，國家品質獎申請類別分為企業獎、中小企業獎、機關團體獎及個人獎。申請書內容須涵蓋如下，壹、組織簡介；貳、推行全面品質管理之經過；參、推行全面品質管理之現況（內含八大構面：1.領導、2.策略管理、3.研發與創新、4.顧客與市場發展、5.人力資源與知識管理、6.資訊運用策略與管理、7.流程（過程）管理、8.經營績效）；肆、未來展望。國家品質獎架構如圖3-4所示、2012年度第23屆國家品質獎之「機關團體獎」評審標準如表3-1所示：

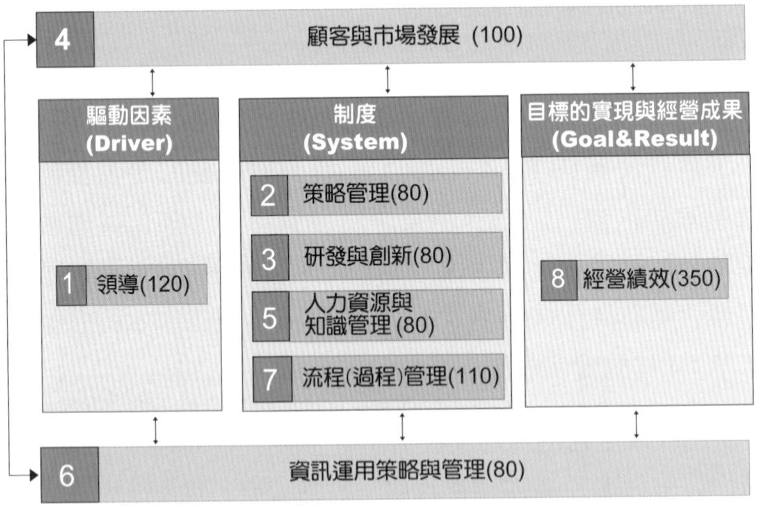

圖3-4　國家品質獎架構與評審標準權重

表3-1　國家品質獎「機關團體獎」評審標準

評審項目	權重	評審項目	權重
1.領導 1.1高階領導 1.2公司治理與社會責任	120%	5.人力資源與知識管理 5.1人力資源規劃與運用 5.2員工關係管理 5.3知識管理	80%
2.策略管理 2.1整體策略規劃 2.2經營模式 2.3策略執行與改進	80%	6.資訊運用策略與管理 6.1資訊策略規劃 6.2網路應用 6.3資訊應用	80%
3.研發與創新 3.1研發與創新策略及流程 3.2研發與創新的投入 3.3研發與創新成果衡量	80%	7.流程（過程）管理 7.1產品（服務）流程（過程）管理 7.2支援性活動管理 7.3跨組織關係管理	110%
4.顧客與市場發展 4.1產品（服務）與市場策略 4.2顧客關係與商情管理	100%	8.經營績效 8.1顧客滿意度 8.2財務與市場績效 8.3人力資源發展績效 8.4資訊管理績效 8.5流程管理績效 8.6創新及核心競爭力績效 8.7社會評價（品質榮譽）	350%

資料來源：卓越經營整合服務資訊網http://nqa.cpc.tw/

從2001年開始，國家品質獎開放教育機構申請，本校為檢測多年來實施TQM之成效，首度開放時即提出申請，挑戰國家品質獎（第12屆）。當時雖然TQM在本校推行已歷8年，但由於過去大學教育市場環境相對穩定，競爭壓力較少，且開始推動初期，校內各項工作較為零散，尚需有效整合，各單位亦缺一致的共識等因素，結果通過初審，進入複審而未獲獎。

在「第12屆國家品質獎」評審委員之複審意見中特別提到，本校在這段期間推行TQM主要以行政單位為主，教學單位的推動還不夠澈底。因此自2001年起，本校每年一度重要的品質研習活動「全面品質管理研習會」的與會人員，擴大加入全校所有教學一、二級單位主管（含院長、系、所、中心主管等），落實全員參與TQM的活動。

經過6年的努力，2007年本校再度挑戰國家品質獎（第18屆），結果仍為通過初審，進入複審而未獲獎。針對第18屆審查委員的評審意見，本校立即研擬了因應對策及改進措施如下：

(一) 研訂績效評估指標，落實檢討改善機制

針對審查委員建議本校應對PDCA之展開有明確作法，並應研訂績效評估指標，建立定期檢討與改善的機制等意見，本校依據淡江品質屋的經營理念，全校各行政、教學單位在推動TQM工作上，明確建立了PDCA管理循環，並針對不同的策略目標，訂定關鍵績效指標（Key Performance Index；KPI）、年度目標值，做為評量之基準，且由本校品質保證稽核處定期檢討執行之成效及未能達成之原因，做為長期規劃、制訂決策與持續改進之參考，落實品質保證之機制。

(二) 開設創意學習課程，培養創新思考能力

針對審查委員建議本校再加強學生、基層員工之創新思考能力，安排創新發展等相關課程，據以進行教學、行政流程再造等意見，本校陸續安排內部員工之在職訓練課程，除一般電腦技術、語文外，亦包括創意學習相關課程。此外，成立「文化創意產業中心」作為學校與文化創意產業銜接的專責窗口，推動本校在文創領域之人才培訓、產學合作以及創新方案開發等工作。同

時，透過教學卓越計畫之「開發創意思維」子計畫，舉辦創意名人演講及創意激發研習營，辦理不同生活與學習層面的創意比賽，以激發學生創新思考能力。

(三) 整合內外網路資源，打造知識管理平台

針對審查委員建議本校整合網路平台，將內部及外部資源與需求相互交換與支援，以e化為知識管理平台，讓知識的流通更為自由便利，協助老師與同學間相互分享知識等意見，本校陸續建置完成「教師歷程系統」、「學生學習歷程」，統整教師教學、研究、服務等資料，並提供查詢功能，也讓學生自我管理e化生涯歷程檔案，增加就學（業）優勢及競爭力。此外，針對同學發行教育家、學習達人及線上助教電子報，酷學習電子書，以彙整及分享學習資源；針對老師設置教師教學支援平台、Moodle平台等，隨時透過系統上傳教材及教學資訊，並供同學繳交報告或進行討論，師生藉由e化平台達到教學互動、知識共享之目的。此外，學校亦已強化各單位之網路資訊服務、提供全校單一窗口服務。

(四) 善用教職員生意見調查，提升校務滿意程度

針對審查委員建議本校應將員工滿意度調查制度化並定期實施，針對滿意度較差之項目進行改善，本校每年定期實施教職員生校務滿意度之調查，並將調查分析結果納入校務自我評鑑報告書中，作為校務發展參考之外，也提供全校各單位作為業務改進之依據（詳第五章）。針對調查結果滿意度低之項目，相關單位均應提出改善計畫，並由本校教育品質管理委員會進行後續之追蹤管考，期以提升校務之滿意度。

第二度挑戰「國家品質獎」雖然未能獲獎，但深入探討分析評審委員之意見發現，已獲評審委員一致的肯定與鼓勵，因此決定在2008年第三度捲土重來，也如願榮獲第19屆「國家品質獎」。

獲得國家品質獎是極大的殊榮與肯定，但是不全然是推行TQM之目的，更重要的是透過評審機制，瞭解自我良窳，並藉以做為提升競爭力的動能。三度挑戰國家品質獎過程中，評審委員的評審意見，給予本校持續強化與改善的重要課題，讓本校在實施TQM的路上學得更多，也更為紮實。期待這些申請國家品質獎及自我改善的經驗，可為各校在推行TQM時之參考。

在申請國家品質獎不斷「持續改善」的過程，本校獲得如下諸多價值：1.整體績效的總體檢：全校各單位藉此機會，依據國家品質獎的評審標準，逐一檢視各單位的工作與執行績效，有助於及早發覺問題、解決問題。2.單位部門間的整合：這是全校性活動，各單位、各層級間的整合是獲勝的關鍵，本校在此活動中，全員體認到分工合作的重要性，展現了整合的效果。3.各單位共識的形成：過程中各單位建立起自己的使命、願景、目標與策略，而且將本校的使命與願景由上而下貫徹至各一、二級單位。4.全員凝聚力的提升：全校充分展現「全員參與」、「同舟共濟」的精神，甚至通宵達旦作業，使命必達，建立了日後系所評鑑、校務評鑑等活動之標準作業模式。5.奠定系所評鑑基礎：國家品質獎的評審標準與系所評鑑內涵大致相同，提供資料與配合各項活動，讓各系所有及早準備、檢視的機會，對系所評鑑有重大的助益。

三、結語

本校在推展TQM過程中，創辦人張建邦博士、校長張家宜博士展現追求品質的決心，秉持「精益求精，追求卓越」的TQM精神，帶領全校施行TQM，並從兩度挑戰國家品質獎的失敗中建立經驗，不斷改進，終於在第19屆國家品質獎的第三度挑戰中獲得肯定的殊榮。本校完善建立了辦學理念的「淡江品質屋」，並以PDCA管理循環來呈現本校多年來推動TQM具體成效，領導人張創辦人及張校長從實行TQM至今，全力投入參與其中，是奠定本校推展TQM成功的關鍵因素。

品質提升與自我改善是一條無止境的路，走在這條道路上不但要有堅毅的精神，更需要一步一腳印、認真踏實地向前行。本校長期推行TQM，凝聚了全校教職員工生推動品質之共識，落實管理活動流程，也帶給之後校務評鑑與系所評鑑等校務發展相當大的助益。榮獲國家品質獎是代表本校過去全體教職員工生的努力成果，而得獎之後本校校務發展更將持續展現TQM的「執行力」及「實踐力」，落實規劃、執行、考核、改善等流程的校務自我評鑑機制，並利用座談、問卷、網路信箱等多元途徑，積極蒐集利害關係人的回饋，匯入本校品保機制中，以提升校務經營成效與增進學生學習效益。

展望未來，本校將更戮力以赴，持續打造顧客滿意度創新知識管理平台，建立高等教育全面品質管理典範；以全面創意管理，重塑全面品質管理新標竿；建立知識管理、知識傳播、知識創新三足鼎立的資訊化創新架構；以知識邦聯發展架構，建立高等教育學術邦城；結合二十四萬校友的社會能量，打造企業最愛、實至名歸的卓越影響力。期待經由本校的實踐，成為各大學推行全面品質管理之標竿，進而帶動高等教育的品質提升，創造淡江更高的榮耀。

善用媒體公關，擦亮淡江門窗

媒體報導講求「新、速、實、簡」，素材要新、採訪迅速、消息確實、報導簡潔。秘書處對於學校公布週知的各項活動、政策等，也能用心經營如何透過媒體公關的報導，達到感動服務與服務感動。

案例一：力挺玉山世界新七奇 淡大師生總動員

100年11月，本校登山社同學將出版有關玉山的叢書時，正逢玉山在世界多個熱門景點票選中脫穎而出，即將成為「世界新七大自然奇景」的前夕，11月11日是最後的決賽日。秘書處特別規劃了師生玉山催票的校內外活動，並與學務處研擬整體活動議題、流程、發布媒體新聞稿等相關事宜。秘書處撰寫了「延續百年國慶 就投玉山一票」、「臺灣黑熊出沒淡水捷運站？」、「新書：《抬頭仰望玉山》為玉山催票作最後衝刺」等新聞稿，並在淡水捷運站的校外催票活動中，請同學穿著學士服扮演臺灣黑熊，期間更與媒體溝通整個活動議題。

從100年10月12日起至11月10日票選前，秘書處在1個月內緊鑼密鼓地連結了全校師生共同參與，發揮團結的力量，成功地使各大媒體競相報導本校師生「熱心關注公共事務」的新聞。

案例二：天元宮櫻花盛開 淡大護花使者感動服務

淡水天元宮的櫻花，近年來已成為臺灣3月追逐櫻花熱潮的主角之一，也成為媒體競相報導的消息。101年3月，天元宮第1次與本校「校園與社區服務學習課程」合作，本校同學連續2個週末到天元宮進行服務，擔任園區志工並負責環境清潔、園區導覽解說、宣導賞花要領等服務項目。

秘書處先查詢了淡水天元宮的花季時間，並得知記者們將於3月17日報導花海景觀。因此，特別擬妥「天元宮櫻花盛開 淡大派出護花使者」新聞稿，內容包括「避免重蹈「陵來瘋」-武陵農場賞櫻環境髒亂、攀折花木等噩夢」、「服務學生的心得」、「天元宮櫻花攝影心得」等。3月18日聯合、中時、自由等三大報在全國第2版紛紛刊登淡水天元宮櫻花訊息，內容並報導本校學生能力鍛造、公民實踐的服務學習課程，置入性的將學生基本素養之「品德倫理」、「團隊合作」公諸於社會大眾。

許多人視媒體如洪水猛獸，或採取敬鬼神而遠之，其實若能設身處地用心去體會記者工作的辛勞，仔細觀察記者採訪新聞的角度，聆聽他們選擇新聞素材的需要，接納他們，相信彼此就可以建立很好的默契。良好的媒體關係對學校而言，猶如一片晶瑩剔透的櫥窗，讓學生、家長、校友，及國人更了解本校的卓越。

（秘書處秘書長．徐錠基）

第四章　標竿學習之旅

《大學》云：「物有本末，事有終始，知所先後，則近道矣。」本書第一章對品質發展之道加以說明，而後在第二章更將焦距集中在高教品質之賢，此為宏觀的視野。以此宏觀視野為基礎，我們便有完備之理論基礎，展開淡江全面品質管理以及品質文化塑造之路，此中之邏輯發展十分清楚，本末先後亦甚一貫也。然而即使如此，敏銳的讀者一定還是要問：淡江的品質到底在哪裡？

「形而上者，謂之道，形而下者，謂之器。」前二章都是不可眼見的抽象理論，這是道的說明。然而品質並不是一個概念，而是附屬在事物之上的性質或形容。易言之，空談品質只是觀念的說明，真正的品質一定是就個別的事物而言才是具體真實的存在。而這些實質的品質呈現，就在第八至第十五章，各單位的經營績效內容中。它們實實在在，而且有具體的數據可資依循。這是形而下者之器，也就是淡江品質的具體內容。道為本，器為末，理論為先，績效為後，而本末先後實為一體，這正是淡江品質的一體呈現與一貫之道。以上，我們簡單回答「淡江品質在哪裡」的疑問。然而，淡江是如何由理論而展開實踐與行動？易言之，淡江是通過什麼樣的方法與機制，充分落實理論進而提升品質績效？

我們的回答是：淡江是通過客觀機制與標竿學習落實理論與實務之互動關係。就機制而言，校務自評是總方向所在，其下分為內部的程序控制以及績效的追蹤管理機制。而機制皆為客觀程序與結構，以此而使淡江有一穩定而自我更新成長之平台，有效支持了所有單位之發展與成長。相對於機制，標竿學習是通過主觀而具體的學習，為結構注入新觀念、新刺激、新思維、新作法，藉此達到知己知彼、日新又新的持續改進之品質要求。本校長期以國際化、資訊化及未來化之三化為教育理念，在國際化方面，教師及學生投入國際化的互動已行之有年，且有多項具體、卓越成果，行政單位雖然推行全面品質管理也逐漸落實，惟行政組織及人員觀念仍較侷限於傳統理念下運作，為求創新突破與提升競爭力，同時加強行政人員國際視野，於是有行政單位赴國外觀摩訪問的構想。

首航於1998年5月25日，由當時的林雲山校長率領張家宜行政副校長及教務處、學務處、總務處、圖書館、資訊處等單位代表組成行政單位「遠航敦睦艦隊」，出訪日本早稻田大學等五所姐妹校。參訪的重點除觀摩各校行政組織架構及運作模式，彼此經驗分享，以確實達到學習效果外，也藉此強化姐妹校彼此友好關係，促進未來更密切的交流。因成果豐碩，行政單位赴國外參訪列為年度例行業務。由1998至2012年總計出訪了13次，是淡江品質文化不可或缺的內容。

一、運作機制與程序

每年參訪學校的選定，均先由國際暨兩岸事務處提出多案之構想，陳請校長裁定後，由各行政單位推荐優秀相關行政人員參與，由校長核可，並由校長或行政副校長擔任團長。國際暨兩岸事務處負責行程規劃，安排機票、簽證、餐食、住宿、交通及拜訪學校聯繫事宜。各單位同仁代表行前藉由書面及上網收集各校資訊，先將欲觀摩學習的項目傳送參訪學校，並進行多次相關行前訓練及參訪問題之研討，訓練內容包括相關語文及文化，尤其重視國際禮儀。

(一) 標竿學校的選擇及其程序

1. 以姐妹校優先，不重複為原則

行政訪問團主要參觀國外大學行政單位運作，實施初期以姐妹校為優先考量的標竿學習對象。經由姐妹校關係，可以獲得較為深入及完整的學習內容，並可以增進兩校之合作及互動關係，為日後之發展奠定更完整之基礎。

本校至2014年1月，全球姐妹校有128所，大陸姐妹校有36所。為了多元學習與發展，並有效強化與姐妹校之交流與友好，基本上以不重複參訪同一所姐妹校為原則。

2. 以本校發展重點為依據

標竿學校之選擇，當然要配合本校發展之重點，如此才能有效且及時提供相關之參考指標，以提升學校競爭力。例如，2004年3月我們邀請美國第一所獲得美國Malcolm Baldrige國家品質獎的威斯康辛州立大學斯托特分校（University Wisconsin-Stout）校長前來舉行四場講演，當年5月行政訪問團亦安排參訪該校，兩校於11月更進一步簽訂為姐妹校，對本校歷年來積極推動的TQM有重要激勵作用，而本校亦於2009年獲得第19屆國家品質獎。另外，2006、2011年，我們將重點放在韓國，一方面是韓國大學近年來的表現優異，另一方面則韓國與臺灣既鄰近又競爭

的關係，淡江沒有不重視的理由。2007、2008、2010、2012年，我們分別訪問大陸三次，香港一次。這是因為本校充分認識大陸在日後對臺灣高教之影響必然與日俱增，而香港高教的成功亦值得學習。

(二) 參訪模式與成果追蹤

參訪時間以每校半天至一天為原則，由於時間緊迫，本校會與友校商議參訪形式，基本模式有整體參觀、綜合座談、分組參訪與座談。經由多年經驗，我們認為綜合與分組分別進行最有效；亦即在整體認識之後，直接在會場分組交談，如有必要，再個別帶至相關單位實際參訪。而後，再以綜合座談方式總結。因為經過分組的細談，團員與友校同仁已經熟悉，因而在接下來的餐會上，感情與交談便十分熱絡而深入。至於團長，可以選擇參觀學校，亦可輪流至各組參與討論，一方面協助問題之處理，一方面也進一步肯定同仁們的努力。

參訪期間，每晚皆有簡要之會議，再次確認隔天的行程，並檢討當日的參訪成效，團員應每晚先行記錄參訪心得要點，以做為日後訪問報告撰寫之依據。返國後，由國際長召開團員會議，確認撰寫內容、形式及編印之分工。而後由參訪同仁提出具體成果報告，彙集編印成訪問報告書，分送全校各單位參考。同時參訪者應在其服務單位之業務會議中與同仁分享心得並提出具體建議，各單位對建議學習的事項進行研討，並評估其價值，而後針對有價值之建議，研擬落實的具體步驟，並陳報校長及行政副校長，以持續追蹤改善。整體參訪步驟，如圖4-1所示。

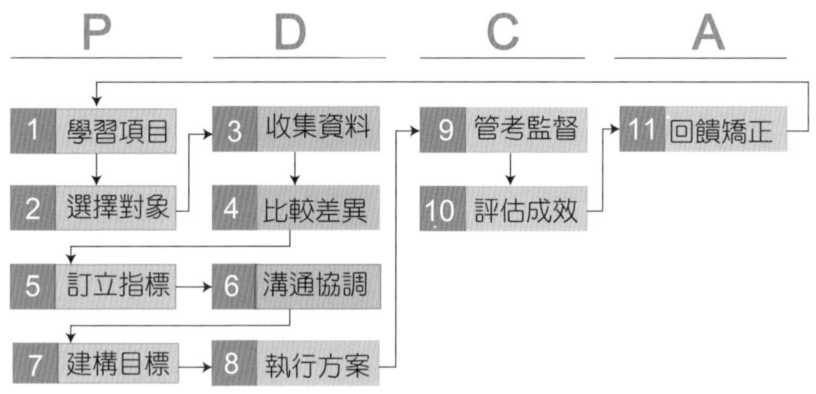

圖4-1　標竿學習十大步驟

二、標竿學校與參訪內容

自1998至2012年，行政訪問團共參訪了7國45所大學，共計13次122人次參加。就參訪成員之單位而言，主要以教務處、學務處、總務處、圖書館及資訊處、國際處為主，以財務處、人資處、校友處、學教中心為輔。2011年加入蘭陽校園代表。完整之資料如表4-1所示。

表4-1　行政訪問團標竿學習一覽表

參訪時間	標竿學習學校		參訪成員單位	參訪內容
1998 5/25~5/29	日本	早稻田大學 駒澤大學 近畿大學 東海大學 城西國際大學	林校長雲山（團長） 張副校長家宜（副團長） 教務處、學務處、總務處、圖書館、資訊中心 共15人	1.強化姐妹校交流。 2.教學行政設備配置（多媒體教室、辦公室自動化）。 3.組織架構運作。 4.校園環境整體規劃。
1999 4/22~5/2	美國	三一學院 加州州立大學長堤分校 維諾納州立大學	張副校長家宜（團長） 教務處、學務處、總務處、資訊中心、會計室、校友服務處、國交處 共9人	1.強化姐妹校交流。 2.募款業務組織架構。 3.教學行政設備建置。 4.學生生活學習環境規劃。 5.兼訪校友及探視大三出國學生。
	加拿大	布蘭登大學		

參訪時間	標竿學習學校		參訪成員單位	參訪內容
2001 5/19~5/26	澳洲 香港	新南威爾斯大學 克廷科技大學 中文大學	張副校長家宜（團長） 教務處、學務處、總務處、圖書館、資訊中心、國交處 共7人	1.強化姐妹校交流。 2.各校國際化之推動。 3.學生宿舍管理。 4.校園環保節能、綠美化、安全措施之建置。
2002 5/26~6/1	日本	城西國際大學 電氣通信大學 麗澤大學 東海大學 平成國際大學	張副校長家宜（團長） 教務處、學務處、總務處、圖書館、人事室、資訊中心、國交處 共8人	1.強化姐妹校交流。 2.校園環境規劃（資源回收與垃圾分類）與空間利用。 3.招生策略。 4.學生就業輔導。 5.校園資訊網路建置。 6.兼訪校友及大三出國學生。
2004 5/29~6/6	美國	威斯康辛州立大學斯托特分校 加州州立大學史卡尼勞斯分校 維諾納州立大學	張副校長家宜（團長） 教務處、學務處、總務處、圖書館、會計室、資訊中心、國交處 共9人	1.強化姐妹校交流。 2.實地參訪美國國家品質獎得主威斯康辛州立大學斯托特分校。 3.教務資訊化（網路傳送成績作法）。 4.學生宿舍經營（生活與學習一體之學生住宿規劃、宿舍TA）。
2005 5/10~5/14	日本	平成國際大學 麗澤大學 中央學院大學 青山學院大學	高副校長柏園（團長） 教務處、學務處、總務處、圖書館、人事室、資訊中心、國交處 共9人	1.強化姐妹校交流。 2.教務業務數位化（多功能學生證、教學計畫表）。 3.藝術化校園規劃與空間利用。 4.社團交流規劃。 5.圖書館空間配置。 6.兼訪校友及交換生。
2006 6/11~6/17	韓國	京畿大學 檀國大學 慶熙大學 漢陽大學	高副校長柏園（團長） 教務處、學務處、總務處、圖書館、資訊中心、國交處 共9人	1.強化姐妹校交流。 2.教務行政特色（招生、教學設施）。 3.學生社團經營與管理（社團辦公室規劃）。 4.友善校園與節能減碳作法。 5.國際化推動情形。 6.企業管理模式與產學合作作法。

參訪時間	標竿學習學校		參訪成員單位	參訪內容
2007 6/24~6/29	大陸	首都師範大學 中國人民大學 武漢大學 湖北大學 南京大學	高副校長柏園（團長） 教務處、學務處、總務處、圖書館、人事室、會計室、資訊中心、國交處 共10人	1.強化姐妹校交流。 2.參訪擴及省級之重點大學湖北大學。 3.課務運作與課程規劃。 4.各校國際化推動情形。 5.後勤集團（總務）企業化運作模式。 6.教師評鑑機制。 7.財務運作管理模式。
2008 5/5-5/11	香港 澳洲 紐西蘭	香港大學 昆士蘭大學 懷卡特大學	高副校長柏園（團長） 教務處、學務處、總務處、圖書館、學教中心、國交處 共8人	1.強化姐妹校交流。 2.國際學生招生策略。 3.圖書館活潑舒適學習環境營造。 4.校園安全、綠美化、及節約能源。 5.遠距教學模式。
2009 6/14-6/18	日本	立命館亞洲太平洋大學 長崎外國語大學 長崎大學 九州大學	張校長家宜（團長） 高副校長柏園（副團長） 教務處、學務處、總務處、人事室、圖書館、資訊中心、國交處 共 10人	1.強化姐妹校交流。 2.本地生、外籍生招生策略與英語授課作法。 3.學生知能輔導、學生宿舍環境改善。 4.校園環境規劃與節能環保措施。 5.行政人員職能強化。 6.圖書館管理。 7.校園e化模式。
2010 5/16~5/20	大陸	復旦大學 上海交通大學 南京大學 南京航空航天大學	張校長家宜（團長） 高副校長柏園（副團長） 秘書室、教務處、學務處、總務處、圖書館、資訊中心、校友處、國交處 共11人	1.參訪四所「985工程」重點建設學校之校務發展規劃及經營管理模式。 2.招生策略、課程改革與審查機制。 3.後勤服務業務委外運作。 4.學生活動、就輔與諮輔創新作法。 5.校友經營、募款與產學合運作。

參訪時間	標竿學習學校		參訪成員單位	參訪內容
2011 5/8-5/12	韓國	慶南大學 誠信女子大學 成均館大學 漢陽大學	高副校長柏園（團長） 蘭陽校園、教務處、學務處、總務處、圖書館、資訊中心、學教中心、國交處 共9人	1.強化姐妹校交流。 2.境外招生（陸生）作法。 3.校園安全、景觀設計與福利部門經營。 4.教師專業成長計畫。
2012 6/10-6/15	大陸	南開大學 天津大學 山東財經大學 山東大學	高副校長柏園（團長） 蘭陽校園、教務處、學務處、總務處、圖書館、資訊處、國際處 共8人	1.強化大陸姐妹校交流。 2.招生策略作法。 3.學生輔導作法。 4.圖書館管理。 5.資訊系統建置。 6.校園餐廳服務。

三、案例分享

標竿學習1：開發宿舍空調計費控制系統

標竿來源：2001年5月參訪香港中文大學，該校宿舍採用儲值卡片來啟動冷氣機，有效管理學生宿舍用電。

執行成效：2002年，資訊處開創以電子錢包繳付宿舍空調電費，落實「使用者付費」理念，同時讓住宿同學可以透過ATM轉帳、網路銀行轉帳、銀行櫃檯轉帳等方式將預付電費儲存至寢室電子錢包中，隨時透過網路遠端遙控、預約冷氣空調的開關。宿舍管理員則可透過網路，即時掌握每間寢室冷氣的使用狀況，並可依學校規定設定各寢室禁止使用冷氣時段或免計費時段，大幅提升宿舍管理工作效率。

標竿學習2：導入ISO國際標準

標竿來源：2002年5月參訪日本城西國際大學、電氣通訊大學、麗澤大學、東海大學及平成國際大學，上述大學之資訊硬體基礎建設雖多已相當完備，惟於資訊安全管理及資訊服務管理等領域尚付之闕如，深感有加速推動國際認證之必要。

執行成效：為提升資訊安全及資訊服務品質，並遵循ISO國際標準，資訊處於2004年導入BS 7799資訊安全管理系統，並獲得英國標準協會（British Standards Institution, BSI）頒發證書，為國內第一個通過此項認證的學術單位；2006年再次通過ISO 27001認證（如圖4-2），為全球第一個取得認證之學術單位。2008年再導入ISO 20000資訊服務管理制度，以提升資訊服務品質，亦獲得BSI認證通過。

圖4-2　ISO 27001認證證書

標竿學習3：體育館電動伸縮座椅看台

標竿來源：2002年參訪日本平成國際大學，該校綜合體育館內模擬法庭採階梯式座位，摺疊後完全收入牆中。

執行成效：紹謨紀念體育館7樓設置電動伸縮座椅看台，平日教學時，伸縮座椅看台於收藏狀態，多用途空間可容納3個標準籃球場，於各類球類比賽時可部份展開看台，大型集會、表演、演唱時，則可將看台完全展開，可容納約2,500觀眾（如圖4-3）。

圖4-3　紹謨紀念體育館七樓

標竿學習4：推動數位化學生證，具快速查詢、儲值功能

標竿來源：2005年5月參訪日本青山學院大學，該校學生證採感應式，具點名、快速查詢及儲值功能。

執行成效：2010年（99學年度）新生學生證採國際悠遊學生證（如圖4-4），除具儲值、小額消費、大樓門禁、圖書館借書等功能及出國享有各項消費優惠外，並具有上課點名功能，已運用於蘭陽校園所有課程、淡水校園「大學學習課程」、「社團學習與實作課程」及各類活動、會議報到作業。

圖4-4　國際悠遊學生證

標竿學習5：建置罕用書庫，紓解一般書庫空間壓力

標竿來源：2005年參訪4所日本姐妹校，其中麗澤大學、中央學院大學、青山學院大學均大量採用密集書庫，紓解書庫空間壓力。

執行成效：圖書館新總館自1996年啟用至今，書庫空間已達飽和。為解決書庫滿架問題，圖書館於2009年2月籌組「館藏空間小組」，召開會議討論解決方案。2011年6月簽准運用現有辦公室空間建置密集書庫，以存放罕用圖書，並於暑假進行施工，10月驗收通過。經過縝密的規劃與工讀生訓練，2012年元月開始進行罕用圖書移置作業，篩選圖書館5至9樓一般書庫的「罕用圖書」、抽書、盤點，並上架到新完工的密集書庫。至5月上旬，已移置圖書168,145冊。本項作業仍持續進行中，而一般書庫的書架空間已獲得改善，有效提升讀者取用圖書的便利性，並改善書庫管理的效率（如圖4-5）。

密集書庫現況

一般書庫現況

4-5　密集書庫移置作業

標竿學習6：美食廣場重新整修與餐廳餐具管理配備升級

標竿來源：2005年參訪日本青山大學、2011年參訪韓國誠信女子大學、2012年參訪大陸山東大學，各大學餐廳皆達自動化、標準化規格，提供師生安全衛生的用餐環境。

執行成效：2010年建置美食廣場餐具桑拿室、採購高溫消毒洗碗機，2012年7月採購遠紅外線高溫消毒櫃（如圖4-6）。

圖4-6　美食廣場餐具桑拿室

美食廣場於2012年8月重新整修，配置主題裝置藝術、冷氣自動控制系統，及節能風扇，營造燈光美、氣氛佳又具節能減碳概念之用餐環境，提升本校師生食的品質。整修前後如圖4-7所示。

整修前

整修後

圖4-7　美食廣場整修

標竿學習7：體育館社團辦公室

標竿來源：2006年參訪韓國慶熙大學學務處之社團辦公室。

執行成效：該校社團一社團一間辦公室之規劃十分值得參考，本校之社團辦公室於新建體育館中，兼採一社團一辦公室及多社團一辦公室，甚至暫時不配置辦公室等方式，一方面達到鼓勵績優社團之目的，一方面也發揮有限空間的最大效益。社團辦公室今昔對照如圖4-8所示。

舊社團辦公室　　新社團辦公室

圖4-8　社團辦公室

標竿學習8：規劃閱活區，營造舒適的閱讀空間

標竿來源：2008年參訪香港大學、澳洲昆士蘭大學及紐西蘭的懷卡特大學三所大學，其圖書館均提供活潑、舒適且明亮的休閒閱讀空間。

執行成效：為順應潮流及改變一般讀者對圖書館空間的刻板印象，本校圖書館於2008年暑假將總館2樓大廳西側重新改造為「閱活區」（如圖4-9），並於9月開學後正式啟用。「閱活區」依不同需求規劃為「新書展示區」及「閱讀分享區」，配置色彩鮮明、造型活潑的桌椅。本區的啟用，使得2008年10至12月的新書展示數量從每月平均680冊提升為3,028冊。讀者可以瀏覽新書，也可以坐下來隨意閱讀。另外，還能參加不定期舉辦的閱讀分享活動，可說是一個舒適、休閒且具備多功能的閱讀新空間。

新書展示與閱讀

閱讀分享活動

圖4-9　閱活區

標竿學習9：2010年起持續實施「行政人員職能培訓課程計畫」

標竿來源：2009年參訪之日本長崎大學及九州大學等二校均設有職員教育訓練計畫。長崎大學並派行政人員至本校二週，深入參訪學習。

執行成效：本計畫以參考過去學者文獻分析及問卷調查二種方法，收集本校行政人員所需之專業知識與工作技能，分別提供一級正副主管、二級主管與秘書及基層行政人員適當訓練課程。本計畫實施成效除了提升行政作業效能，並可發掘行政人員自我特質潛能，增加自信心，以加強輪調後之適應能力。

99至102學年度第一學期本校「行政人員職能培訓課程」已開課程70門，上課總時數275小時，參加人次已達5,548人，參加人員對於「本課程對於其在工作技能或專業知識是否有顯著增加」之滿意度問卷平均分數為5.26分（滿分6分），每學年並舉辦心得分享徵文比賽，優勝者頒發獎狀及獎品以茲鼓勵。已開課程如表4-2所示。

表4-2　行政人員職能培訓課程開課表

開課對象	課程名稱
一級主管	進階專案管理、進階知識管理、創新思維、領導統御、溝通技巧、危機管理之SOP、壓力管理、組織管理、從組成音樂的四大要素看管理、經營管理、教育領導、職業倫理與工作價值、行政核心能力要素兼論如何提升個人魅力、組織管理、溝通力、台灣教育發展的新挑戰與因應策略、生命的永續經營觀
二級主管	進階專案管理、進階知識管理、創新思維、領導統御、溝通技巧、情緒管理與壓力管理、組織領導、情緒管理、壓力管理、知識管理、行銷管理、教我如何不忘記－認知心理學在工作上的運用、用心看世界、人際溝通、自我管理與激勵、行政價值與倫理、當自己最棒的英文老師：教育背包客的世界行腳體驗、邁向成功之路，職場必備核心職能、情緒勞務與組織員工幸福感、友善校園之人權法治觀念
基層行政人員	會計實務、採購法與財產管理、領導能力、專案管理、知識管理、報告撰寫與企劃編製、危機處理能力、英語能力、創新管理、校務行政工作的新思維－人際溝通力與正向執行力、壓力管理、職涯溝通、行動力、服務品質與管理、教我如何不忘記－認知心理學在工作上的運用、行政的藝術、溝通表達、用心看世界、自我管理超越自我、如何尋找職場的價值感－做個快樂上班族、語言學習－英文、讓我環遊世界工作、行政價值與倫理、職場情緒管理、資通訊技術應用於知識管理與行政創新、邁向成功之路，職場必備核心職能、辦公室與校園禮儀

標竿學習10：淡江達人

標竿來源：2010年參訪上海交通大學，該校之「礪行計畫」係透過網路票選明星級人物，如溝通高手、領袖高手、服務達人等，學生上網自行推薦，獲選人物則利用班週會時間做專業分享，由學生教授學生，更具可看性及學習性。

執行成效：學務處於2011年3月28日至5月6日舉辦「淡江達人－WOW九厲害！」徵選活動，徵選最會考證照達人、最多獎盃獎狀達人、最獨一無二作品、最厲害本領、身體髮膚受之父母之我最特別、多國語言我會說、最快心算達人、最酷記憶達人及最厲害但你不知道的長處等九類達人。經由學生投票選出16名同學為各領域達人，週會生活宣導安排淡江達人及社團達人分享學習歷程與心得（如圖4-10）。由學生票選之各領域達人經驗分享後，較易引發學生聽講的興趣，除具有相互交流的作用外，更有同儕互相激勵、標竿學習的效果。

時　　間：2012年4月23日
對　　象：進學班2-4年級生活宣導
社團達人：資傳2林易祺
（傑出社團達人）（右）
主講題目：構築夢想的勇氣

圖4-10　淡江達人於週會生活宣導分享心得

四、結語

行政訪問團參訪姐妹校及國外表現優異大學是本校重要的行政文化傳統，它一方面藉著參訪而不斷反省、改進自身的行政策略與內容，另一方面也同時達到敦睦友校、深化合作的目標，可說是一種多元目標的校際活動。而行政同仁經由參訪，帶來更開闊的胸襟與視野，在工作崗位上，能更有效率提供高品質的支援與服務。而平日工作繁忙，鮮少跨單位互動的同仁，也能在參訪過程中了解不同單位之立場與作法，有助於日後跨單位業務溝通與合作。

雖然經由以上的努力，仍有許多有待克服之挑戰，如因行程緊湊，分組座談討論、實地參觀時間總是不夠，對於各校的設施僅能走馬看花，無法深入了解；雖所見所聞再輔以各校網頁及提供之書面資料，可補其中不足，但仍顯不夠深入，此為美中不足之處。此外，國情與文化差異，組織架構及環境不同，許多事物亦無法比較，也未必有對談窗口。如人事、會計均屬機密，較不易獲得資訊，而圖書與資訊在國外大都歸屬同一單位，在同一參訪時間內往往不易獲得深入了解。針對此問題，本校自2012年起，推動行政人員至業務相關具特色學校進行短期駐點觀摩，以深入了解與學習，相信成果必然可期。

做自己與別人生命中的天使

在淡江大學任職30年的光景中，何其有幸在課外活動輔導組就有20年的歲月，以承辦服務性社團為主，所以有很多值得與大家分享令人感動的服務故事。

首先分享的是「炬光社」。炬光社不僅照顧校內的身心障礙同學，在學期中、寒暑假都會帶八里愛心教養院、陽明教養院的小朋友出隊。炬光社的夥伴們對身心障礙的小朋友非常有愛心與耐心，令人感動！炬光社的服務讓我學會感恩，學會珍惜健康，而我們的服務也感動了這些慢飛天使，雖然他們有的口不能言，但是從他們信任的眼神，已說明了一切！

目前我擔任樸毅志工社的指導老師，樸毅志工社的活動內容有：關懷訪視淡水地區的老人、幫創世基金會街頭募集發票、舊衣回收，還有淨灘、希望閱讀等活動；最重要的是「飢餓十二」活動，讓參與者透過飢餓十二個小時的體驗，了解台灣世界展望會飢餓三十人道救援行動的意義，更懂得知足、感恩與惜福，這也是感動顧客的一種服務。

在付出服務的當下，我們常常會發現，得到最多的反而是自己。因此，我常對社團學生說：「人就像發光體與感光體，只要我們願意發出光與熱，服務的對象一定感受得到，而他們回饋給我們的光與熱，永遠比我們付出的多更多！」

我們不要等到退休後或是有錢的時候才服務，因為服務最重要的意義不是捐出金錢的多寡，而是一種精神，一顆願意幫助別人的心。我們要給被幫助的人尊嚴，讓他們有能力處理自己，甚至反過來將來有能力去幫助別人，這種善的循環力量，也才能使公益精神發揮最具體的效用！就讓我們學習「做自己與別人生命中的天使」吧！

（學生事務處．江夙冠）

第五章　校務精實之鑰

品質是高等教育建立競爭優勢之基石，因此學校的經營者需透過檢核、評鑑方式不斷檢視校務運作效率及學生學習成效之成果，以確保整體校務品質之精進與持續改善。為使品質系統順利運作，本校特別設立推動品質保證相關業務之專責單位—品質保證稽核處，確保行政、教學品質之校務評鑑與教學單位評鑑即是該單位主要核心業務。本章首先簡要介紹品質保證稽核處的作業項目，接著再說明校務評鑑與教學單位評鑑之業務執行情形，以瞭解本校如何確保校務品質及持續提升。

一、品質保證稽核處的運作

單位成立源自於淡江大學創辦人張建邦博士導入全面品質管理經營理念後，所設置的「教育品質管制委員會」。為了能在校內推動全面品質管理工作，並將品質相關業務融入學校例行作業中，便於2000年設置「教育品質管理組」，隸屬於「教育發展中心」，後續又經歷兩次改組與更名。2011年為因應教育部在大專院校內導入內部控制與稽核之政策，依據教育部「學校財團法人及所設私立學校內部控制制度實施辦法」第12條規定，設立專責單位並直屬校長，而成立「品質保證稽核室」。2012年配合全校一級單位的組織更名，再將單位名稱改為「品質保證稽核處」（以下簡稱品保處）。如此不但能符合教育部要求，有專責單位建立內部控制制度及執行相關內部稽核作業，更能突顯學校重視全面品質保證之經營理念。

品保處因主要承辦教育部及全校性重要計畫或業務，其規劃與研究工作皆須審慎思考與評估，因此編制人員中除稽核長、秘書與行政人員外，另設置數名研究人員，以提升研究與創新能量，研究人員主要工作是針對特定主題進行研究並提出建議。

品保處的業務主要可分為教育評鑑和內部稽核兩類，教育評鑑相關業務包含了教師教學評量、教學單位評鑑、校務發展及評鑑、教學創新之研究與推廣等項目；內部稽核相關業務則包含規劃內部控制制度、修訂內部稽核實施細則、擬定與執行年度稽核計畫、以及其他有關內部稽核事項。此外，品保處亦負責大學排名業務及定期舉辦品質相關之全校性會議及活動，其均是攸關全校性發展之重要業務。

大學排名業務主要包含世界大學網路排名結果分析及我國大學學術聲譽排名研究。「世界大學網路排名」於每年的1月及7月更新排名結果，本校自2007年7月開始追蹤並配合公布時間撰寫排名分析報告。「我國大學學術聲譽排名研究」則是為瞭解國內各大專院校之間排名情形，以利於發掘各校優劣勢。因此，委託輔仁大學統計資訊學系進行調查分析，主要探討我國140餘所大學之學術聲譽排名，以期瞭解現今國內整體大學教育品質現況。研究成果亦編印成冊出版（如圖5-1），並寄送各大學圖書館典藏，以利學術研究參考。

指標與權重

指標項目		權重	分項指標
聲望調查		25%	學術界調查
教育統計指標	學生結構	5%	1. 研究生人數比例
			2. 博、碩士班研究生人數比
	教師資源	20%	3.助理教授以上職級之專任教師比例
			4. 教師具有博士學位比例
			5. 專任教師比例
			6. 師生比
	財務資源	10%	7. 每位學生單位成本
	研究成果	20%	8. 專任教師SCI數之平均
			9. 專任教師SSCI數之平均
			10.每位專任教師國科會專題研究計劃之平均經費
			11.每位專任教師國科會專題研究計劃之平均件數
	產學合作計劃平均金額	5%	12.產學合作計劃平均金額
	註冊率	5%	13.大學部新生註冊率
	畢業率	5%	14.大學部學生畢業率
	國際化	5%	15.外籍學生比例
			16.外籍專任教師比

圖5-1 我國大學學術聲譽排名研究

負責辦理之全校性會議及活動部分，則有「教學與行政革新研討會」、「全面品質管理研習會」、「淡江品質獎」及「品管圈競賽」等。「教學與行政革新研討會」為本校傳統，舉行主要目的為凝聚全校共識，同心協力應變與不斷地自我超越，以期讓學校能永續發展與成長。自1966年開始，每年皆訂定不同主題進行專題演講並分組討論（如圖5-2），以期透過知識的分享與深入探討，能更激發同仁的策略思維，有效提升全校教學與行政的品質。會議結束後會將專題演講內容、分組討論及綜合討論結果彙編成《教學與行政革新研討會實錄》，並出版以為後續追蹤執行成效與典藏參考之用。

各級主管及教授代表參與

專題演講

分組討論

圖5-2　教學與行政革新研討會活動

「全面品質管理研習會」（如圖5-3）主要目的是希望將全面品質管理理論與企業實務作法導入學校行政運作，以提升行政人員服務品質。此研習會自82學年度起開始舉行，主要是邀請校外品質專家學者蒞校進行專題演講，或是邀請具有卓越品質管理的實務界先進與本校同仁經驗分享，會中同時頒發獎項給淡江品管圈競賽活動前3名優勝圈隊，並請獲獎圈隊與當年度淡江品質獎獲獎單位進行經驗分享。

內部控制與稽核、績效管考及品質競賽活動等內容將於後續兩章中說明。本章接著將介紹校務評鑑及教學單位評鑑兩項業務，說明本校如何透過持續改善機制持續提升校務品質。

各級主管及全體行政人員參與

專題主講人與同仁互動

品管圈獲獎團隊經驗分享

圖5-3 全面品質管理研習會活動

二、持續改善行政品質－校務評鑑

早自87學年度起本校每學年皆依原「淡江大學校務評鑑實施規則」辦理校務自我評鑑，希望能有效提升校務工作品質，並且持續改善辦學績效。內容主要分為校務綜合評鑑與校務滿意度調查兩部分。前者是利用質、量化指標綜合評估整體校務發展，後者則分別針對教師、學生與行政人員等對象進行滿意度問卷調查，以瞭解顧客對於學校整體滿意度情形。最後，評鑑結果送請評鑑委員審查，審查意見送交各單位參考，並請相關單位提出改善方案，再由教育品質管理委員會進行持續追蹤直到結案為止。

(一) 校務綜合評鑑

每年5月開始蒐集質、量化指標之相關資料，質化指標包含「學校自我定位」、「校務治理與經營」、「教學與學習資源」、「績效與社會責任」，及「持續改善與品質保證機制」等五個項目（如圖5-4）；量化指標則是蒐集「教職員生資料」、「儀器設備及圖書館館藏資料」、「財務報表」、「校舍校地面

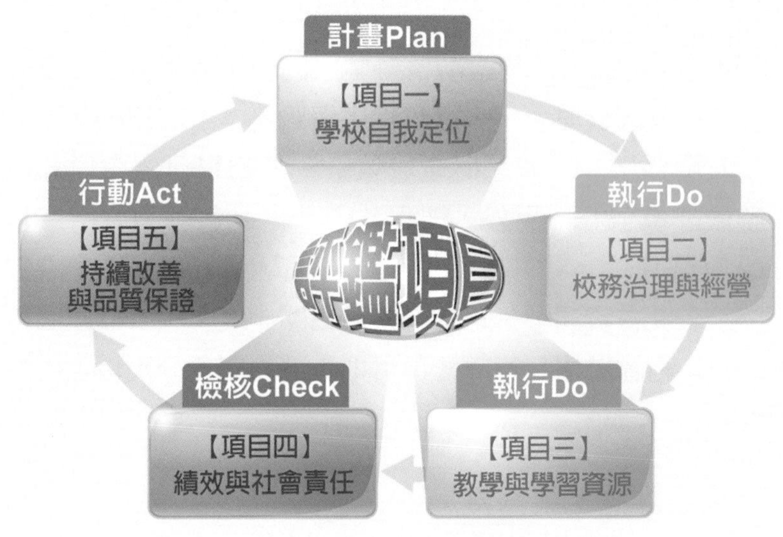

圖5-4　校務綜合評鑑質化項目

積」及「教師研究成果概況」等。完成質、量化指標資料蒐集後將進行比對分析，並撰寫相關內部評鑑報告。透過質、量化指標的評估，可提供學校及各級單位主管本校經營情形與發展趨勢，進而檢視目標資源調整之方向。同時亦瞭解學校提供學生學習所需軟硬體設備之充裕程度、學校經營績效及財務情形，俾以作為持續改善之依據。

(二) 校務滿意度問卷調查

校務滿意度問卷調查工作於每年4至6月間進行，調查期間會針對回收率低於50%者進行再次發送及催收工作。問卷回收後則進行問卷資料之編碼與分析，並由專責研究人員根據「教師」、「行政人員」、「應屆畢業生」及「非應屆畢業生」等不同對象分別進行分析與報告撰寫。

問卷架構涵蓋的評鑑項目有：「圖書館使用」、「資訊應用」、「校園管理」、「行政程序與服務」、「國際交流」、「校友關係」、「智慧財產成效」、「辦學目標與理念」及「整體評價」等。另外「課程教學」、「教師相關制度」、「學術研究」、「學生素質」、「學生輔導」、「招生業務」、「社會資源」、「行政人員相關制度」、「行政服務效能」及「組織結構」等評鑑項目則視調查對象分別增至不同之問卷中。

(三) 校務評鑑結果審查

結合校務綜合評鑑與校務滿意度調查分析報告，完成校務自我評鑑報告書後，於8月送交評鑑委員進行審查，審查結果以

「綜合意見表」與「自我評鑑評量表」兩種方式呈現。「綜合意見表」是審查委員針對質、量化各個項目提出優缺點，同時對於缺失事項也需提供具體建設性之改善建議，每位審查委員之意見再由內部評鑑小組召集人彙整而成。

自我評鑑評量表是審查委員依「校務綜合評鑑」之質、量化資料，以及「校務滿意度」內容，視該項達成度或執行狀況於自我評鑑評量表中「評分」欄勾選分數，最高6分，最低1分。同時在「評語」欄撰寫優點、進步情形與待改進處，在「本大項綜合評語」一欄中撰寫綜合評語，表格內容（如表5-1）。

表5-1　自我評鑑評量表

<table>
<tr><th>內容</th><th>評鑑指標</th><th colspan="7">校內自我評鑑評分
優點、進步情形、待改進處</th></tr>
<tr><td rowspan="5">（一）質化與量化部份</td><td colspan="8">項目一：學校自我定位</td></tr>
<tr><td rowspan="3">1-1.學校分析優勢、劣勢、轉機與危機，並找出學校自我定位之作法為何?</td><td rowspan="2">評分</td><td>6</td><td>5</td><td>4</td><td>3</td><td>2</td><td>1</td></tr>
<tr><td></td><td></td><td></td><td></td><td></td><td></td></tr>
<tr><td colspan="7">評語：</td></tr>
<tr><td colspan="8">本大項綜合評語：</td></tr>
<tr><td rowspan="4">（二）校務滿意度部份</td><td colspan="8">教師</td></tr>
<tr><td rowspan="3">教師整體滿意度</td><td rowspan="2">評分</td><td>6</td><td>5</td><td>4</td><td>3</td><td>2</td><td>1</td></tr>
<tr><td></td><td></td><td></td><td></td><td></td><td></td></tr>
<tr><td colspan="7">評語：</td></tr>
</table>

(四) 檢討改善持續追蹤

秉持著持續改善的精神，各權責單位除依據評鑑委員所提出建議將其執行方式落實於業務中持續進行改進外，教育品質管理委員也會追蹤後續績效及考核，確實掌握該計畫執行進度與成效，檢核表單（如表5-2）。待目標達成後再由委員會進行最終審核，若審核通過，即予結案。透過不斷的持續改善機制，以期達到校務整體發展全面品質提升之目的。

表5-2　校務自我評鑑委員審查意見之執行情形檢核表

項目	編號	委員意見	執行情形				教品會檢核結果
			執行單位及具體因應方案	預定完成時間	執行成效	結案情形	
項目1			○○單位	○○年 ○○月	成效說明	□結案 □待結案	□通過 □未通過

三、確保學生學習成效－教學單位評鑑

依「淡江大學自我評鑑辦法」辦理系、所、中心及學位學程評鑑，每5年至少評鑑一次，評鑑項目依據本校特色並參考教育部及財團法人高等教育評鑑中心基金會（以下簡稱高教評鑑中心）訂定之評鑑措施及項目設置。88學年度開始實施至95學年度止，除新設立系所外，各系所皆已完成至少一次之評鑑作業。96及97學年度配合高教評鑑中心實施之第一週期大學校院系所評鑑，完成全校性之教學單位評鑑（如圖5-5），並於98及

圖5-5　第一週期系所評鑑實地訪評迎接評鑑委員

99學年度持續辦理後續之追蹤評鑑及再評鑑。部分系所及學院因通過學門評鑑、IEET認證則得以免評。為使各系所持續自我改善與提升教學品質，自100學年度開始進行第二週期之教學單位評鑑作業。

教學單位評鑑主要目的有持續自我檢視、發展辦學特色與強化品質改善。以下依序介紹此項自我評鑑在項目訂定、評鑑程序、評鑑結果檢討及改善方案追蹤等主要內容。

(一) 教學單位評鑑項目

97至101學年度為止，教學單位評鑑之評鑑項目係依據教育部委託高教評鑑中心訂定之相關內容辦理。自102學年度起，評鑑項目依受評單位性質分成系所、通識教育及師資培育三個類別，其中系所評鑑項目是依學校發展與系所特色之相關內容及參考第二週期系所評鑑之評鑑項目架構修訂，通識教育及師資培育評鑑項目則仍依高教評鑑中心及教育部訂定之相關內容辦理。評鑑項目目的是檢視各受評單位之教育目標、課程設計、教學品質、教師素質、學習輔導與資源、學習成效、學術與專業表現、畢業生表現及自我改善機制等面向。各受評單位應依據單位特色及運作模式，在不偏離評鑑項目主軸之情況下，將辦學績效與品質表現予以呈現。

(二) 教學單位評鑑程序

受評單位的評鑑程序共包含：成立評鑑工作小組、完成自我檢核報告書、進行內部評鑑、進行外部評鑑，俟所有評鑑完成後，將針對改善情形進行追蹤管考（如圖5-6）。

整體評鑑作業重要程序之詳細工作項目規劃如表5-3所示。在前置準備階段，執行單位依據評鑑主軸完成實施計畫撰寫。同時，也舉辦評鑑相關說明會及座談會。說明會包含講解評鑑相關表格填寫說明、作業流程說明、查詢與收集資料方式、評鑑工作小組成立方式、實地訪評工作規畫等內容；座談會則以訪評簡報技巧教學、系所簡報觀摩會及專家座談會為主，期望透過會議之相互觀摩、交流，有助於各受評系所自我評鑑報告內容及簡報之準備。

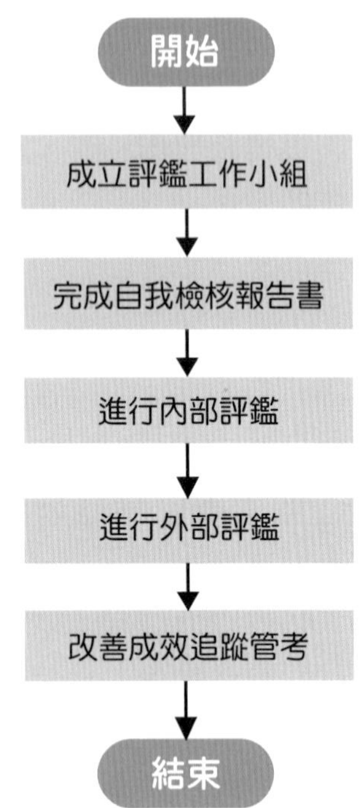

圖5-6　教學單位評鑑程序圖

表5-3　淡江大學教學單位評鑑作業程序

重要程序	工作項目
前置準備	1.執行單位撰寫教學單位評鑑實施計畫 2.召開教學單位評鑑說明會及座談會
內部評鑑	1.受評單位成立評鑑工作小組 2.撰寫自我檢核報告書 3.實施內部評鑑 4.內部評鑑結果與改善
外部評鑑	1.實施外部評鑑 2.申請教育部認定 3.公布外部評鑑結果 4.評鑑結果公開與運用
持續改善	1.提出自我改善計畫與執行成效 2.辦理追蹤管考

在執行階段，各受評單位進行內部評鑑時，首先需成立評鑑工作小組，並蒐集報告撰寫所需資料以完成自我檢核報告書。報告完成後送交評鑑委員審閱後則進行實地訪評，再由實地訪評委員綜合受評單位自我檢核報告以及實地訪評結果做出結果建議，並進行最終認可結果判定。自102學年度起，教學單位評鑑新增外部評鑑作業，各受評單位需完成上述內部評鑑作業且「通過」後，申請並實施外部評鑑。

(三) 持續改善機制

各受評單位將實地訪評委員意見與建議製成「評鑑結果回應之執行成效與結案表」，受評單位需逐項填寫回應說明或初步改善計畫及因應方案後，再由各執行單位（依項目內容細分教學、行政單位）回應預訂完成時間、執行成效說明及結案情形。所進行之執行成效以1年為原則，屆時再彙整各受評單位之「評鑑結果回應之執行成效與結案表」提報教育品質管理委員會討論並陳報。倘若項目未能於該年之執行期間完成並結案，則將列入隔年之結案項目持續追蹤。

最後，執行單位會依照教育品質管理委員會決議定期追蹤瞭解各系所改善情況，且依據評鑑結果與追蹤管考情形，持續改進教學單位評鑑之相關措施。

四、結語

確保校務品質與提升，亟需人、制度與組織三方面搭配與整合，首先是高階管理者的決心與督導。教育品質管理委員會由本校一級以上之教學與行政主管及教師代表，再加上校外專家組成，由校長擔任主任委員。在教育品質管理委員會的運作機制下進行管考，更加落實校務評鑑與教學單位評鑑PDCA循環中的檢核與持續改善。

品質保證稽核處負責全校校務評鑑與教學單位評鑑的規劃與推動。自我評鑑機制的重點含規劃評鑑相關研習、教育訓練，讓各受評單位清楚瞭解自己在評鑑活動中所扮演的角色，並從過程中更深入瞭解自我評鑑之真正意涵。同時協助各受評單位能主動思考單位定位及規劃工作，以有效形塑系所特色，讓受評單位的角色及參與度能由被動配合轉為主動參與，讓自我評鑑工作能真正改善受評單位之整體品質，發揮更大的整體效益。專責單位的優點在於對外有單一窗口的聯繫，對內可使行動一致並整合資源。因此，品質保證稽核處在校務品質與教學品質的確保上，扮演了規劃與協調溝通的關鍵角色。

用腦：做就對了！

2013年1月17日(星期四)系上收到JTB台灣(世帝喜旅行社)來信，說明日本千葉縣船橋高校計畫來台灣進行海外研修教學，預訂3月21日(星期四)與淡江大學化材系進行1天學術交流。

主任經過一個晚上的思考之後，決定接待對方的參訪。很快速的，1月22日(星期二)船橋高校的3位師長立即前來做行前訪問，與主任深入詳談細節，讓我們深深感受到日本人做事迅速、確實與慎重的個性。

主任旋即展開了他的寒假作業，開學立即繳交交流計畫，並完成英文版提供給船橋師長。同時展開接待的籌備工作，此時正值開學，助理們幾乎措手不及。

首先，主任積極地向國際事務副校長爭取餐費補助，在提升學生國際交流經驗的前提之下，國際事務副校長爽快的答應，讓我們不需掛心經費問題。

在接待方面，需要22位同學以全程英語進行解說，請老師在課堂上廣為宣傳之後，沒想到一週內迅速額滿，讓人振奮。

緊接著，場地的會勘、實驗課程的參觀安排、歡迎海報、紅布條、餐點、紀念品、名牌、海報板、人員分組與行前會議，均逐一確認妥當，任何細節都不容疏忽。

轉眼間就到了3月21日，同學們興奮地帶領著船橋高校生參觀海報街舉辦的地方文化週，安排珍珠奶茶體驗，也有同學自備鳳梨酥相贈，希望能表達台灣人的熱情。在同學們的熱心參與之下，整個活動進行得相當順利。

主任的毅力驚人，做任何決定都希望能達到雙贏的目的，更希望讓同學不出國，也能做到國際交流，全程以英語進行在系上是一項創舉，過程中雖然也發生雞同鴨講的妙趣，但是，學生反應相當熱烈，這也是非常難得的交流經驗，很高興我們做到了！

（工學院．化學工程與材料工程學系）

第六章　內控內稽之實

組織各功能整合的有效性會影響其達成目標的程度，瞭解各功能內部流程與跨功能間的流程是非常重要的，如何使各流程在相同的策略與目標下順暢運作，會決定組織整體的效能。將各項流程予以標準化與制度化是提升組織運作效能的前提，因此管理者必須非常重視制度流程的建立。

為促使各校完成內部控制制度之建置與執行，讓學校自我監督機制步入軌道，提升學校自治能力，教育部依據《私立學校法》第51條訂定《學校財團法人及所設私立學校內部控制制度實施辦法》（以下簡稱私校內控辦法），各校於2010年12月9日前建立內部控制制度，合理保障其營運效能之提升、資產之安全、財務報導之可靠性以及相關法令之遵循。本章主要說明本校訂定內部控制制度及執行內部稽核過程之實務經驗。

一、內部控制落實作業流程

全面品質管理的落實必須非常重視流程的有效性，也須因應環境變動而進行持續改善。內部控制制度的建立即是促進組織達成既定之營運目標，同時在評估可能的風險下，提高運作的效能。本校在全面品質管理的架構下，持續學習內控內稽的相關理論與實務經驗，積極參與台灣評鑑協會及中華民國私立大學校院協進會等機構辦理之內部控制制度建置說明會、內部控制制度以及內部稽核人員之研習與研討會，進而精進本校內控內稽之制度與運作，同時完成了本校的《內部控制制度手冊》（如圖6-1），並依實際作業逐年編修。

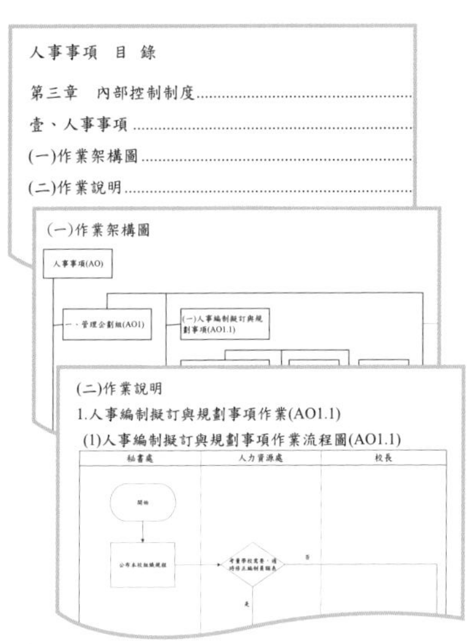
人事事項　目　錄

第三章　內部控制制度……

壹、人事事項……

(一)作業架構圖……

(二)作業說明……

(一)作業架構圖

人事事項(AO)

(二)作業說明

1.人事編制擬訂與規劃事項作業(AO1.1)

(1)人事編制擬訂與規劃事項作業流程圖(AO1.1)

圖6-1 內部控制制度手冊

(一) 依職掌訂定制度

為更符合實際施行範圍，本校內部控制制度中各作業項目主要依《私校內控辦法》第4至8條明定之人事事項（如聘僱、敘薪、待遇等）、財務事項（如投資有價證券與其他投資之決策、買賣、保管及記錄，不動產之處分、設定負擔等）、本校辦事規章以及各單位設置辦法之職掌而訂，並依《私校內控辦法》第19條「學校法人…應定期檢討及修正內部控制制度」，持續更新作業項目及內容。雖然各單位的業務繁多且複雜，但訂定原則是共通且一致的，以人事事項的作業內容為例來說明編製的重點與內容。依「淡江大學辦事規章」（2013）第13條人力資源處管理企劃組職掌，人事事項作業項目如表6-1所示，第一欄是單位職掌，第二欄則是對應單位職掌所訂定的作業內容。

表6-1　單位職掌與內部控制制度作業對照表

單位職掌	作業內容
（一）人事編制擬訂與規劃事項	1. 人事編制擬訂與規劃事項作業
（二）教師之聘任、解聘、資遣、改敘承辦事項	2. 教師聘任作業 3. 教師資遣及解聘作業 4. 教師改敘作業
（三）教師評鑑承辦事項	5. 教師評鑑承辦事項作業
（四）教師資格審定承辦事項	6. 教師資格審定承辦事項作業
（五）教師研究獎助承辦事項	7. 教師研究獎助承辦事項作業
（六）教師教學獎勵承辦事項	8. 教師教學獎勵承辦事項作業
（七）職工之任免、遷調承辦事項	9. 職工聘僱作業 10.職工免職作業 11.職工輪調作業 12.職工升等作業
…	…

(二) 內部控制內容

內部控制制度各項作業內容中主要包含了作業架構圖與作業流程圖兩部分，作業架構圖主要依負責該事項之單位組織架構及單位職掌繪製，同時作為各作業編號之依據，以便清楚該項作業與其他相關作業間之層級與關聯性。以人力資源處負責之人事事項為例（如圖6-2），讓使用者可檢視該事項下所有的作業項目及負責單位。

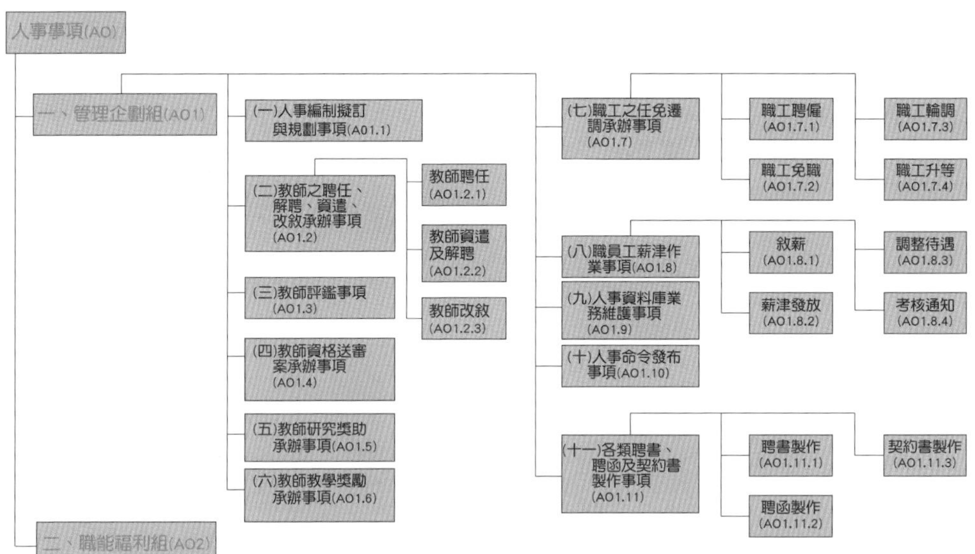

圖6-2　人事事項作業架構圖（範例）

人事事項中有管理企劃組與職能福利組，在管理企劃組中有(一) 人事編制、(二) 教師之聘任、解聘、資遣、改敘、(三) 教師評鑑、(四) 教師資格送審、(五) 教師研究獎助以及(六) 教師教學獎勵…等11項事項，又於(二) 教師之聘任、解聘、資遣、改敘中再細分為教師聘任、教師資遣及解聘、教師改敘等三項作業。

接著說明作業的流程圖，為了清楚呈現各階段流程之執行單位，以不同欄位分隔不同之單位，如此可對執行過程中之管控與執行成效有所助益。以人事事項中教師聘任作業流程圖為例（如圖6-3），圖中由系、院提出新聘員額申請，人力資源處召開教師員額會議決定通過與否，校長核准後公告，以此類推後續各項步驟，最後至教師應聘及報到後結束。

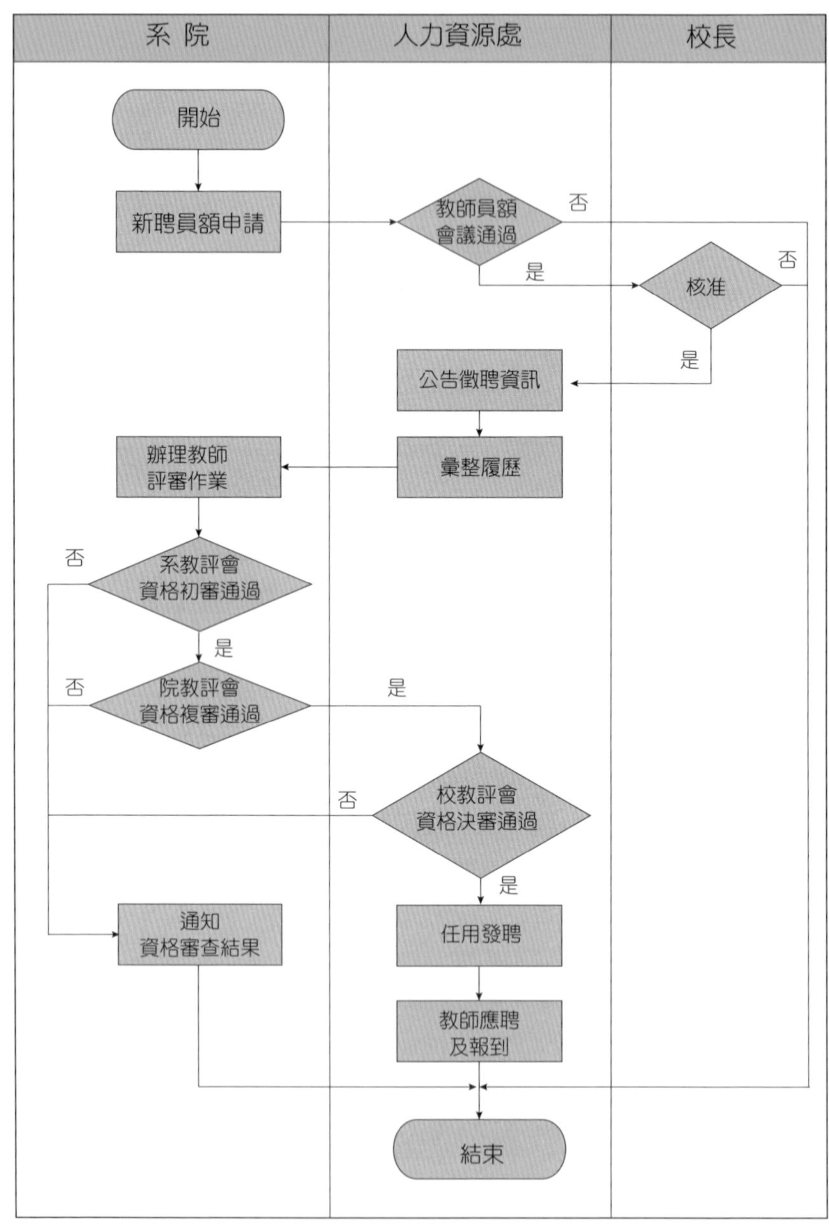

圖6-3　教師聘任作業流程圖（範例）

二、稽核制度強化行政運作

(一) 內部稽核目的

內部稽核之主要目的在促使各項作業活動遵循法令規章，減少不必要的浪費，以確保內部控制制度能有效實施，達成組織營運目標。為利於稽核業務之進行與稽核委員之分工，將內控手冊中之作業項目依涉及內容及性質，分成財務與業務二類，稽核時的權重以各占二分之一為原則。

(二) 內部稽核小組

內部稽核小組依作業範圍劃分為經費稽核小組與業務稽核小組，小組委員人數則依以往經費稽核委員會規模，每組成員9名。每學年由校長遴選並指定召集人，委員均為榮譽職。經費稽核小組委員以具財務及會計背景之教師為主；業務稽核小組委員則以具行政經驗且當學年度未擔任行政職之教師為主。內部稽核組織架構如圖6-4所示。

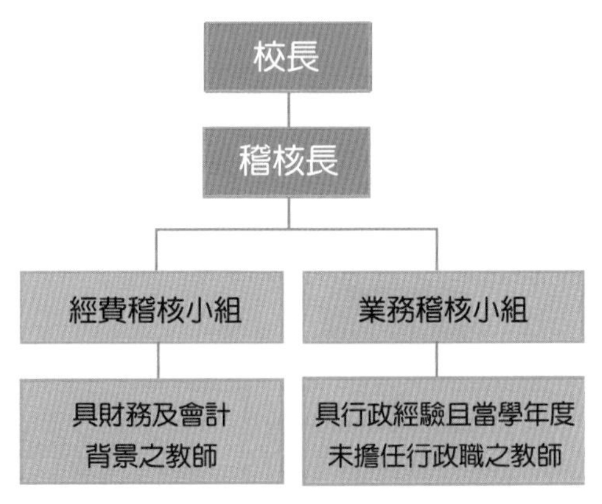

圖6-4　內部稽核之組織架構圖

內部稽核小組每學期各召開2次會議，主要職掌為選定學年度內部稽核作業項目，作為擬訂年度稽核計畫之依據；審議內部稽核結果以及改善情形追蹤結果，作為稽核報告及追蹤報告撰寫依歸。

(三) 內部稽核流程

內部稽核的作業流程如圖6-5所示，整個流程由校長遴選經費稽核小組與業務稽核小組之成員並任命召集人。接著彙集各單位風險評估自評結果，由稽核長召開會議進行風險評估，再決定學年度稽核之項目，校長核定稽核計畫後，由委員與稽核員進行實地稽核。內稽結果在稽核會議中討論通過後，稽核員撰寫稽核報告，陳校長核定後再陳送董事會監察人。稽核結果如需相關單位改善事項，則設定追蹤改善事項列管，並於改善期限內完成追蹤改善情形，稽核員撰寫改善追蹤結果於內稽會議中討論並通過，最後將改善成果追蹤報告陳送校長及監察人。

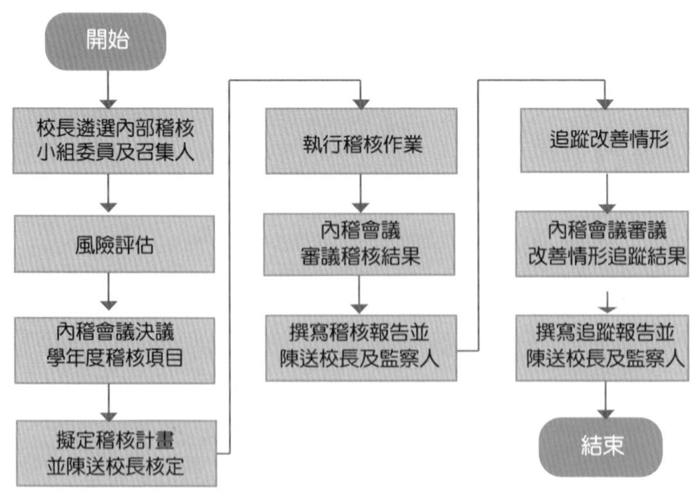

圖6-5　內部稽核之作業流程圖

(四) 風險評估

決定稽核項目是執行內部稽核作業之首要工作，因此，首先必須進行風險評估。風險評估係指依風險因素對各種不利情況或事件做系統性之分析或評估，以判斷風險發生之可能性及影響程度。

稽核項目的決定，除透過有系統的風險評估方式，亦可依機關首長之要求、其他單位主管自行提出，或是當時發生之重大事件進行考量。除了各作業承辦單位針對作業項目填寫風險評估表（如表6-2）及風險圖象（如表6-3）之外，經費稽核小組亦可根據委員會以往之稽核經驗，並依教育部或國科會重視之經費補助款等因素，決定稽核項目。而業務稽核小組，則依本校目前重點發展項目，或欲進行改善之作業項目等，再配合歷次稽核結果及教育部等單位之要求，選定稽核項目。

表6-2　風險評估表

風險評估		風險程度		
人事事項作業項目		風險發生可能性（P）	風險發生後影響程度（I）	風險值（R=P*I）
01	人事編制擬訂與規劃事項作業			
02	教師聘任作業			
03	教師資遣及解聘作業			
…	…			
40	教職員工人事資料袋製作事項作業			

表6-3　風險圖象

風險值 發生可能性 / 影響程度	幾乎不可能（1）	可能（2）	幾乎確定（3）
非常嚴重（3）	3	6	9
嚴重（2）	2	4	6
輕微（1）	1	2	3

(五) 稽核計畫

依稽核性質分為計畫性與專案性稽核，計畫性稽核為年度性的稽核計畫，以學年度為規劃範疇；專案性稽核則視需要進行查核。對於其他可能影響學校權益或名譽之特殊事件，若無法及時於計畫性稽核中提出，可另於內部稽核會議中提案討論，再進行專案性稽核。稽核計畫之內容，依本校內部稽核實施細則規定，包括稽核目的、稽核項目、稽核對象、實施期程、稽核方法以及稽核重點等。檢核實際作業方式是否遵循作業程序及法令規章，再著手進行內部控制與營運活動執行績效之評估，以及成本控制的建議。

(六) 稽核報告

稽核人員將稽核結果及稽核追蹤結果提報內部稽核會議審議，並請受稽單位及相關改善執行單位列席，再依據內部稽核會議審議結果撰寫稽核報告及追蹤報告。稽核報告內容包括稽核目的與範圍以及稽核結果等；追蹤報告則有稽核發現與建議以及追蹤結果等，報告每學期陳送為原則。

(七) 作業相關表單

在執行內部稽核過程中，表單的設計與運用是很重要的，在此介紹檢核工作底稿與觀察、建議及回覆紀錄表。檢核工作底稿如表6-4所示，為了避免因檢核項目與受稽單位認定不一致而產生爭議與誤解，檢核工作底稿中訂定各控制重點及其檢核項目，並經稽核單位主管核定。

表6-4　檢核工作底稿（案例）

淡江大學
檢核工作底稿

底稿編號：

稽核項目：學生請假作業　檢核資料期間：自○年○月○日至○年○月○日　檢核日期：○年○月○日

受稽單位：學生事務處　檢核重點：一般假別（不含考試假）

控制重點	檢 核 項 目	檢核結果				說　明
		符合[1]	異常[2]	缺失[3]	不適用[4]	
1.學生請假是否符合「淡江大學學生請假規則」第3條第1項各類假別之規定。	1.公假：須事先辦理，並檢附相關證明或有關單位簽證。					
	2.事假：須事先辦理，二日以上者，須檢附家長或監護人及其他有力證明；本人結婚者，給予事假一週。					
	…					

註1：符合，符合相關規定及作業程序。
註2：異常，未依作業程序或作業程序有瑕疵。
註3：缺失，未依法規，或全部檢核項目均異常，或同一檢核項目3個以上異常。
註4：不適用，未發生相關事項。

稽核員　委　員　召集人　稽核長

簽　名　簽　名　簽　名　簽　名

稽核人員依核定之工作底稿執行查核，並將稽核結果記錄於工作底稿中。由於本案屬業務稽核範疇，因此稽核結果須經稽核委員、召集人及稽核長核定。稽核過程中，發現之缺失或其他可建議改善事項，則記錄在內部稽核觀察、建議及回覆紀錄表（如表6-5）中。經審定之內部稽核觀察、建議及回覆紀錄表送受稽單位回覆改善事項，並經受稽單位主管及一級單位主管核定，讓受稽單位管理者瞭解。

表6-5　觀察、建議及回覆紀錄表（案例）

淡江大學
內部稽核觀察、建議及回覆紀錄表

編號：

稽核項目：學生請假作業　　稽核日期：○年○月○日
受稽單位：學生事務處　　參考：（底稿編號）

稽核發現（觀察）	建議事項	受稽單位回覆	
		改善事項	預計完成日期
1.假單填寫方式： （1）一張假單同時申請 2 種假別情形。 … 2.假別理由： （1）有請假理由與假別不符情形。 …	1.假單填寫方式： （1）請研議一張假單同時申請 2 種假別…之處理方式。 2.假別理由： （1）建議宣導各項假別之請假規定…避免發生事由不符，即核章收件之情形。 …	1.假單填寫方式： （1）請同學依假別填寫假單…。 … 2.假別理由： （1）將製作請假注意事項…提醒同學注意。 …	○年○月 ○年○月

稽核員　　稽核長　　受稽單位主　管　　受稽單位一級主管

三、追蹤作業確保改善完成

為確保每一項受稽作業確實改善，每學期編製稽核追蹤報告，經校長核定後，次一學期持續追蹤未改善完成之作業事項。追蹤工作底稿如表6-6所示，依受稽單位回覆之稽核建議改善事項，稽核人員追蹤其執行情形至改善事項完成為止。

表6-6　追蹤工作底稿（案例）

淡江大學
追蹤工作底稿

編號：

稽核項目：學生請假作業　　追蹤日期：○年○月○日
受稽單位：學生事務處　　參考：（紀錄表編號）

建議事項	受稽單位回覆		
	改善事項	預計完成日期	執行情形
1.假單填寫方式： （1）請研議一張假單同時申請 2 種假…之處理方式。 …	1.假單填寫方式： （1）請同學依假別填寫假單…。 …	○年○月 …	已於○年○月開始執行。 …
2.假別理由： （1）建議宣導各項假別之請假規定…避免發生事由不符，即核章收件之情形。 …	2.假別理由： （1）將製作請假注意事項…提醒同學注意。 …	○年○月 …	已於○年○月執行完成。 …

稽核員簽　名　　稽核長簽　名

四、結語

本校推行全面品質管理已逾20年，對於品質的要求是淡江的文化傳統。同仁對於品質管理皆有一定的認知與執行經驗，能將內部控制之精神貫徹於各項業務內，並融入淡江人的日常活動中。

「內部控制制度手冊」是制度與流程的展現，無法代表組織內部所有業務活動的控制全貌，亦非內部稽核人員可獨力完成。內部控制必須是整個組織中每個人的責任，由上到下、由內而外所形成的一種態度與組織文化，亦是長期累積而來的成果。內部稽核的工作需考量其風險程度及成本效益，並非所有工作都需進行控制。如何找出最佳控制模式，並適度呈現於內部控制制度手冊中，成為目前最重要的工作之一。未來將透過持續改善的方式，適時調整內部控制制度。

一盒普洱茶

一個接近中秋節的下午，天氣悶悶的熱。我像往常一般工作，這麼熱的天氣，待在冷氣房算是一種幸福。

忽然同事遞來一個包裹，拆開一看：是一盒球狀的東西，附著一包沖茶袋和一張紙條，上面寫著：

P先生，您好，中秋節快樂！感謝一路伴著吾兒ＱＱ完成淡大學業。ＱＱ已平順的拿到了淡大的畢業證書，特此告訴您一聲：謝謝了！

順呈上

「ㄆㄨ/ㄦ/茶」，望您喝得習慣。

敬祝～花圓、月圓、人更圓～

ＱＱ媽媽敬上。

我笑了一下。

記得那年剛輪調到註冊組，某天，電話響起，一位擔心兒子可能被退學的母親打電話來查詢成績，發現兒子可能被退學而慌張失措。我一邊安撫她的情緒，一邊看看成績，發現某些科目的成績其實還不錯，就建議她與兒子討論是否能依著興趣，透過轉學考試就讀其他科系，母親一聽喜出望外地說要快點跟兒子討論，並留下我的聯絡方式，以便日後可以有個商量對象。

隔了一陣子，這位母親來電興奮的表示，兒子聽從建議準備轉學考，除了順利考上另一學系外，原學期幾乎完全過不了的科目，也在努力之下拿了18個學分，如此可以抵免的學分又增加不少。最重要的是，現在兒子有事都會找她商量，一起面對並解決問題，彼此的互動更為緊密呢！她很珍惜這樣的轉變，也感謝學校的幫忙。

我笑笑的獻上祝福，也歡迎她有空時來電聊聊或討論。

往後的每年，我總會收到ＱＱ媽媽的問候卡片，而ＱＱ在畢業後也找到了合適的工作，我們之間一直保持著聯繫，也交換著對生活的一些想法，就像朋友一般。

普洱茶的香味隨著茶葉慢慢的暈開，這份回憶，久久不散。

（教務處．註冊組）

第七章　營運績效之現

營運績效的管理是希望藉由績效指標的設定、成果的呈現以及持續改善使組織能有效率、有效能地運作，以達成其營運之目標。因此如何運用績效管理的程序，充分發揮資源分配的結果，與提升營運程序的效率，則成為績效管理的重要工作。

績效管理的程序包含幾項重要的步驟：績效指標的設定、成效資料的搜集、資料的檢核、改善方案的擬定並追蹤管考，此四項即為PDCA的管理循環。當績效管理發揮功效時，組織成員能依循制度正常運作，共同努力達成卓越的目標；若績效管理失效的時候，將造成資源浪費，組織成員相互推諉工作與責任，更不願深入面對問題並怯於改進。

除此之外，部門與部門間或組織成員相互間亦可藉由績效的學習與展現，亦即以標竿學習（Benchmarking）的方式，尋求更有效率的改善方案，更進一步達到水平展開的功效。因此，本章以下各節將以PDCAB的架構說明本校在營運績效管理的主要內容，即為指標規劃、資料搜集、成效檢核、持續改善以及績效學習與展現中的淡江品質獎與淡江品管圈競賽活動等五節。

一、指標規劃

績效管理的第一步驟，即為指標的設定與目標值可達成性的評估。績效指標可區分為量化指標與質化指標兩類，量化指標具有加減乘除的運算特性，可藉由相同單位值的變動幅度大小與比率評估成效，例如人數、次數、金額、比率等，都可以明確展現成效的大小優劣。質化指標成效則需經由事證與文字描述來呈現成果，其中會受主觀的判斷與個人價值觀的影響，因此成效的幅度將會有見人見智的不同觀點。例如，大三出國留學成效，量化資料可以是出國人數，心得報告份數；質化資料則可以呈現出國學生的心得報告或是對其後續學習的影響，這些影響與幅度是無法利用計算方式呈現整體成效，僅能以文字或具體事證加以佐證。不論是量化資料或是質化資料，對於學校運作績效的呈現都是同等的重要。尤其學校運作是以學生學習成效為中心，如果過度重視量化指標績效的評估而忽略質化指標成效的呈現，則容易偏離教育的目的。

學校整體的績效指標，主要來自於學校的校務發展計畫，在規劃的過程中係由全校各單位共同參與並制定目標，此外校務發展計畫必須要與資源分配密切結合，如果每個單位各自訂定活動與目標缺乏整合，不但會因橫向連繫不良導致活動成效不彰，更容易稀釋資源分配，進而使整體運作成效大打折扣。

以本校校務發展計畫流程（如圖7-1）為例，在校務發展的規劃過程中，首先是確認學校的發展主軸，每項發展主軸必須要進行內外部的環境分析，除瞭解本身內部的強勢（S）弱勢（W）外，同時也要分析外部環境的機會（O）與威脅（T）。完成內外部環境SWOT分析後，各主軸依據其面臨的環境及目標，擬訂發展計畫以及所需資源。彙集全校各項主軸之計畫內容後便進行審核，此過程必須進行橫向的溝通協調與資源的配置。此階段非常的重要，因為工作的整合與資源是否得以充分運用，皆來自於各單位之間的瞭解與合作，此一步驟可能需進行多次修訂工作，才能達到全員參與並獲得共識。校務發展計畫在校長核定後，各項活動計畫的目標將是後續評估計畫管考與成效的重要依據。一旦有了明確的發展主軸、可行的計畫內容及績效評估指標，學校的績效管理便有了好的開始。

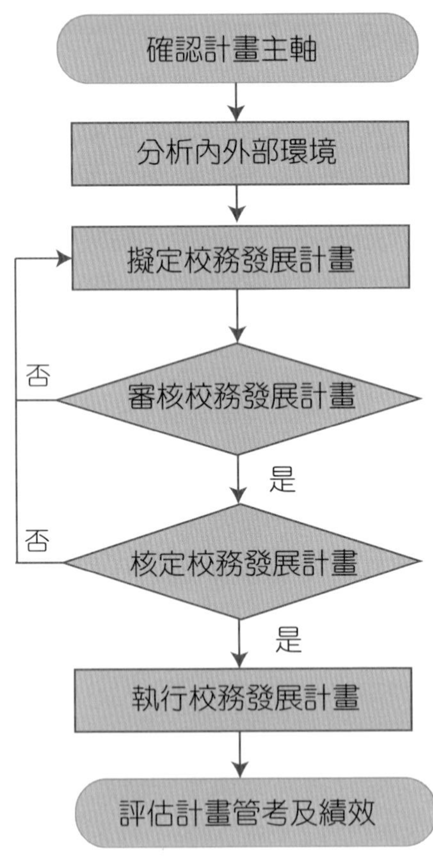

圖7-1　校務發展計畫流程圖

二、資料搜集

資料的搜集首重正確性與時效性，有正確的資料才能進行有效的評估，而資料的時效性有助於事前的預防、事中的修訂與事後的考評。在擬訂計畫時，若績效指標與達成值能得到單位的共識，便有助於資料的取得，反之，其通常無法提供正確與及時的資訊，甚至容易導致衝突與抗拒。

利用資訊系統輔助資料的搜集，將更有助於資料正確性的檢核與及時性的提升，對於各層級的主管決策也有莫大便利性。資訊管理系統若能與財務系統結合，更能發揮績效管理的功效。因為各項活動都需要編列預算，在預算編列之際，同時，建置績效指標與預期目標值，如此便能在預算的執行過程中，同步瞭解目標達成情形。在學年中或學年末經由資訊系統的協助與彙整，對於成效的考核與下學年度預算的分配都有很大的助益。

以本校績效指標填報系統為例，與預算資訊系統整併後，配合預算分配以全學年為時程。為有效掌握進度，每學期末均需填報一次實際值，以作為期中及期末的檢核，各單位需檢附相關佐證資料供查核。預算資訊系統中查詢與填寫頁面如圖7-2所示，畫面中包含各單位在編列預算時依計畫目標所訂定之指標名稱、操作型定義及設定的目標值，在輸入「期中」或「期末」實際值後，系統將自動計算執行率。

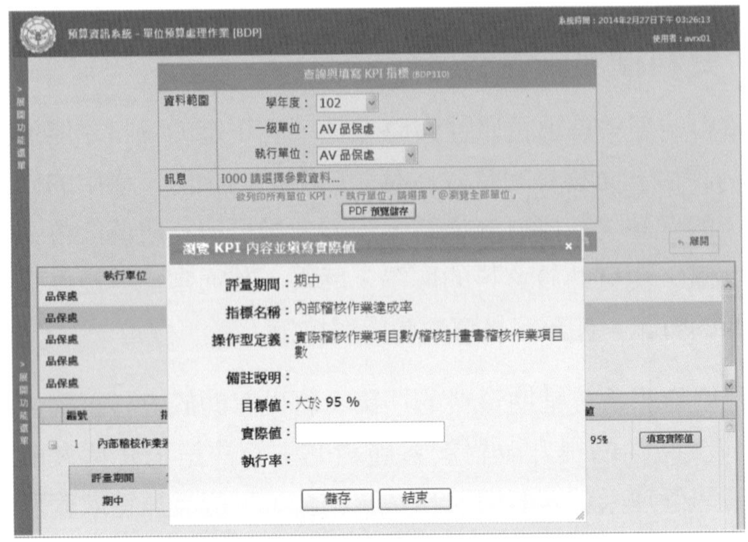

圖7-2　績效指標查詢與填寫畫面

三、成效檢核

當資料彙整後就須檢核其正確性與目標達成之程度，此一工作如果透過資訊系統的協助，原則上錯誤與誤差可大幅降低，但是對於資料的審訂與目標差異的分析，便需要有一定的程序進行檢核。由於教育部對於大學校院校務資料庫（以下簡稱校庫）的資料填報非常嚴謹與重視，因此以本校校庫資料填報流程（如圖7-3）說明資料檢核的步驟。首先，在填報資料前先確認資料填報單位，接著舉辦資料填報說明

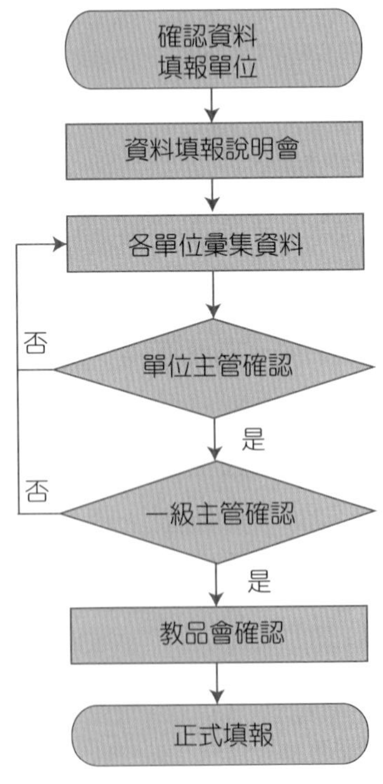

圖7-3　校庫資料填報流程圖

會，說明填報流程並確認各項指標的定義。俟填報單位彙集各單位提供的資料後，經承辦人及主管於資料檢核表（如表7-1）簽核確認後，將召開一級主管的資料確認座談會，共同檢討填報資料，若有疑義之數據，則請該填報單位再次檢核，以確保資料之正確性。最後，再送至教育品質管理委員會中正式討論與確認。透過兩階段的程序可有效提升資料的正確性與代表性，同時也檢視填報的數據與校務發展計畫績效指標的達成性。

表7-1　校庫填報資料檢核表

學1. 一般生實際在學學生人數表（3月15日、10月15日）					教務處
學年度	正式學籍之在學學生總人數			本表數據是否填報無誤	資料數據檢核（請依上期與當期資料，勾選「通過」、「不通過」，並建議後續改善因應措施）
	男	女	小計		
101年03月15日	由品保處提供前3期資料				□「通過」 □「不通過」，建議後續改善因應措施
101年10月15日					
102年03月15日					
102年10月15日	由負責填報單位填寫			□是 □否	

業務承辦人核章　　二級主管核章　　一級主管核章

四、持續改善

在驗證執行績效與目標差異之後，接著進行持續改善階段。若績效高於或等於當初設定之目標值，便可進行標準化的動作，讓執行的方式與內容進行水平展開，以收全面成效。若是績效低於當初預期的目標值，相關單位則須檢討其原因及作法，提出改善方案及設定改善時程，填寫執行成效與結案情形如表7-2，由品保處彙整並追蹤改善方案的執行成果，定期於教品會中提案討論，直到通過。

表7-2　執行情形檢核表

編號	委員意見	執行情形				教品會檢核結果
		執行單位及具體因應方案	預定完成時間	執行成效	結案情形	
1	宜以學生為中心，針對教學資源、學習輔導與…	○○○（單位名稱）本校正透過執行以學生為中心之100至102學年度教學單位特色計畫…	○年○月		□結案 □待結案	□通過 □未通通
2	…	…	…	…	…	…

五、績效學習與展現

各單位除了透過管理循環持續改善服務品質外，本校特別設置兩項與品質相關的獎勵競賽活動，一個是以單位為參賽對象之「淡江品質獎」，另一個為鼓勵跨單位合作參加之「品管圈競賽活動」。透過競賽方式使各單位藉由觀摩其他單位的服務提升及改善工作，達到標竿學習之效。以下簡要介紹兩項活動之相關內容、實施過程及執行成果。

(一) 淡江品質獎

為凝聚本校教職員向心力與共識，有效推行全面品質管理，並獎勵從事對全面品質管理有貢獻之校內單位，自95學年度起設立「淡江品質獎」。該獎項聘請校內外專家學者組成評審小組，並比照國家品質獎的規格進行評選，期藉此提升校內教學、行政單位之教育及服務品質，落實持續改善精神，樹立學習楷模，以建立優良組織形象，實踐「承先啟後，塑造社會新文化，培育具心靈卓越的人才」之使命。淡品獎活動至102學年度止已舉辦8屆評選，於每年「歲末聯歡會」公布獲獎單位，並頒予獎座及十五萬元獎勵金，予以公開表揚。另外安排得獎單位於「全面品質管理研習會」中進行經驗分享，作為其他單位標竿學習之榜樣。

「淡江品質獎」主要係頒與推行全面品質管理有卓越績效之單位，參與競賽活動單位可自行申請或推薦申請。參加單位於每年10月底前繳交申請表，11月底前繳交申請報告書，申請報告書需包含單位之基本資料、推行全面品質管理的情況及作法。另外，為呈現對淡江大學全面品質管理之卓越貢獻，需提供至少兩年度之優良事蹟，俾提供評審委員進行評審作業。報告書主要撰寫架構分成四部分：

1. 組織簡介：包含沿革、任務、編制等內容，俾便瞭解組織的整體概況。

2. 推行全面品質管理經過：以綜合性敘述說明組織設立以來之各項品質管理活動。

3. 推行全面品質管理之現況：依評審項目「領導」、「策略管理」、「研發與創新」、「顧客與市場發展」、「人力資源與知識管理」、「資訊運用策略與管理」、「流程（過程）管理」及「經營績效」等八大構面，逐項說明組織執行情形、實際成果及改進狀況，並強調推行之特色或優點。

4. 未來展望：說明組織未來之提升計畫或發展方向。

此項競賽活動皆會成立「淡江品質獎評審小組」（以下簡稱評審小組）以進行活動遴選工作。評審小組是由校長聘任，成員包括一級單位主管三人（含秘書長）、教師代表二人、職員代表二人及校外全面品質管理專家四人，校外專家會優先聘任具國家品質獎評審經驗者。秘書長擔任召集人，稽核長為執行秘書，負責綜理評審業務。

評審作業分為初審及複審兩階段進行。初審係以國家品質獎之八大構面為評分標準，由評審小組對參賽單位繳交之申請報告書進行書面審查，通過者得入圍複審。進入複審之申請單位於複審當天上午先進行簡報，下午安排評審小組實地訪視（如圖7-4）。評審小組透過與申請單位成員面對面之溝通，更清楚瞭解該單位推行全面品質管理之實際情形。最後，綜合各項資料進行評分，複審評分標準如表7-3所示。複審過程中委員需針對26個中項逐一進行評比，當天決議推薦獲獎單位上陳校長核定。

圖7-4　淡江品質獎實地訪視

表7-3　淡江品質獎複審評分標準

評審項目	26中項評審項目	權重(1,000)
1.領導（120）	1.1高階領導	60
	1.2公司（單位）治理與社會責任	60
2.策略管理（80）	2.1整體策略規劃	25
	2.2經營模式	25
	2.3策略執行與改進	30
3.研發與創新（80）	3.1研發與創新策略及流程	20
	3.2研發與創新的投入	30
	3.3研發與創新成果衡量	30
4.顧客與市場發展（100）	4.1產品（服務）與市場策略	30
	4.2顧客關係與商情管理	70
5.人力資源與知識管理（80）	5.1人力資源規劃與運用	30
	5.2員工關係管理	20
	5.3知識管理	30
6.資訊運用策略與管理（80）	6.1資訊策略規劃	20
	6.2網路應用	30
	6.3資訊應用	30
7.流程（過程）管理（110）	7.1產品（服務）流程（過程）管理	50
	7.2支援性活動管理	30
	7.3跨組織關係管理	30
8.經營績效（350）	8.1顧客滿意度	60
	8.2財務與市場績效	60
	8.3人力資源發展績效	40
	8.4資訊管理績效	40
	8.5流程（過程）管理績效	50
	8.6創新及核心競爭力績效	50
	8.7社會評價（品質榮譽）	50

淡江品質獎舉辦至今，歷屆獲獎單位依序為文錙藝術中心、教務處、覺生紀念圖書館、會計室（現稱財務處）、資訊中心（現稱資訊處）、總務處及學生事務處，102學年度則首次由教學單位-工學院獲獎。其中部分參賽單位係連續參加，依據評審委員之建議修正後，最終獲得評審肯定獲獎。顯見本活動能在參賽過程，透過觀摩學習其他單位的作法及評審的專業意見後，持續改善至獲得獎項的肯定。

「淡江品質獎」秉持設立初衷持續舉辦，期塑造全面品質管理的新標竿，建立高等教育全面品質管理的最佳典範。

(二) 淡江品管圈競賽活動

隨著行政業務日益增加及工作內容日趨繁雜，許多的業務往往需要跨部門的合作才能更有效率地完成。因此，為了進一步鼓勵跨單位的合作以提升整體教育品質或服務品質，在「淡江品質獎」基礎下，自98學年度開始推行「淡江品管圈競賽活動」，希望藉由推廣品管圈活動，一來促使參賽同仁熟悉品管手法之使用，再者透過圈會運作找出業務問題之原因，共同討論尋找具體可行的解決方案，俾以提升自我問題解決之能力。

有鑑於參與品管圈活動之成員需具備品管相關知識及手法，本校每年舉辦品管圈輔導員培訓及教育訓練課程，邀請全國團結圈活動評審或參賽圈隊之講師授課，課程內容主要分為基礎篇、進階篇及得獎案例分析（如表7-4）。參加教育訓練所有課程且通過資格考試者，即可取得本校品管圈輔導員資格。

表7-4　輔導員培訓及教育訓練課程

研習主題		內容
基礎篇	品管圈輔導要領	1.品管圈活動的基本概念 2.品管圈活動運作方式 3.品管圈活動輔導要領說明
	QC七手法運用實務	1.品管七手法介紹與運用技巧 2.品管七手法案例說明與實務演練
	問題解決型 QC Story	1.問題解決型的定義 2.問題解決型步驟之介紹與運用 3.PDCA循環意義、各步驟活動要領 4.實例分享
	全國團結圈活動競賽得獎案例解析	案例分析
進階篇	新QC七手法運用實務	1.品管新七手法介紹與運用技巧 2.品管新七手法案例說明與實務演練
	課題達成型 QC Story	1.課題達成型的定義 2.課程達成型步驟之介紹與運用 3.方案擬定方法說明 4.最適策追究方法解說 5.實例分享
	全國團結圈活動競賽得獎案例解析	案例分析

品管圈活動申請時間為每年10月，參賽各圈成員為本校教職員工及學生，以跨單位組圈為原則。每圈成員六至十位，一級單位主管不得擔任圈長，另有輔導員一名。參加圈隊需繳交成果報告書，其內容包含圈隊簡介、當次活動簡介及活動成果，主要架構是依據所挑選的QC Story種類進行撰寫，並搭配適當的QC手法進行要因分析及改善問題。

QC Story為品管圈進行品質改善之歷程或步驟，其不僅能應用於現存問題的解決，同時也可對未來目標達成尋求可行方案，其種類分為問題解決型及課題達成型兩種。圖7-5為兩種QC Story之比較，問題解決型在於「解決現有的問題」，而課題達成型則為「達成所期待的目的」。

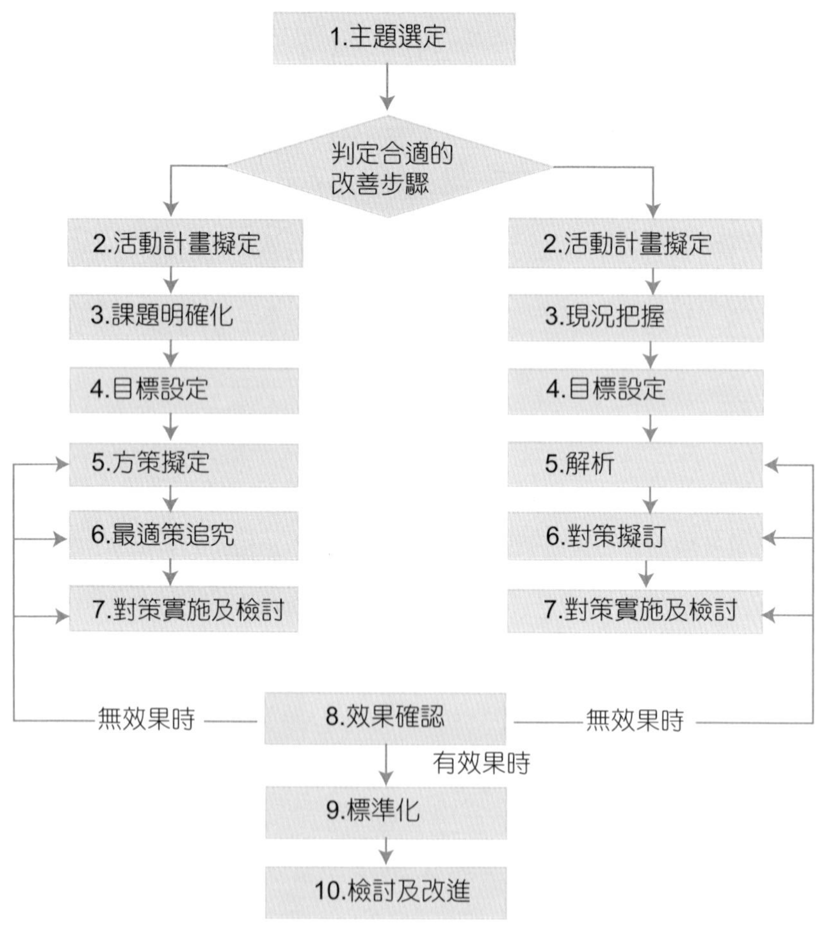

圖7-5　QC Story種類比較

資料來源：林清風（2011）。100學年度淡江大學品管圈輔導員培訓課程講義，33。

此項競賽活動同樣會成立「淡江品管圈評審小組」（以下簡稱評審小組）進行遴選工作。評審小組成員由校長聘任，包括校內委員三人（含秘書長）及校外全面品質管理專家四人，由秘書長擔任召集人，稽核長擔任執行秘書，負責綜理評審業務。

品管圈競賽活動評審標準（如表7-5），係依照經濟部工業局委託財團法人中衛發展中心舉辦之全國團結圈活動評審標準。遴選過程分為初審及複審兩階段，初審係由評審小組對參賽圈隊繳交之成果報告書進行書面評審，通過者得入圍複審。複審當日入圍圈隊需先進行成果發表及簡報，評審小組再進行資料審查。最後，評審小組進行綜合評分，遴選出當屆獲獎圈隊。

表7-5　淡江大學品管圈競賽活動評審標準

評審項目	權重	評審項目	權重
1. 計畫 1.1 主題選取之適當性 1.2 活動計畫擬定及實施 1.3 目標設定之適當性	15	4. 檢討 4.1 PDCA之運用 4.2 本期活動（含餘留問題）之檢討	10
2. 過程 2.1 問題分析或課題探討之深入程度 2.2 適當地運用手法 2.3 改善對策之努力程度	25	5. 整體運作 5.1 活動中積極投入程度 5.2 活動具啟發性及特色	12
3. 效果 3.1 效果確認和改善目標之達成及進步程度 3.2 改善前後有形、無形效益之比較 3.3 標準化與效果維持	18	6. 發表 6.1 報告內容系統分明、前後連貫 6.2 圖表文字清晰、簡明與平實 6.3 活動說明易於瞭解 6.4 發表人之態度	20

品管圈競賽活動的獎勵分成圈隊之獎勵及輔導員之獎勵兩種。圈隊部分：凡通過初審進入複審之圈隊，每圈補助活動費

一千元；複審前三名可獲頒獎金，第一名三萬元、第二名二萬元及第三名一萬元；若是學生參與品管圈活動，依本校學生獎懲辦法提報敘獎。輔導員部分：凡輔導參賽圈隊者，頒發獎勵金五百元；輔導參賽圈隊榮獲複賽前三名者，另再頒發輔導獎金，第一名三千元、第二名二千元及第三名一千元。除了獎金之外，輔導參賽圈隊通過初審進入複審之輔導員，提請人事評議委員會敘獎。凡獲獎者，圈隊成員及輔導員每人均頒與證書一紙並公開表揚之。為鼓勵圈隊能夠持續運作，連續參賽第三年之圈隊，另頒與獎勵金一千元，連續參賽第五年者頒與獎勵金二千元，之後參賽年度即重新計算。

歷經5屆的「品管圈競賽活動」，每屆遴選前3名，累計共15圈獲獎。其中特別值得鼓勵的是第4屆開始有學生組圈參賽，並獲得第3名的佳績。歷屆獲得第1名之圈隊及其選定主題如表7-6所示，獲獎之圈隊於全面品質管理研習會中頒獎（如圖7-6）。

圖7-6　品管圈競賽活動頒獎

表7-6　淡江品管圈競賽活動第1至5屆第1名圈隊及主題

屆次	圈隊名稱	主題
1	文革圈	改善公告性質校外來文處理效率
2	夢圈	精進大三出國學分抵免作業效率
3	ECO招才圈	降低外國學生紙本報名使用率
4	普龍宮	簡化英語能力檢定審核及查詢作業流程
5	夢圈	精進蘭陽校園住宿學院功能

品管圈活動可有效協助生產現場及企業管理解決工作上所面臨之迫切問題，也可應用於學校環境，且同樣達到解決問題、改善品質之目的。此外更可提升同仁之工作自發性、責任心、團隊精神、溝通能力、解決問題能力、向心力，以及品質、時間、服務等意識，提升整體執行能力。有鑑於此，本校積極推動此項活動，期許教職員工生均能持續精進教育品質與整體效能。

六、結語

運用PDCAB五個階段，可使營運成效更顯著的提升。本校績效評估機制需要各項計畫與校務發展計畫目標相互結合，評估準則質量化指標並重，以瞭解實際執行情況。績效評估需與目標設定一致，以期達到完整性及評估結果的回饋。填寫實際值時各單位需提供相關佐證資料，使高階主管能以更客觀的方式進行評估審核。各階段若依規範詳細規劃及評量，將促使評估結果更能精確反應計畫執行之結果。若評估結果能提供未來計畫改善之方向及預算編列之考量，預算系統結合績效管理機制，可使整體機制更臻完善。

鼓勵同仁參與持續改善自主管理績效之品質相關活動是非常重要的，本校持續推動的「淡江品質獎」及「品管圈競賽活動」已顯現出具體成效。未來將多方面參考評審委員與參賽者的意見，有效提高各單位參賽動機，以鼓勵更多單位與全校教職員生的參與，進而促使全校皆能做好自主管理及績效提升。

真心用心　感動服務

在學校從事行政工作多年，直到遇見了腦性麻痺生康鐔，才讓我真正體會到什麼叫「感動服務」，也打從心底感受到「服務」的快樂。當你把每個學生視為自己的孩子，傾聽他們的需要與問題，盡力的給予協助與解答，相信必能創造出許多感動服務的故事，也能得到更多心靈上與精神上的反饋。

猶記得那年碩士班面試，當我翻看報考學生資料時，赫然發現一份報名表上貼了一張白色便條紙，那是招生組的同事手寫的註記了「腦性麻痺生，寫字速度較慢，需延長考試時間」幾個大字，於是在我腦海中留下深刻印象，並在內心叮嚀著自己待會面試時要特別留意這名考生，看看他是否有任何需要協助。

不久，我看到遠方有一名學生在媽媽的攙扶下，一跛一跛的往我負責面試的教室走來。直覺告訴我，他就是「康鐔」，於是我趕緊跑過去詢問他是不是報考保研所，他很開心的回答我：「是！」，於是我便帶領他們到預備的休息室等候，並向他說明面試流程及注意事項。當天面試過程中，康鐔並沒有太多需要我協助的地方，因為我發現雖然他身體有障礙，卻是一個很樂觀、獨立的孩子，當他結束面試要離開時，我曾試著要攙扶他，但他卻很開朗的跟我說：「不用，我可以。」

後來，康鐔順利的考上了碩士班，那張便條紙上的幾個大字依然刻在我的腦海中。開學後，康鐔經常會到系辦來問我許多選課、修課及其他相關事宜，或許是因為他有身體障礙的緣故，對他，我總是比對其他一般同學更多耐心去聆聽與解答。

到了接近期中考時，那張便條紙上的字又再次浮現在我腦海，於是我向康鐔所有的修課老師說明他必須延長考試時間這件事。隔了幾天，康鐔突然很慌張的來告訴我，他忘了跟老師們說他必須延長考試時間怎麼辦？這時我突然覺得很開心，因為我已經幫他向所有老師說過了，他聽完後很開心的跟我道謝，如釋重負的離開辦公室。

原以為這件事就此結束了，沒想到隔了幾天，看到淡江時報刊登了康鐔的專訪，他居然在訪談中特別提到此事，剎那間，內心很是感動，原來當你真心、用心服務顧客時，顧客也會適時給予正面的回饋，經過了這件事，讓我深刻感受到「感動服務」的真諦。

（產業經濟學系．羅斐文）

第參篇 感動服務總動員

淡江品質獎
第1屆 文錙藝術中心
第2屆 教務處
第3屆 覺生紀念圖書館
第4屆 財務處
第5屆 資訊處
第6屆 總務處
第7屆 學生事務處

第八章　教務處：策略、控管、成效

教務處負責統籌綜理全校教務行政服務及相關業務，設有註冊組、課務組、招生組以及印務組4個組，共47位員工。

一、領導與經營理念

教務處之經營理念與價值係以本校之品質屋為藍圖形塑而成（如圖8-1）；以「落實本校政策，建構完備法規，強化服務品質」為使命，「精益求精，建構優質的服務團隊，成為各大學標竿」為願景，「務實-務實的態度」、「宏觀-宏觀的氣度」、「圓融-圓融的處事」、「卓越-卓越的追求」等價值，以及4項發展策略與4項治理方式，建構出教務處全體同仁凝聚之共識，繼而傳承與落實。

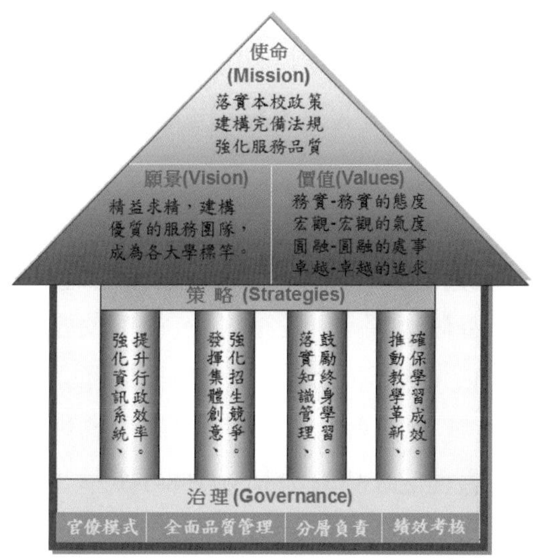

圖8-1　教務處領導理念架構圖

葛煥昭教授於2004年度起擔任教務長至今，充分授權，領導同仁推動各項教務行政業務，支援教學之發展，以「強化資訊系統，提升行政效率」、「發揮集體創意，強化招生競爭」、「落實知識管理，鼓勵終身學習」、「推動教學革新，確保學習成效」為領導策略；並以「官僚模式」、「全面品質管理」、「分層負責」、「績效考核」為治理方式。

教務處之品質政策為「顧客導向、強調預防、持續改善、創新突破」，要求全體同仁做到顧客第一、滿足需求、超越期望，並將每件事在第1次就做對、做好，不斷強化行政效率與降低行政成本，力求行政品質的突破與精進。

自2006年起執行「教育部獎勵大學教學卓越計畫」，大力推動課程改革，提升學生學習成效、實施榮譽學程，培育成績優異、具發展潛力之學生，增加學生就業競爭力。96學年度榮獲本校第2屆「淡江品質獎」；於2009年度與本校圖書館共同通過「ISO9001:2000」品質認證；於2010、2011、2012年連續3年於本校品管圈（QCC）競賽以「3C精品圈」、「招才圈」以及「普龍宮圈」榮獲第3名及第1名。

二、策略管理

教務處業務整體策略規劃之擬訂、執行及管考均透過TQM之PDCA程序，並以SWOT分析法先做自我評估，分析內、外部優勢、劣勢、機會、威脅，以貫徹經營理念與組織使命、願景。教務處策略管理之SWOT分析如表8-1所示。

表8-1　教務處SWOT分析表

優勢（Strengths）	劣勢（Weaknesses）
1. 同仁對組織向心力強、富責任心、能配合業務規劃及發展。 2. 建立完整「標準作業程序手冊」，推動TQM。 3. 運用資訊化，提升工作效率，如網路即時選課系統領先各大學校院；網路借用教室及線上申請成績單等。	1. 教務資訊系統程式修改或新增程式速度無法滿足創新及改革需求。 2. 教室空間有限，無法滿足老師研究及學生上課之需求。 3. 同仁平均年齡偏高。
機會（Opportunities）	**威脅（Threats）**
1. 教育部鼓勵各校發展特色，推動雙聯學制、遠距教學、學位學程、延後分流、課程改革等。 2. 校友人脈豐富，可強化招生宣導業務，有效提升招生競爭力。 3. 具有高度社會評價。	1. 大學校院數目激增。 2. 他校快速改革進步，競爭激烈。 3. 少子化，學生來源減少。

教務處所規劃的策略內容能滿足使命、願景，並兼顧短、長期的經營需求，以及所有利害關係人的利益，主要涵蓋「強化資訊系統、提升行政效率」，「發揮集體創意、強化招生競爭」，「落實知識管理、鼓勵終身學習」，「推動教學革新、確保學習成效」等四大策略，並依此訂定關鍵績效指標（Key Performance Indicators，簡稱KPIs），貫徹策略執行與改進。教務處四大策略之KPIs及目標值如表8-2所示。

表8-2　教務處關鍵績效指標

策　　略	關鍵績效指標（KPI）	目 標 值
強化資訊系統 提升行政效率	·教師教學計畫表上傳率	100（%）
	·教師成績網路上傳率	100（%）
發揮集體創意 強化招生競爭	·招生報到率	>=95（%）
	·境外學生數	>=1,000（人）
落實知識管理 鼓勵終身學習	·完成業務標準作業程序手冊並公告	100（%）
	·每學期教育訓練時數	>=15（時/人）
推動教學革新 確保學習成效	·在校學生對新設課程滿意度	>=4.0（6點量表）
	·畢業校友對學系開設之「專業課程」滿意度	>=4.0（6點量表）

三、研發與創新

教務處為達成強化服務品質之使命及成為各大學標竿之願景，自1969年起，針對教務行政工作資訊化的改革與精進，依據內、外部顧客的需求，協同本校資訊處擬訂前瞻的研發與創新策略，並持續落實推動，至今已超過45年。過程中，每一個階段均全員參與，經由周延的規劃、確實的執行、虛心的檢討、持續的改善等流程，建立一套完備先進的教務資訊系統。

教務處對於教務資訊系統每一階段的研發與創新，投入全處人力以及龐大的經費預算，歷年來進行無數次的改革措施及硬體更新，1969至1998年接續完成裝置IBM1130電腦、研發抽卡選課系統、選課作業抽卡改成畫卡、以電腦排定考試表、規劃教務資料庫系統、以資料庫處理成績、全面運用中文電腦系統，積極開發各類中文報表、裝置IBM中文個人電腦設備、網路即時選課、開放16線電話選課與網路選課並行、購置成績申請單販賣機、領先全國開發網路即時選課系統及教師將教學計畫表上傳至網路伺服器等；2000年完成網路教學評鑑系統開發、對外招生考試採用網路報名；2001年使用記分簿登錄成績查詢預警系統；2002年完成網路申購成績單系統、增購IBM高階資料庫伺服主機；2005年新教務資訊系統全面上線使用PC平台；2006至2012年陸續增購電腦伺服器專供選課系統使用，投入經費約1,000萬元。

教務處研發新教務資訊系統，不僅補舊系統不足的功能外，更以國際化、未來化的遠見創新，滿足顧客的需求、超越顧客的期望，使教務系統成為全國大學校院的標竿。歷年來各大學校院陸續至本校參訪學習校務行政系統，教務資訊系統之運作更是觀摩之重點，在各項創新的成果中，又以即時選課系統及畢業審核系統最令來訪者稱讚。前者是全國唯一可以讓學生立刻知道選課過程及結果的學校；後者可即時提供缺修學分表供學生選課參考，亦為教務資訊系統之特色。

四、顧客與市場發展

教務行政服務之顧客對象可分為內、外部顧客二大類；前者以在校學生、教職員工為主，後者則有各級學校學生、家長、校友及社會人士等。教務處為滿足內、外部顧客之需求，分別擬訂不同的市場策略。

在內部顧客方面：為提升學生核心競爭力，推動「教學品質管理機制」，以提升學生學習成效；推動課程改革，以符合國家社會發展需求及產業發展趨勢。為提升教師教學品質，改良教學計畫表及記分簿作業系統，以協助教師精準掌握學生核心能力達成度；辦理強化教師教學之知能研討會，作為教師設計課程與教學之參考。為提升同仁行政效率，建立業務標準作業程序手冊，以協助同仁對各項業務的瞭解；增加教務資訊系統功能，以迅速取得各類資料，進而轉化為有用之資訊。

在外部顧客分面：為吸引優秀學生入學，擬訂各類招生策略、國內外招生宣導活動計畫，使優秀學生瞭解本校、認識本校，進而選擇本校就讀；訂定預研生修讀辦法，以鼓勵優秀學生於大學四年級時提早進入碩士班的研究領域，以期縮短修業年限，於5年內取得學士及碩士學位。為讓家長瞭解子女，提供其子女在校期間各類資訊之查詢，如成績、選課等；並主動通知前學期期末、期中考1/2學分成績不及格之學生家長，使家長能清楚瞭解子女在本校之學習情形。為因應畢業校友之需求，開發完成成績單網路申購系統及提供郵寄申請補發中英文學位證明書之服務，提供校友便利之服務。

有鑑於少子女化之衝擊，高等教育招生將日趨嚴峻，教務處為掌握市場脈動，於2002年成立招生專責單位，負責蒐集分析各類招生資料，以掌握學生來源與流向，相關作法如下。

(一) 實施大一新生問卷調查：瞭解新生入學前對本校之期許與印象、選擇本校之最大影響因素及對於未來的展望等；並調查曾至本校參訪的學校之入學比率、入學管道分佈、如何取得入學資訊以及英語能力等資訊，藉以分析外部顧客對本校之市場定位為何、整體行銷與產品符合程度，作為衡量整體行銷策略是否具有成效之參考。

(二) 分析大一新生入學成績：瞭解入學新生素質，並比較甄選入學與考試入學學生成績之差異，以作為各學系新生入學管道名額調整及新生入學輔導之參考。

(三) 建立多元諮詢管道：相關會議納入學生代表、校外學者專家代表，以掌握各方意見，持續改善。

(四) 建立課程外審機制：透過新設課程及課程結構外審，檢視本校各系規劃之課程，以符合學生之需求。

(五) 落實標竿學習：透過標竿學習，瞭解他校教務行政業務，以精進自我。

為強化顧客關係管理，教務處在現有架構下，針對內、外部顧客提供各項溝通、互動平台，如：完整的學生資料庫、便利的課程查詢資訊系統、友善的網頁、專線電話及教務長信箱等，以解決顧客之各項需求及問題，確實做到快速反應、立即溝通之責。除透過上述管道瞭解顧客意見外，亦透過系、所、院務會議蒐集顧客意見，並依據師生座談會、班代表會議及BBS上學生反映的問題，瞭解學生對教務處服務之滿意度。另於教務處網頁設有人員評鑑問卷調查，供全校師生及社會各界人士填寫意見，並依據各方反映意見，改善服務品質；針對招生考試設有招生申訴委員會，提供考生申訴管道。在職員遴選、教育訓練、考核、獎懲、職務代理人等部分均依本校相關人事規章辦理。在服務態度與品質方面，則透過組務會議、處內主管會議、工作計畫績效評估會議，建立「以顧客為導向」之服務文化。

五、人力資源與知識管理

教務處透過分析現有人力結構，結合組織願景，進行人力及組織彈性調整。2002年裁撤研究生教務組，成立招生組為招生專責單位，綜理全校各類招生業務，以強化本校招生競爭力，目前全處組織人力共計47人（如圖8-2）。

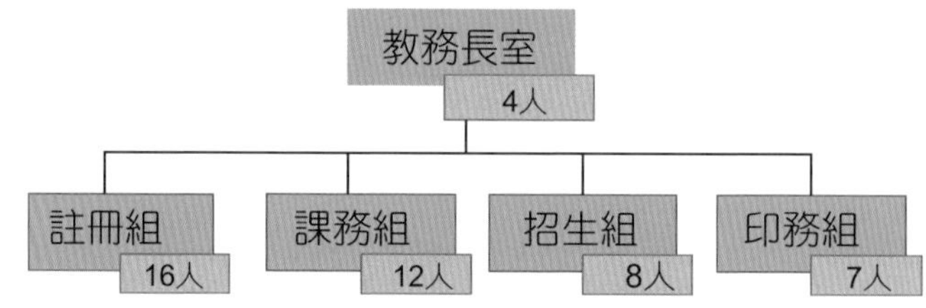

圖8-2　教務處組織及人力配置圖

教務處同仁每年經由參加各種教育訓練課程、教學與行政革新研討會、全面品質管理研習會及在職進修等，將服務品質、行政效能、業務創新、團隊合作等工作價值融入組織文化，激勵同仁自我成長並與學校發展目標結合。人才任用及升遷、同仁生涯規劃及輪調制度均配合本校人力資源處所建立之人力資源管理體系辦理。為加強英語能力及配合同仁之生涯規劃，積極鼓勵同仁參加「職工英語進修教育訓練」及在職進修；另教務處依單位發展及組織調整之需要辦理輪調，使人力資源運用管道更為順暢，每年申請輪調比率約2%。

在員工關係管理方面，同仁可透過組務會議、處內主管會議、工作績效評估會議等多元管道表達意見，以及透過慶生餐會、組務餐會等非正式會議增進情誼；另成立QCC品管圈跨單位小組，共同改善業務流程，使服務品質更臻完善，並於每學年舉辦歲末年終餐會，促進同仁間交流及提高員工工作士氣，因此，同仁對工作的滿意度甚高。

在知識管理方面，教務處將組織內的資訊與人員作有效的管理和整合，透過組織成員知識的共享、轉化、擴散等方式成為團體制度化的知識，促進知識的不斷創新，並透過參訪國、內外大專校院進行標竿學習、建立業務標準作業流程工作手冊、鼓勵同仁在職進修、參加校內外研討會及教育訓練，不斷的提升與創新，提供全校師生最好的服務。

六、資訊策略、應用與管理

本校現行教務資訊系統主要分學生管理及課程管理二大子系統（如圖8-3），是全國最早發展且功能最完備者，係創辦人張建邦博士的創見及教務處與資訊處同仁共同努力的卓越成果。自1968年創設資訊中心起，即將電腦科技應用於教育行政上；並於2000年開始規劃新的教務資訊系統，改採使用PC平台開放型系統。

自2003年起教務處與資訊中心共開了13次教務資訊系統更新開發進度檢討會議，歷經了6年的研發、測試，新教務資訊系統正式於2005年上線使用，並建置完善的網路系統，可以提供內外部顧客快速取得與傳遞資訊。教務資訊系統之網路應用主要包括：學生管理資訊系統，課程管理資訊系統，記分簿成績登錄暨成績上傳系統及成績單網路申購系統。

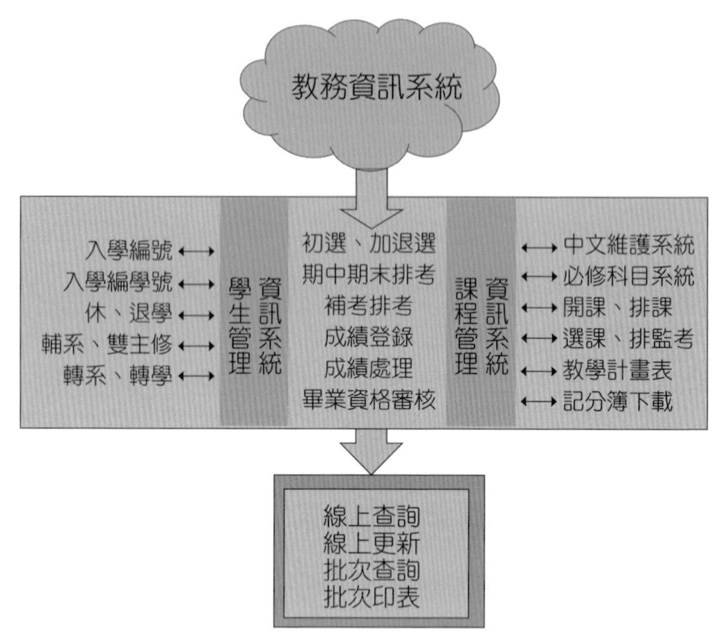

圖8-3　教務處教務資訊系統

在本校資訊化教育理念之下，教務處能將各種資訊作詳盡的分析，使組織的資訊能夠在精準、完整、可靠、適時、安全與保密的條件下傳達至全校資訊使用者，提升組織之效率與效能。教務處針對各種資訊之蒐集、分析及應用方式概述如表8-3所示。

表8-3　教務處資訊應用表

資訊種類	應用概述
招生資訊	·進行新生問卷調查、各類招生考試分析，並蒐集雜誌媒體對畢業生選讀各校及各系所的原因，瞭解學生對本校教學資源的滿意度及大學學習的規劃等，據以擬訂或加強本校招生策略與方針。
課程資訊	·提供學生教學計畫表查詢，做為規劃選課之參考。 ·建置課程地圖資訊系統，提供各學系課程地圖、歷年學習成效之核心能力雷達圖，做為學習生涯規劃之參考。 ·提供各學系課程結構與新設課程校外審查結果，要求各學系檢討改善課程。
學生學習成效資訊	·進行入學新生錄取成績及在校成績比較分析，做為各學系擬訂招生策略及改進教學品質參考。 ·結合教務資訊系統與導師輔導系統，導師可查詢學生各科之學習成效，給予輔導或協助。

七、流程（過程）管理

在產品流程方面，為確保教學品質、提升課程改革成果及學生學習成效，教務處依據內、外部顧客之需求，每一個階段均全員參與，經由周延的規劃、確實的執行、虛心的檢討、持續的改善等流程，建立一套教學品質管理機制（如圖8-4）。此品質管理機制之流程係以國家社會需求、學校發展目標、產業發展趨勢及系所發展特色，訂定各學系之教育目標及學生核心能力，作為課程規劃設計之依據，並依各類調查回饋意見持續檢討與改進。

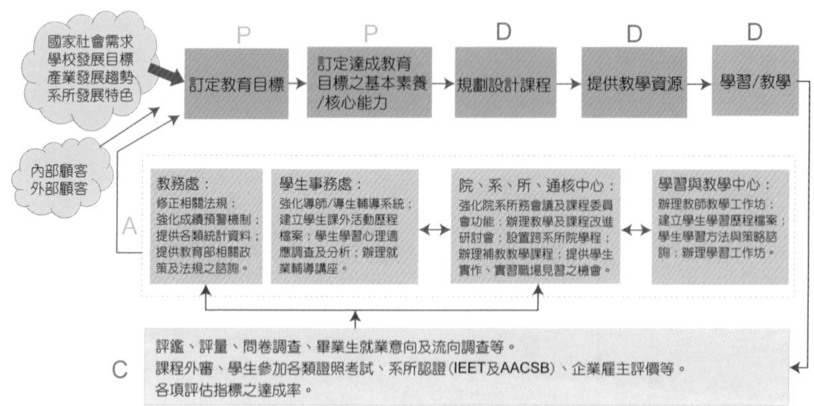

圖8-4　教學品質管理機制流程圖

在支援性活動方面，為避免學習成效不佳之學生因學業成績不及格而遭退學，特規劃學生學習預警輔導追蹤機制（如圖8-5）。預警機制之流程係以期中考及學期成績為檢核點，同時開放家長線上查核；配合各學系、導師、學生事務處、學習與教學中心及國際交流暨兩岸事務處等各單位對學生之約談、開設補救教學課程、轉介及輔導等支援性活動，以改善並提升學生學習成效。

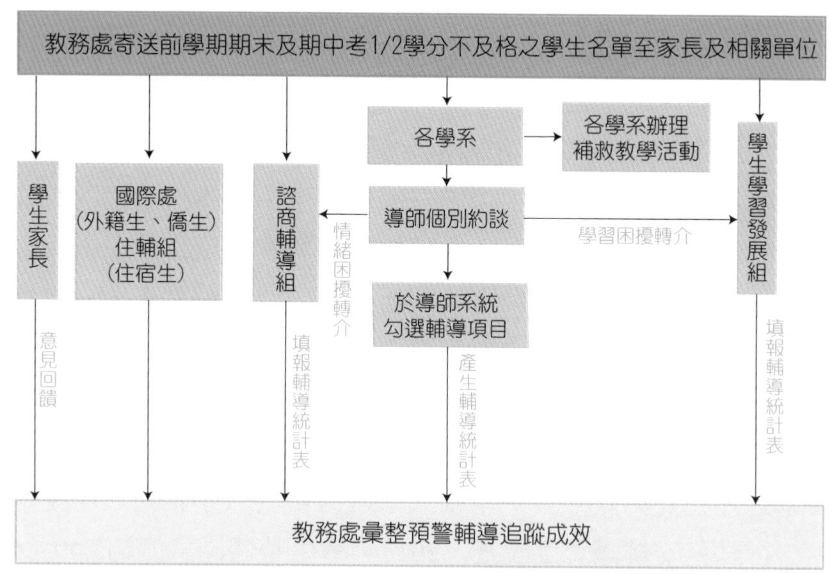

圖8-5　學生學習預警輔導追蹤機制流程圖

在跨組織關係方面，為吸引高中生將本校列為未來首選學校，除展現本校特色外，並讓高中校長、老師瞭解本校之優點，鼓勵學生優先選擇本校就讀；吸引未來顧客的策略說明如下：（一）強化組織：增設系（所）招生委員會；設置招生組，專責招生宣導，及各類招生策略規劃與分析；（二）擴大宣傳、主動出擊：積極參與大學博覽會、安排高中生參訪、每年定期寄送文宣、主動赴高中職宣傳及舉辦座談等，讓高中生預先體驗大學生活，進而對本校產生良好印象，以建立未來顧客的良好關係；（三）與高中建立策略聯盟：透過協助高中優質精進，與區域內各高中簽署夥伴學校策略聯盟，促進資源共享，建立良好互動關係，包括英語教學、教師成長、社團活動及心理諮商輔導等；（四）影響選擇學校之關鍵人物：辦理新生家長座談會，增加互動機會，使其瞭解本校優點，進而鼓勵子女選擇就讀本校。

八、經營績效

(一) 顧客滿意度：自2007年起針對入學新生進行問卷調查，以瞭解選擇本校就讀之因素，藉以擬訂或調整各項招生策略。由2013年調查中得知日間部新生選擇本校就讀的影響因素中，分析結果以「學校的排名與知名度」的影響程度最高，「企業對畢業生的評價」及「學校整體形象」影響程度居次。透過高中學生來校參訪滿意度問卷調查，瞭解高中職學生及教師對教務處辦理參訪業務服務品質的看法，2013年來校參訪師生整體滿意度為5.76（6點量表）。另外亦針對報名參加本校大學個人申請入學招生之考生進行試務安排滿意度調查，2013年考生整體滿意度為5.49（6點量表）。

(二) 市場發展績效：於招生日漸艱鉅之際，本校近3年大學日間部新生註冊率平均達97.10%，在境外生招生部分亦逐年成長，近3年境外學生入學人數，由100學年度962人、101學年度1,170人，增加至102學年度1,391人。

(三) 財務績效：承辦2006年身心障礙學生升學大專校院甄試招生考試，獲教育部補助改善無障礙設施500萬元經費；承辦2007至2014年身心障礙學生升學大專校院招生甄試考試臺北市區試場共7次，累計獲765萬元經費；近3年學生申請中、英文成績單之收入總金額為185萬8,620元。

(四) 人力資源發展績效，教務處經由人力資源規劃（P）、人力資源運用（D）、員工關係管理（C）、人力資源開發及知識管理（A）之過程，於2002年成立招生組、2005年調整各組人員結構，同時落實人力資源開發及知識管理，鼓勵在職進修及實施教育訓練、編製及修訂業務工作手冊及標準作業程序手冊，進行標竿學習及參訪。

(五) 資訊管理績效：2005年起，教務資訊系統更新改版上線使用，全面採用PC平台及Web介面，提升工作效率；2007年改版網路即時選課系統，學生選課過程順暢不塞機，每科選課時間平均8秒；2010年開發完成課程地圖資訊系統，結合各學系及通識課程與產業領域之關連性，供學生查詢並規劃學習生涯，截至2014年止，已有141,090人次上線瀏覽。

(六) 流程管理績效：為落實課程改革，教務處於2007年推動「教學品質保證之全面品質管理」機制，同時修正「淡江大學課程委員會設置辦法」，明確訂定教學品質保證之全面品質管理流程，並訂定本校核心、通識、遠距及各學系課程審議流程，使各級單位皆能瞭解課程規劃設計之權責。此外，教務處各項業務之推動皆有其關鍵流程，亦將各項作業以流程圖清楚標示。

(七) 創新與核心競爭力績效：持續更新教務處與資訊處合作開發之教務資訊系統，其中有許多創舉與特色。以電腦畢業審核作業為例，利用電腦進行畢業審核作業可於1小時內完成約9,200位畢業生及約580,000科之必修科目及畢業學分審查，並印製學生缺修學分表，可提供應屆生畢業生缺修學分名冊供承辦同仁參考，為國內大專校院所獨創；近年來亦不斷新增功能，如自動審核體育課程修習科數、檢查外語授課課程、自動扣除註記不承認為畢業學分之課程等。

(八) 社會評價績效：本校為善盡社會責任，自1969年即設有盲生資源中心，教務長兼盲生資源中心主任，針對身心障礙學生，提供生活、學習、心理諮商及就業等輔導，確保學生能安心就學；並為視障生製作點字書，於1988年研發盲用電腦，1995年生產第1套國產觸摸顯示器「金點一號」，經歷10多年努力，研製「點字觸摸顯示器」，改良「智慧型中文語音合成器」介面，並設計「中文點字即時雙向轉譯系統」、「無字天書輸入法」等軟體，使視障者突破視覺障礙，自由運用電腦設備擷取資訊；另成立全台首座「視障電話客服中心」，提出「視障電話客服整體解決方案」，培訓12位視障話務人員，針對弱勢與全盲者的操作需求，設計盲用客服系統，以提升視障者的工作效率，強化自信心。

為服務全國各高中職學生升學考試，自2000年迄今，負責承辦大學聯合分發委員會複查組工作；自2002年迄今，承辦大學入學考試中心學科能力測驗、指定科目考試臺北市六考區試務工作；2006至2009年及2011至2014年承辦全國身心障礙學生升學大專校院甄試招生考試臺北市考區試務工作。且歷年來本校均透過多元入學管道，提供身心障礙、原住民及離島等弱勢學生入學機會，102學年度共有110名身心障礙學生於本校就讀，為全國之冠。

九、結語

展望未來，教務處同仁將秉持全面品質管理之持續改善精神，結合學校三化教育理念，賡續強化資訊系統，提升行政效率；發揮集體創意，強化招生競爭；落實知識管理，鼓勵終身學習；推動教學革新，確保學習成效等各項策略性工作，期能建構優質的服務團隊，成為各大學標竿。

就是要幫你解決問題

97學年度實施英語能力檢定畢業門檻以來，問題就層出不窮，從門檻的標準、替代課程選修到學分承認，在在顯示學生們對這門檻既重視又不安。

有一天早上，照例打開信箱，有封學生的信件映入眼簾，標題寫著：我有英語能力檢定畢業門檻的問題。裡面是這樣寫的：

「教務長您好，很冒昧寫這封信給您，但我不知這個問題可以找誰解決，只好請您協助。事情是這樣的：我已經通過全民英檢的中級初試和複試，成績單也掃瞄過存在電腦裡，只是前陣子搬家時弄丟了，無法提交給系助理，這是三年前的考試，英檢中心說沒辦法補發，我不知道該怎麼辦，希望您可以幫我解決，學生ＯＯＯ敬上。」

看完信，我立即請註冊組姜組長協助處理。十分鐘後，姜組長給學生的回信副本出現了：「同學你好，我是註冊組姜組長，關於這個問題，請你先把成績單掃瞄檔寄給我，我再請同仁幫你向英檢中心詢問，祝學安。」

沒多久，姜組長回報英檢中心表示，因為成績在兩年後就直接銷毀，無法補發成績單。

「這個同學應該通過中級初試才能繼續報考中級複試，如果他們可以協助確認這點的話，就能證明這個同學通過畢業門檻吧？」腦中忽然閃過這個念頭，我要姜組長就這麼處理吧。

隔天上班，信箱裡出現姜組長給學生的回信：「同學你好，英檢認定的問題已經幫你處理好了，請於兩天後到註冊組9號櫃檯領取相關證明，但記得先填報外語能力檢定系統，再帶著證明到系辦請助教審核。」看到這裡，姜組長也來了：「報告教務長，英檢中心將以正式書面函復協助確認學生的考試紀錄，以後類似問題都可比照辦理。」

掛上電話，問題又解決了一個。而我，也獲得了一些新的經驗。

（教務處教務長．葛煥昭）

第九章　學務處：服務、關懷、學習

「學生事務處」過去所被熟知的名稱即為「訓導處」，強調管理及保護的傳統訓育觀點，隨著社會環境的改變，逐漸轉型為以「學生服務」為主的角色。近幾年更是與時俱進，除原有的「學生服務」外，蛻變轉型以「學生學習」及「學生發展」為業務主軸。為讓學務處符合新的學務概念，在基礎性業務上強調「效能」、「增質」，對於學生在校學習時的食、衣、住、行、身心健康、課外活動、生職涯輔導及學生權益等，提供全方位且立即之支持，在行政處理上強調效能，並持續提升服務的品質。在發展性業務上強調「增能」、「增值」，引導學生實踐公民服務、培養高尚之品格與道德，落實本校三環五育之策略、涵養領導創新才能、提升學生核心能力、促進學生全人發展，進而成為可以發揮個人最大價值之人才。由於學務處能掌握學生需求不斷創新業務，且應合環境更迭配合全面品質管理的實施，除獲本校第七屆淡江品質獎外，更獲得102學年度教育部「友善校園」卓越獎，奠定學務處在全國學務工作上領頭羊的地位。

一、領導與經營理念

為了落實以學生為主體，增進學生學習發展的學生事務新典範於實務工作中，學務處以新的觀念取代過去以行政及事務性為主的工作框架。具體實例為配合本校三年的校務發展計畫，將社團、服務學習及品格教育納入優質教育的一環，此乃賦予學務處培育人才的基礎重任，為達此目標，學務工作強調整體組織文化的轉向，從成員認知及態度的改變到組織功能的調整與創新，學務處重新定位永續經營目標為「學生服務」、「學生學習」及「學生發展」。

在組織領導上，學務長對於學生社團運作及學生參與學校校務有個人體驗。在落實「三環五育」課程之初，帶領團隊經過無數次開會規劃，召開社團公聽會，使「社團必修」成為全國創舉。學務長同時連續四年擔任本校「教學卓越計畫」其中「學生發展與學習」分項計畫的總主持人，帶領學務同仁從規劃執行到成效檢核，對學生行為與思維脈絡能充分掌握，各組同仁也因計畫參與而更能將知能運用於工作績效達成及作持續改善。同時學務長目前為北一區學務中心工作小組委員，能掌握全國最新學務工作趨勢，對全國學務決策也具有影響力，能領導本校學務處走在全國學務最前端。

在學務治理上，學務長與各組組長等領導階層共同以全面品質管理之六大精神做為學務治理的基礎來推動各項業務。治理的理念乃以學生學習為中心，積極參與教育學生的任務，並建立學務工作的專業化，讓組織成員經由參與和實踐發展出有價值的工作模式。作法為每個月利用TQM的PDCA循環，參看各類問卷回應，做為規劃工作，改善行政效率的參考。學務長透過各組會議紀錄、主管會議及學務績效評估會議，確實掌握業務執行，並對績效目標與實際結果間的落差檢討差異發生原因並提出改善，流程如圖9-1所示。學務處藉由品質管理的觀念及各項工具的導入，不斷地實踐檢討，提升學務處的服務品質及落實創新方案。

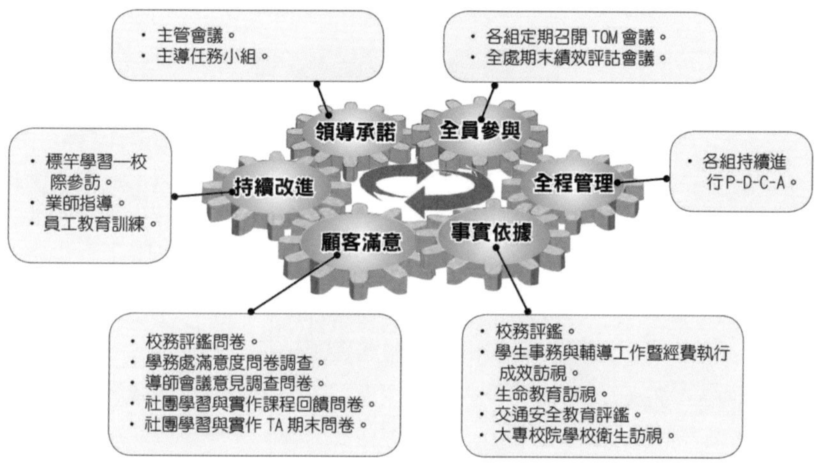

圖9-1　學生事務處品質管理之六大精神圖

二、策略管理

為落實以學生為主體，增進學生學習發展的學生事務新典範於實務工作中，整合處本部及6大組工作，在既有業務基礎上，進一步共同開拓創新的環境與發展方向。首先為提高策略的可行性，充分善用優勢、停止劣勢、成就機會及抵禦威脅，依據學務處工作目標進行SWOT分析（如表9-1）。

表9-1　學生事務處發展SWOT策略分析表

外部因素 / 內部因素	轉機(O)	危機(T)
	O-1社區總體營造，促進與學校協同合作機會。 O-2企業重視社會責任，提供社團服務資源。 O-3企業用人注重團隊合作、高抗壓性及高可塑性。 O-4家長關注校務發展，產生督促效應。	T-1獎補助經費來源及金額不確定性高。 T-2通勤學生增加，留校時間減少，多元能力發展受阻。 T-3經濟不景氣，就業機會減少，學生對未來不確定。 T-4社會風氣不良，價值觀扭曲。 T-5少子化現象造成獨生子女人際疏離的心理問題。 T-6沉迷於網路，生活作息不正常，導致健康失衡。
優勢(S)	活用優勢掌握轉機之策略(SO)	利用優勢消除危機之策略(ST)
S-1人員資歷完整、嫻熟作業流程、業務穩健。 S-2學校落實三環五育政策，社團運作蓬勃發展，為各校觀摩對象。 S-3導師關懷落實，輔導系統完善。 S-4教育部提供學務人力提升學輔工作創新與活力。 S-5跨單位合作，提供學生全天候關懷與照顧。 S-6服務學習廣被社區認同。	(S-1、S-4、S-5、O-1、O-4) 【策略1:發揮團隊創意，提高服務效能】 (S-2、S-4、O-1、O-2) 【策略4:實踐公民服務，深化弱勢關懷】 (S-3、S-5、S-6、O-3、O-4) 【策略7:強化生活適應，促進學習發展】	(S-2、T-2、T-3、T-4、T-5) 【策略2:開展社團實作，培育多元能力】 (S-3、T-2、T-4、T-5、T-6) 【策略3:促進健康管理，營造健康校園】 (S-3、S-5、T-4、T-5、T-6) 【策略5:落實三級預防，建立友善校園】 (S-2、S-3、T-2、T-3、T-4) 【策略6:激發個人潛能，提升職場優勢】

劣勢(W)	改善劣勢掌握轉機之策略(WO)	改善劣勢減少危機之策略(WT)
W-1大學生自我意識高漲，對周遭環境無感，欠缺公民素養。 W-2整體校地不足，學生輔導及社團活動空間受限。 W-3學生事務資訊系統整合性不足。 W-4人力結構老化缺乏創意。	(W-3、W-4、O-1、O-4) 【策略1:發揮團隊創意，提高服務效能】 (W-1、W-2、O-3、O-4) 【策略2:開展社團實作，培育多元能力】 (W-1、O-1、O-2) 【策略4:實踐公民服務，深化弱勢關懷】	(W-3、W-4、T-1、T-2、T-6) 【策略1:發揮團隊創意，提高服務效能】 (W-1、W-4、T-2、T-3、T-4) 【策略6:激發個人潛能，提升職場優勢】 (W-1、W-2、T-2、T-4、T-5、T-6) 【策略7:強化生活適應，促進學習發展】

依據SWOT分析，擬定學務工作發展主軸架構圖，組成具有團隊合作、解決問題、創新能力及社會關懷之工作團隊，分別在行政面及創新發展面擬訂方針與行動方案（如圖9-2）。

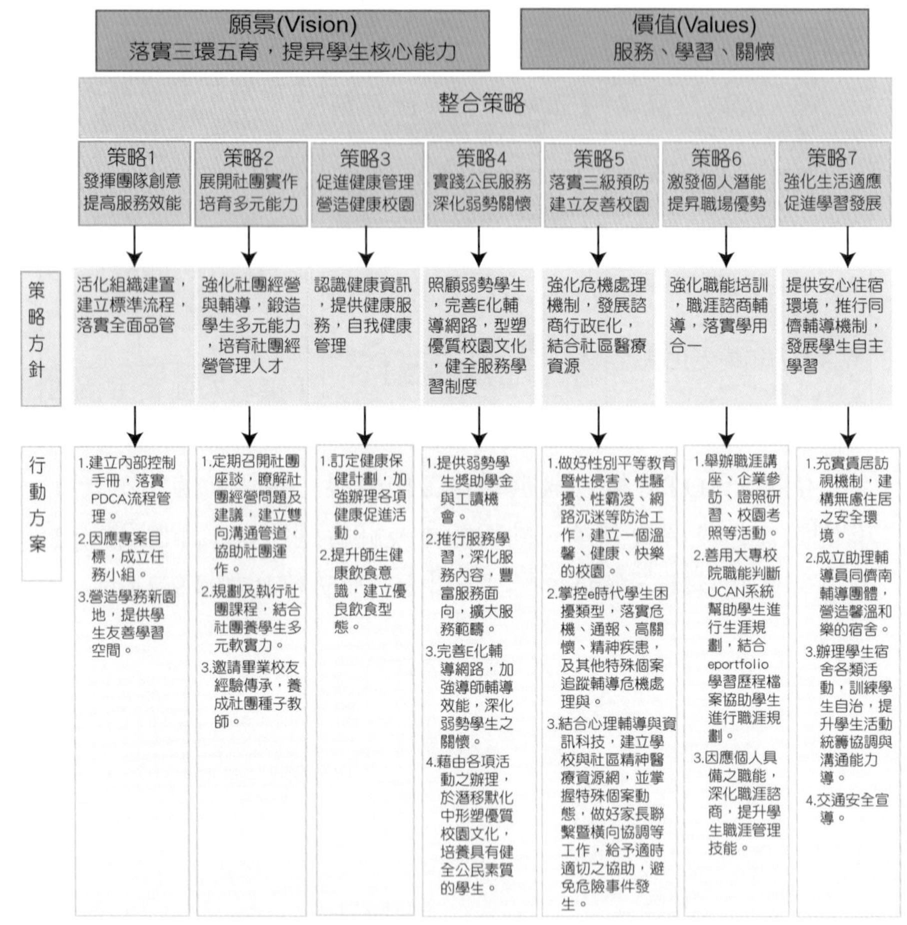

圖9-2　學生事務處發展計畫主軸架構圖

針對7個策略目標及所衍生的行動方案，各組提出方案管理原則，包括所需經費、人力支援及需達成的績效目標等，在組內各項會議中，提出討論及接受管考機制的監督。

在經營模式上（如圖9-3），學務處的品質經營係以成就學生為最大目標，凝聚共識所訂立的使命、願景與價值乃呼應學生事務的主要功能為促進學生全人發展及提升學生核心能力，建立具有關懷、責任、回應性的組織，俾利提升學務工作的績效與創新。經營模式在基礎性業務上強調服務學生的行政效能，採「層級分工」及「團隊績效」的運作模式，由上而下，針對學務業務各組分層負責，同時也依業務目標訂出關鍵績效指標〈KPI〉，持續追蹤成效及提出改善策略。

在發展性業務上強調輔導學生的多元能力開發，採「集思合作」及「溝通協商」的運作模式，主管與同仁彼此對話集體協作，共同關照產生具創意之工作方案及執行策略，達到學生能力鍛造之目標。

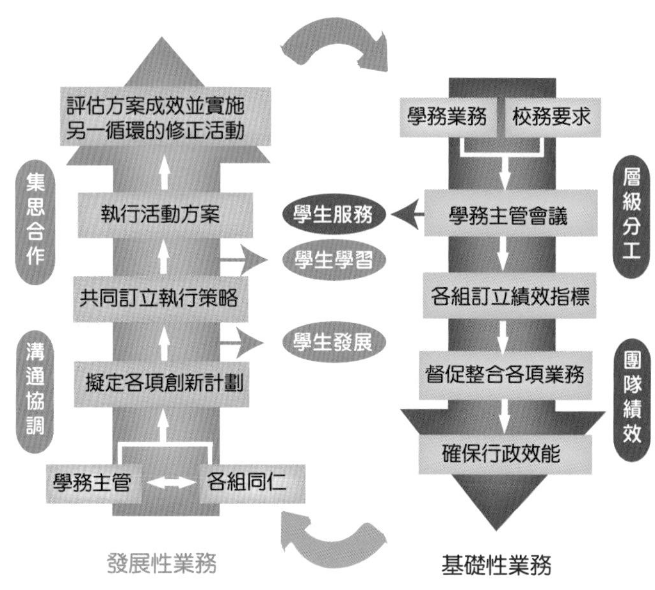

圖9-3　學生事務處品質經營模式圖

三、研發與創新

環境變遷快速，社會現象不斷翻新，尤其面對層出不窮的學生需求及社會期待，為使學生輔導工作能跟上時代的腳步，有效發揮學生輔導的角色功能，落實服務社區理念，學務處在課程、服務與輔導上擬定多項創新策略並獲得實際成效。

在「課程創新」上，為培育學生多元創新能力，100學年度開設「社團經營與團隊發展學門」，跨學院及行政單位整合，推動社團學習與實作課程，依據國內外學者學術理論，分析大學生應具備基本能力，找出核心能力最大公約數，包含表達能力、思辨能力、團隊合作、專業能力、問題解決能力、創新能力、國際觀與外語能力及品格培養等，設計社團學習與實作課程。改變既有課程模式，該課程聘請課外活動經驗豐富的業師以多元互動方式，講授課外活動及團隊經營概念，成績評定更以通過、不通過取代分數制，此外，結合社團活動實作場域，學生參與活動可取得實作認證。

在「服務創新」上，學務處各單位辦公處所分布於校園內各大樓，從校園最東端的住輔組至最西端課外活動組，業務項目繁多。為縮短學生申辦相關事宜的時間與距離，98學年度第2學期於商管大樓4樓電梯出口處，利用原B415辦公室設立學務處聯合服務中心。中心採開放式櫃檯，櫃檯每時段均有排班接受訓練過的工讀生提供諮詢及收件服務。服務項目包含學生平安保險、校內外獎學金、兵役卡、助學金、就學貸款、學生請假、活動報名等。學務處聯合服務中心工作要因分析如圖9-4所示。

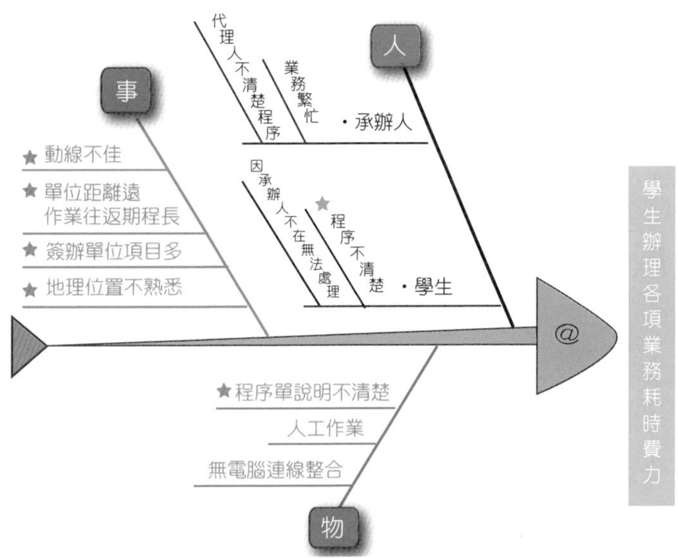

圖9-4　學生事務處聯合服務中心工作要因分析魚骨圖

在其他服務創新方面，學務處根據近三年學生體檢報告得知學生體檢異常數據前三名為「總膽固醇」、「尿酸」及「肝功能」，皆與不正常飲食有密切相關，而學生愛吃加工及高熱量食品且生活作息不正常，對健康是很大的隱憂。故規劃「美好一天，從健康飲食開始」健康促進計畫，以走動式校園宣導、手冊發放、食物熱量標示，改變學生飲食行為進步率達9.2%，提升健康飲食認知正確率達70%。

在「輔導創新」上，因應網路世代習慣性與便利性需求發展網路諮詢，學務處為私立大專校院中率先及唯一持續開發網路專業諮詢工作的單位；101學年度更建立QR Code功能，以利學生以智慧型手機連結上網；網頁中建置「心理健康操」心理諮詢信箱，透過電子郵件通信方式落實學輔工作二級預防；學務處也是各大專校院中率先實施諮商師督導制，並實施心理師與督導雙向填寫回饋表，可提升諮商輔導專業；為因應日漸增加之外籍生諮商需求，學務處從99年度起即逐年聘任具備外語能力之心理諮商師，目前有英文諮商師6名，日文諮商師1名。

四、顧客與市場發展

學務處的顧客可分為內部顧客與外部顧客，內部顧客為學生與導師，外部顧客為學生家長及協同合作機構。

學務處主要顧客為學生，綜觀現今學生沉迷於網路，身心健康失衡；少子化現象造成獨生子女人際疏離的心理問題，對未來不確定；自我意識高漲，對周遭環境無感，欠缺公民素養。加之社會環境不景氣，經濟來源變動大，而在教育立場、學校文化及學務處核心價值的架構下，如何在資源有限的情況下，滿足學生需求，創造學生潛在價值，是學務工作重要的一環。

首先協助學生順利安心就學，如就學貸款辦理、獎助學金及急難救助金之提供、學生兵役辦理；加強學生健康管理，如健康保健宣導、膳食衛生督檢、心理疾患處理；提高安全生活意識，如宿舍消防安全逃生演練、校外賃居訪視、交通安全宣導；提升學生就業能力，如各類工讀就業訊息提供、企業參訪、職場體驗及實習、輔導學生考照。

學務處並針對市場現象及顧客發展分析，擬定學務工作策略、規劃行動方案，建置完整之規劃、執行、評估和檢討的系統，以利發展學務處與所有內外部顧客，在目前和未來的連結與管理，相關完整之PDCA流程圖建構如圖9-5所示。

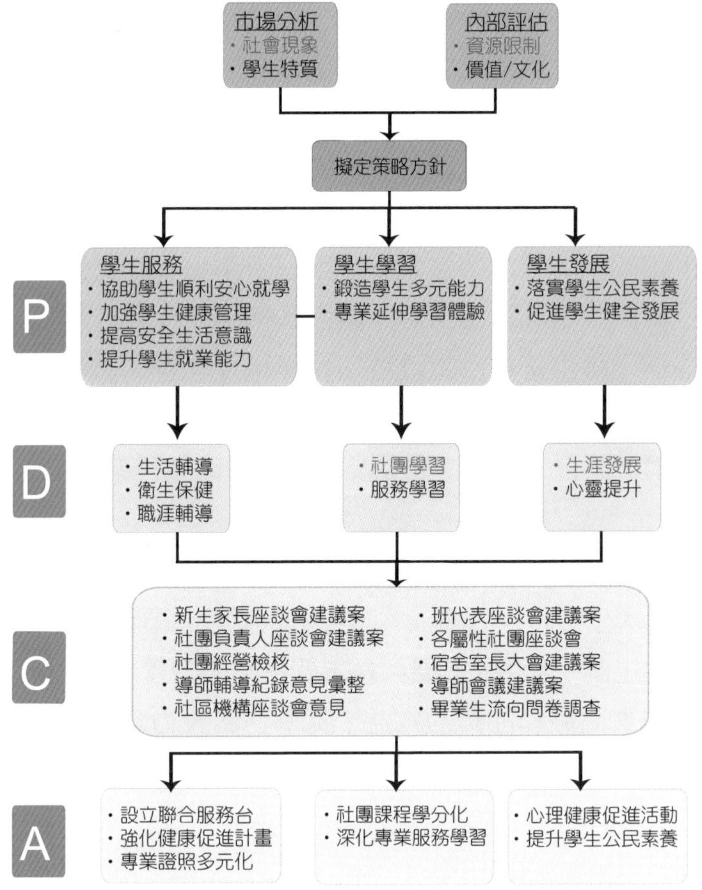

圖9-5　學生事務處顧客與市場發展策略PDCA流程圖

此外鍛造學生多元能力，如淡海同舟-社團負責人研習、社團知能研習、社團學習與實作課程、社團經營輔導；專業延伸學習體驗，如校園與社區服務學習、社團服務學習、專業知能服務學習。

在顧客關係與商情管理上，學務處顧客群彼此之關係均依學生服務、學生學習或學生發展而建立。學務處設立導師制度係為加強學生輔導與關懷，為提升導師輔導知能，定期召開導師會議及導師輔導知能研討會。為瞭解導生關係，提供導師輔導資訊系統，以記錄學生輔導情況。為讓學生家長瞭解學務處對學生相關輔導措施，每學年度辦理新生家長座談會，並對住宿學生的家長定期寄發信函，讓家長知道學生在校情況。協同合作機構則提供本校師生社會服務場域及社會、職場學習的機會。在服務與學習的互動過程，學務處透過期中聯繫、溝通及期末機構座談會，依機構意見及需求，修改執行方案。

五、人力資源與知識管理

本校學生數將近三萬人，面對如此龐大的顧客群，如何在人力資源的規劃、運用、發展與員工關係及知識管理上，「以有限人力發揮最高服務品質的效益」為學務處人力資源管理核心策略，如圖9-6所示。

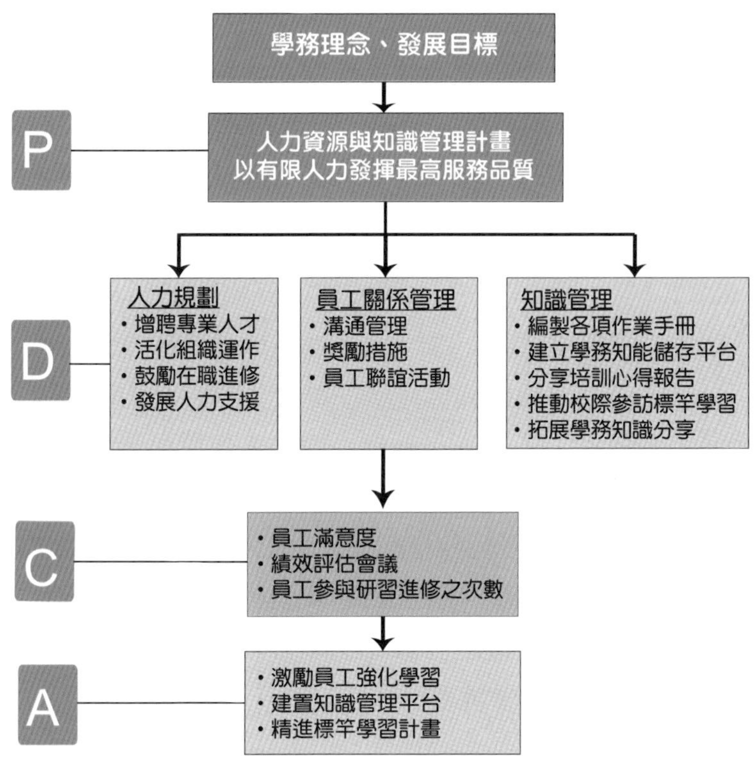

圖9-6　學生事務處人力資源管理核心策略PDCA流程圖

在人力資源規劃與運用，配合社會多元化，增聘專業人才。過去由於業務性質差異性不大，故人員之流動極少，雖行政錯誤率減少，但亦造成學務工作的過度保守。為因應新世代學生之發展及社會時勢之快速變動，學務工作亦須與時俱進，故學務處依據各組業務發展及人力需求積極爭取員額並在質與量上做精進。

在強化學務知能上，學務處依本校「在職進修辦法」，鼓勵同仁自我學習，強化專業知能。目前已有3位同仁完成碩士學位，並有2位通過學校升等考試。為加強同仁潛能發展，提升同仁專業知能，鼓勵同仁參加校內外相關訓練，並適時開設學輔知能研習活動，以激發個人潛能。98至100學年度共計開設99門課程，學務處訂定每人每年應參訓時數KPI目標值為15小時，目前同仁參訓時數業由98學年度之11小時至目前之15小時以上，均能達到所訂定的目標值。

在員工關係管理上，學務處深知良好和諧的員工關係是組織高生產力與高績效的強大後盾。為促進良好員工關係，學務處透過主管會報、各組組務會議、期末工作檢討會議等建立溝通管道，協助業務問題解決及建立共識。對於工作表現優異者，依學校員工獎勵規則提報學校敘獎，並依「優良職工獎勵規則」提報員工參與優良職工甄選及表揚；另提報學輔績優同仁參與教育部主管機構之評審，獲獎者於學務處相關會議公開表揚，以供同仁標竿學習。

在知識管理上，為運用個人與集體智慧，提高組織應變與創新能力，建立學習型組織，學務處在知識管理方面進行編製各項作業手冊、建立學務知能儲存平台及推動校際參訪標竿學習事項，除經驗分享外，並提升工作效能。

六、資訊運用策略與管理

妥善的運用資訊工具可以有效改善組織競爭力，是以組織如何充分掌握必要資訊，如何以即時有效的系統工具取得、分析及應用資訊，使學生享有便捷的學務資訊，以提高行政服務效率與品質，建立學生事務專業系統平台乃成為學務處資訊策略規劃與管理的主要依據。學務處資訊策略的形成如圖9-7所示。

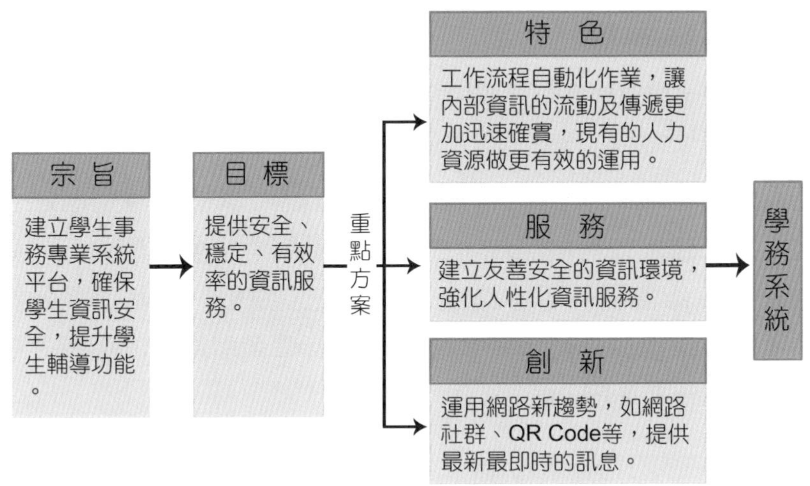

圖9-7　學生事務處資訊策略形成圖

學務處自96學年度起陸續建立各項學生輔導資訊系統，如：導師系統、請假系統、獎助學金系統等，但系統功能不佳，使用者經常反映之意見包括：導師系統無寄信功能、輸入資料太多、統計資料須人工計算等；98至100學年度各系統提出之意見及修改項目計591項，改善後均達成預期效益。

在資訊應用上，學務處充分應用統計資料作為決策參考，如：(1)導師會議意見調查：依據「導師會議意見調查」問卷分析結果，於100學年度第2學期起修正導師會議開會模式；(2)畢業生流向問卷：提供各系所做為開課及課程設計參考；(3)社團學習與實作課程回饋問卷：依修課學生填寫對社團課程意見，統計分析規劃新學年度課程及課程執行改善依據，制定社團課程修課規定及教學標準化大綱；(4)社團經營檢核表：依社團自評前測、後測比對結果，設計、規劃社團知能研習課程。

七、流程管理

學務處服務流程管理係依據PDCA原則訂定，其重點在無論是訂定品質策略、擬定品質計畫或是設定品質目標，都是以學生服務、學習與發展為依歸；定期檢視與學生權益相關之法規，適時修定或新增法規，並檢視組織緊急應變之能力，如危機處理事件機制。而持續改進如修正、簡化、改善流程的動力，也是來自於如何提升或強化服務、學習與發展的價值。學務處策略管理如圖9-8所示。

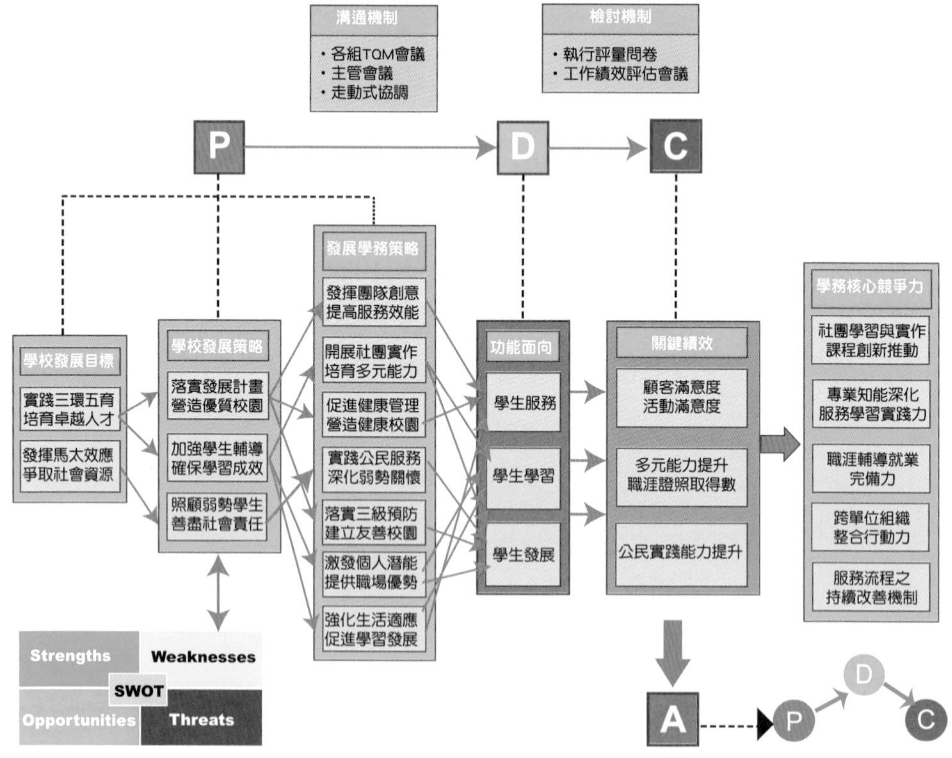

圖9-8　學生事務處策略管理總圖

在支援性活動管理上，學務處各項活動辦理之核心價值為行政服務增質、學生能力增值，如何以互補性、支援性活動創造加值及差異化，以原有計畫、方案進行評估分析後，訂定支援性活動，如社團經營輔導為強化社團負責人之領導經營能力，辦理「淡海同舟-社團負責人研習會」，以團隊分組方式及完整的講習訓練，使新任社團負責人瞭解本校傳統、校園文化、學校政策，熟悉行政程序及社團活動資源，凝聚社團共識，延續社團經驗。同時也聘請專家委員進行社團評鑑，檢核社團經營成果，藉由評鑑結果及專家委員意見，提供社團改善精進之依據，建立社團自我檢視經營成果標準。

八、經營績效

綜合上述各構面，學務處以七個面向的滿意度（6點量表）來呈現多元的經營績效：

(一) 顧客滿意度：

學年度	處本部	課外活動組	生活輔導組	諮商輔導組	住宿輔導組	職涯輔導組	衛生保健組
98	4.7397	4.7488	4.7677	4.7943	4.4941	4.9450	4.5951
99	4.9767	4.9463	5.0200	5.2363	4.7300	5.2809	4.8739
100	5.2018	5.1048	5.1958	5.3929	4.9823	5.4762	5.1177

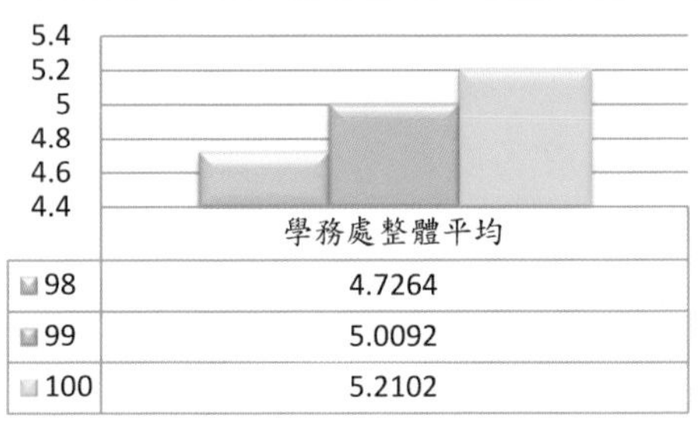

說明：為瞭解學生對學務處各項服務措施接受及滿意程度，進行滿意度問卷。結果顯示，與學生生活關係密切之生活輔導、諮商輔導及職涯輔導滿意度均較高，表示學務處之服務效能被肯定。整體滿意度逐年提升，表示學務處在PDCA流程管理之持續改進具有成效。

(二) 財務與市場績效

項目	98年度		99年度		100年度	
	金額	執行率	金額	執行率	金額	執行率
學輔補助(配合)款	9,711,541	100%	9,255,875	100%	8,342,490	100%
學輔獎助(配合)款	400,000	100%	350,000	100%	537,000	100%
整體校務獎補助款用於學輔工作	1,746,870	100%	1,979,215	100%	1,796,939	100%

說明：

一、教育部學輔補助款經費係依全校學生人數核撥。

二、教育部學輔獎助款經費係依學務處提報計畫申請，教育部審核後撥款。

三、依教育部規定，學校應提撥總獎、補助經費之1.5%，辦理學生事務與輔導相關工作或購置學生社團活動所需之器材設備，經常門經費至多四分之一得用於部分外聘社團指導老師之鐘點費。

四、98至100年度各計畫執行率皆達100%。

(三) 人力資源發展績效

1. 員工工作滿意度：

99及100兩學年度各項平均分數滿意度均達4分以上，表示學務處同仁對其工作普遍呈現正向肯定。同時針對16個題目之平均分數滿意度100學年度平均分數均較99學年度高，滿意度呈現正成長，成長幅度約2.32%。

2. 標竿學習績效：

學務處每年均派員參與行政訪問團至國外姐妹校參訪、學習，同時各組亦依據其業務需求不定時到各大專校院進行交流，將參訪所得據以改善相關措施，績效如下：

(1) 學生自治團體負責人選舉，擬採「三合一選舉執行方式」，提高投票率及減少作業人力。

(2) 確實達到激勵及獎勵導師功能，優良導師獎勵辦法修訂，設立評選委員會以評選優良導師，再從其中遴選至多7位特優導師，按月核撥獎金。

(3) 為加速就學貸款作業流程及提高學生資料正確性，於學務整合系統之就學貸款子系統中新增「就貸學生基本資料填寫」，簡化繕打學生資料流程。

(4) 為降低淡江學園男女生同棟住宿困擾，實施分層管理輔導，增加貼心設計，如女生樓層專用垃圾桶、提高女生曬衣場、洗衣場的隱私性、舉辦性別尊重等相關講座。

(5) 邀請資訊處、教務處及校友服務處等開會研議畢業生資料與勞委會介接計畫，並建置證照獎勵制度。

(四) 資訊管理績效

1. 資訊系統的維持、更新與改善：

學生輔導系統因應法規修正、主管機關要求、系統關係人實際需求及簡化流程等因素，除系統基本維護外，更持續更新與改善，98學年度至100學年度更新與改善項目達591項。

2. 資訊服務系統績效

(1) 社團學習與實作課程系統：100學年度第2學期建置社團學習與實作課程系統，提供5,800名學生查詢經營入門課程及認證作業資訊，並利用此系統進行認證審核及成績統計，節省人力作業核對時間，計190小時，減少1萬9,570元工讀金支出。

(2) 諮商e化系統：電腦化諮商預約能即時登錄、修改學生基本資料、主述問題，也能透過資料安全機制，統計特殊個案基本資料與診斷類別、資料儲存及備份作業，提高追蹤率。原開設1萬1,676小時，實際預約1萬3,861小時。

(3) 網路「心理健康操電子郵件」信箱：因應網路世代需求，結合科技與心理諮商專業，透過電子郵件通信方式，採取帳號與密碼登入，且採匿名方式寄送，以保障學生隱私，提供學生專業輔導與諮詢服務，落實二級預防功能，接獲求助信件共1,670人次。

(五) 流程（過程）管理績效

1. 流程簡化：

學務處依PDCA流程管理，自98至101學年度共簡化10項流程茲列舉數例績效如下：

(1) 獎（助）學金匯入學生郵局帳戶方式發放，減少紙本及加速撥款作業。

(2) 聯合服務櫃檯簡化學生辦事流程，提高服務效率，98學年度第2學期服務4萬367人次，99學年度8萬1,567人次，100學年度8萬1,895人次。

(3) 100學年度第1學期起簡化准假權責，縮短學生辦理請假時間。原權責為三日以內者由院教官或生輔組組長核准，四日以上二週以內者，由學生事務長核准；修改為二至三日由院教官核准，四至五日由生輔組組長核准，六至十四日由學生事務長核准。

2. 流程改善：

學務處依PDCA流程管理，自98至101學年度共改善30項流程，茲列舉數例績效如下：

(1) 學生社團活動空間不足，以時間換取空間之作法，社團活動時間延長至夜間12時，聘請一名專責人員，妥善管理場地、控制活動時間。

(2) 學生宿舍冷氣計費系統之冷氣控制盒故障率達20%，經進行冷氣控制盒改善後，其故障率降為1.6%。

(3) 淡江學園宿舍離宿率達39.39%，為充分運用宿舍，解決女生床位數不足的問題，99學年度始淡江學園轉型為「男女兼收、分層管理」，100學年度離宿率下降為19.9%。

(4) 基於學生權益考量，或因應主管機關要求，自98學年度至今修訂之相關法規共84則，修訂次數達178次。

(六) 創新及核心競爭力績效

1. 專業服務學習能力：依據99學年度、100學年度「專業知能服務學習課程意見調查問卷」統計分析結果顯示，學生在修習該課程後，對自我的社會認知與社會應對能力感到滿意皆有4.80以上的評分，且有逐年提升之趨勢表現。此結果顯示專業知能服務學習課程能滿足學生社會服務之需求，而有助提升學生與社會接軌之能力。

2. 社團學習與實作課程；100學年度推動社團學習與實作課程，結合社團活動參與及執行認證，學生參與社團人次，從99學年度4,794人至100學年度1萬3,466人，計增加2.80倍。在學生參與及執行活動後，填寫活動日誌及結案報告，其中針對社團團隊組織概念、活動創意、自我溝通表達及問題思辨能力進行6點量表統計，發現藉由活動參與及執行，學生自我能力提升均達4以上。

3. 職涯核心能力：藉由回饋問卷追蹤前後測比較，學生活動前對其資訊能力了解平均程度為3.17，經參與後瞭解程度大幅成長為5.18，成長幅度為63.41%。同時資料也顯示，未參加證照研習課程者考試通過率約50%，參加學務處所舉辦的課程後，通過率可達85%以上。

(七) 社會評價（品質榮譽）

1. 本校102學年度獲頒「教育部友善校園卓越學校獎」。
2. 本校榮獲教育部「102學年度推動品德教育成效卓著特色學校獎」。
3. 全國社團評鑑：本校社團參加100年度全國大專校院績優學生社團評鑑暨觀摩活動，與全國370個社團一同參與評鑑競賽，康輔社獲「體能、康樂性社團」特優獎。101年度全國大專校院學生社團及全校性自治組織評鑑暨觀摩活動，與全國371個社團角逐評鑑競賽，本校代表參賽的康輔社再次獲「體能、康樂性社團」特優獎、學生會獲得具指標性的「全校性自治組織」特優獎，102年度也接續獲得此項殊榮。
4. 《Cheers》雜誌2013年「1000大企業人才策略與最愛大學生調查」調查結果出爐，在企業最愛私立大學畢業生表現排名第1，尤其在學習意願強、可塑性高、抗壓性高及團隊合作能力方面更是在全國大學校院中名列前三名。
5. 100學年度校外媒體報導本校學生事務處相關新聞共120則，全部為正面評價，報導內容包括「學生擔任志工服務社會」、「學生服務學習活動」、「創意社團活動」、「學生獲獎」、「全國首創社團必修」、「聲援玉山」等。

九、結語

學務處推動全面品質管理彷彿是在進行一場寧靜革命，大家是合力在做一項轉型的社會工程。學生事務的性質是多元而複雜的，在這一連串改造過程中，大家充分感受到實行全面品質管理的重要性，特別是在PDCA流程的反覆思考中，發現平常處理的業務需要注入更多品管的精神才能發揮最大的效益。尤其是在check階段，那是過去同仁們都忽略的歷程，現在大家會去思考透過何種評量工具可以檢視所做計畫的成效，並且進一步去思考未來改善的機制。未來學務工作除在學務系統e 化的整合外，更會在學生道德層面提升與公民實踐上著力，讓學務處在基礎面與發展面上都能使學生獲得最大效益。此外，學務處透過淡江品質獎的參與，讓全處同仁把原本品質管理的口號化約為具體行動呈現在業務處理中，讓大家對學校、對自己的單位更有組織向心力，雖是寧靜革命，但大家內心都是跳躍喜樂的！

說『感動』太沉重，『會議有感』才符眾

面對學校大大小小的會議，每每以兩小時為單位，用「眼」望去，昏睡一片；用「耳」聽來，右進左出；用「腦」思考，混沌不清；用「嘴」溝通，語意不詳；用「心」感受，無感無奈。時間過長，訊息量大，準備再多，感受不佳，何來感動？

詩人艾略特說：「人生燃燒於每一瞬間」，我們的淡江歲月該如何不在各大會議中化為灰燼？

用「心」去感受坐在台下者對訊息的需求，理解年過四十之後，認知負荷變低，記憶廣度有限，辦公室一堆公文待簽，同理同仁的焦躁，時間的軸線就會浮出，訊息的多寡就被裁量，會議的精簡就會是定律。

用「腦」去釐清會議的主軸，想想什麼訊息值得記憶的？什麼是不值得記憶的？記得的都是值得記的？ 先一步統整資料，標示重點，不管是雷達圖或八卦圖，只要能凸顯訊息脈絡，都是會議的好圖。

用「嘴」去歸納重點，不問我們該講多少，該問台下者可聽多少，嘴巴急速開闔，肌肉會抽搐，擇重點而述，會議有效又有笑。

用「眼」去觀察周遭人事物，台下者不管仰睡如樹蛙或兩手交插胸前如埃及法老王，都是提醒我們訊息進不去腦袋瓜，會議時間太久，可以結束了。

用「耳」去傾聽，「味精」與「妖精」不能聽不清，耳聰目明，確實解讀訊息，即聽即回更即行，有歡笑也有績效。

會議短一點，走出會場，感受會好一點，再加餐點，感動多少會有一點。

感動是一種短暫的驚嘆，感受卻是長久的內蘊；

說感動太沉重，行政單位的本質，有感受便是好服務！

（學生事務處學務長・柯志恩）

第十章　總務處：健康、安全、永續

總務處向來給人的印象，不外乎是校園整體規劃與事務管理的單位，兼具基礎建設與後勤支援的特性；淡江大學總務處嘗試進一步提出創造符合永續發展理念的教學、研究、學習、生活的支持性環境，以建構一個更健康、更安全、更永續的校園環境，作為總務工作的使命及願景。2009年起，為加速提升總務工作品質，總務處開始參加校內品質最高榮譽競賽—「淡江品質獎」，而為秉持TQM全員參與的精神，同年起連續3年於總務處內自辦「總務品質獎」，藉由淡江品質獎與總務品質獎同時進行之際，落實單位同仁品管知識提升與能力培育；終於在2011年獲得校內、外委員的認同，成為第6屆淡江品質獎的獲獎單位。茲依據全面品質管理八大構面，說明總務處推行全面品質管理之概況。

一、領導與經營理念

總務處組織方面下設6組，分別為事務整備組、節能與空間組、資產組、安全組、總務組以及出納組；單位主管除總務長之外，另置有1位秘書及6位組長，各項決策與執行檢討藉由主管會報、讀書會等提供公開討論的機制，建立共識與形成決策。此外，依據組織與任務的特殊性，設定總務處的領導理念為「參與式領導」；經營之核心理念為「主動創造價值，而非被動提供服務」。因此總務處主管領導能力的涵養方面，發展出「行政力六度」作為依循，其內涵如下：

(一) 視野要有高度：面對內外在環境變動的挑戰，視野必須具備「未來性」。

(二) 策略要有廣度：任務需要跨組織協調整合，策略必須具備「公共性」。

(三) 計畫要有密度：行動方案必須務實完備，計畫必須具備「可行性」。

(四) 工作要有制度：人員、流程管理必須完善，工作必須具備「有效性」。

(五) 專業要有態度：員工在職與本職學能的專業與技術必須具備「可靠性」。

(六) 做事要有溫度：追求多項創新價值，全員做事必須具備「積極性」。

為塑造總務處的全面品質文化，特地將淡江大學品質屋架構內化到組織層面，分別制定出總務處使命、願景、價值及策略（如圖10-1）。總務處使命在於打造淡江大學成為永續校園，將永續發展概念與精神落實於校園環境；以「創造符合永續發展理念的教學、研究、學習、生活的支持性環境」為願景，明確賦予總務處建立現代化永續、生態、人本、健康與安全校園的任務，成為支持學術生產、維護環境生態，以及悠遊校園生活，最強而有力的推手。

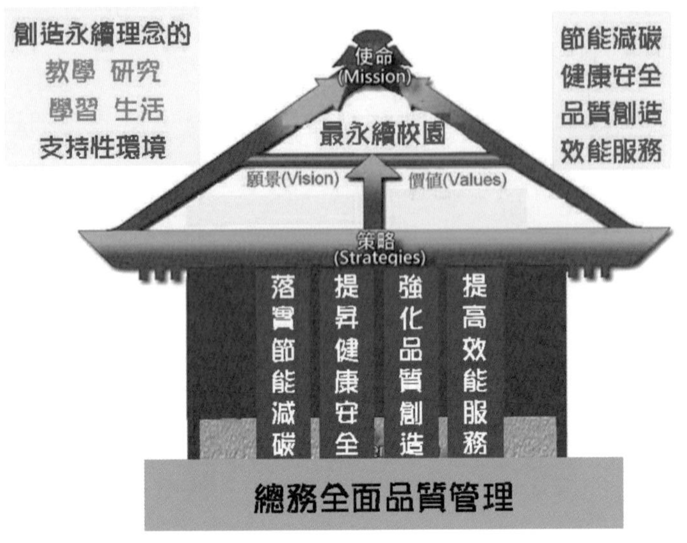

圖10-1　總務處品質屋

一直以來，校園與社區間緊密結合彼此相互共榮，加上近年來永續發展概念的導入與實踐，總務處也積極善盡社會責任，包括從傳統的污水及廢氣妥善處理排放、協助社區環境清潔、提供社區居民休憩空間等，到積極參與地區會議及活動、輔導中小學推動環境教育及安全學校，以及實施碳揭露等能資源管理資訊的主動公開，逐漸從以往「單向—給予」的關係，發展到「策略—夥伴」的互動。

二、策略管理

總務處的整體策略規劃，係配合學校每三年之校務發展計畫，藉由SWOT分析瞭解或重新檢視總務處之劣勢以進行補強、分析威脅以進行避險；並且依據總務處業務四大核心價值—節能減碳、健康安全、品質創造及效能服務，規劃出總務處品質策略、目標以及相關行動方案。總務處使命與各品質策略、目標及行動方案之關聯性（如圖10-2）。

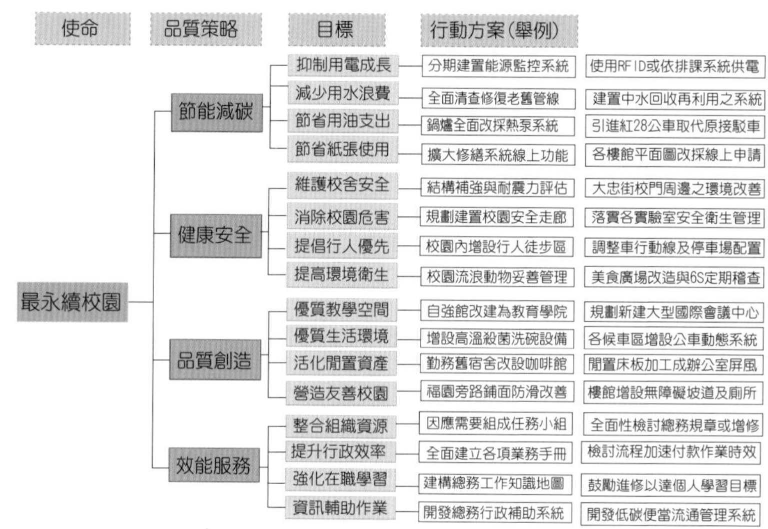

圖10-2　總務處品質策略地圖

總務全面品質管理的重點在於經營模式的調整，包括「強化前端管理」及「強化服務管理」兩大重點：

(一) 強化前端管理：係從傳統的「後端服務」改為「前端管理」，重新定位經營模式，一改以往被動提供各項修繕、清潔等庶務性業務的自我認知與外界印象，成為強調環境永續價值的建立與推廣的積極性角色。自各項業務的源頭開始檢討相關流程，透過大量的教育宣導、制定規章並且建立相關配套措施，以減少後端服務的業務。例如：推廣訂購校內餐廳提供的不鏽鋼餐盒以減少紙便當盒垃圾量，並且建置高溫殺菌洗碗機，以及各項宣傳與提醒機制等配套措施。

(二) 強化服務管理：配合學校組織再造，於2010年研擬總務處改組計畫，從「服務提供」改為「服務管理」，建立10年三階段轉型計畫，規劃逐漸將基層服務業務委外，加強行政人員策略規劃以及經營管理知能，第一階段已自2011年8月開始實施。例如：目前交通接駁車委託淡水客運公司以路線公車服務，可以節省校內司機人力與車輛、油料損耗。

為了扭轉以往「被動提供服務」成為「主動滿足需要」，其所仰賴的是PDCA的落實，每個計畫及行動全面建立查核機制，掌握問題迅速矯正，並且建立預防機制，避免相同問題再次發生。因此，總務處自2009年建立標準化「個人工作手冊」與查核機制，每位職員重點業務皆進行要因分析與PDCA檢討；2010年起建立各項作業的「業務手冊」以及「品質控制手冊」的查核機制，落實持續改進的全品管精神。

三、研發與創新

總務處任務多半屬於服務性質，校園流浪動物管理、能資源使用習慣、停車管理等，都是不易處理的老問題，研發與創新對於提升總務工作價值，亟屬必要。從發展過程來看，時間可回溯自2008年起，總務處開始採取直接面對、積極處理的策略，鼓勵同仁運用創新思維以突破；到了2010年4月起，進一步實施「獎勵提案制度」，鼓勵第一線同仁提出工作崗位面對的問題與解決構想；同時配合跨組織成立「工作圈」型式的工作社群，成為知識學習、腦力激盪的互動平台。研發與創新三階段策略、作法及效益如表10-1所示。

表10-1　總務處研發與創新策略

策略	挑戰大問題	鼓勵創新	業務任務轉換
目標	舊問題提出新解法	培育人才	提出實質革新行動
作法	1.組織再造計畫 2.降低校園碳排放量	1.鼓勵提出創意提案 2.推展服務行銷	1.成立任務型工作圈 2.確認問題與對策
查核	1.組織再造計畫審議 2.能資源用量報表 3.主管會報	1.提案制度獎勵要點 2.提案制度審查小組 3.成果發表會	轉為常設型工作圈或固定業務
效益	以創新思維突破不易解決之老問題	帶動學習與創新文化	培養具備策略目標設定與決策分析的能力

總務處對於持續研發創新不遺餘力，加上憑藉著外部知識、技術與職能的引入，不僅讓同仁個人獲得激勵而有所成長，也使得這項投入對組織的活力來說，產生莫大的無形效益。茲分別就創造解決問題的機制、委託專業團體研發，以及外部知識社群回饋等三方面（如表10-2）。

表10-2　總務處研發與創新的投入

	創造解決問題的機制	委託專業團體研發	外部知識社群回饋
作法	創意提案	委託綠基會研究淡水校園用電管理	2009至2011年分別邀請5位委員擔任總務品質獎評審
成果	2010至2012年受理並得獎逾100件	提出節電計畫，並調整電費以三段式計價	評審結果各年分別由出納組、安全組及總務組獲得首獎
成本	發出獎金超過新台幣1萬2,000元	費用新台幣9萬8,000元	審查費用合計新台幣2萬5,800元
效益	養成第一線同仁從面對問題，到解決問題之能力	在不列計其他節能改善作法下，每年即可節省電費約300萬元	提升同仁全品管知能與操作能力，總務處榮獲第6屆淡江品質獎

經過這幾年來持續對研發與創新的投入，總務工作在淡江大學跳脫了以往被動支援及服務的單位特性，搖身一變成為積極開創價值的行政單位，許多新的作法或措施在校內、校外都獲得正面評價，在此舉出三個案例說明之：

(一) 單位節能管理員：有鑒於能源節約使用為目前全世界追求永續發展最主要議題之一，為落實節能工作的擴大參與及促進學習，首創在校內各教學、行政單位建立節能管理員制度，全校共計有124名節能管理員並定期對其實施環保教育，作為推動環境保護的種子，旨在以管理面落實單位節能。此舉獲得國家環境教育獎評審單位高度肯定。

(二) 夜間護送：淡水校園位於山坡且是開放式校園，深夜大眾運輸停止服務後，無交通工具的女性教職員工生通常選擇徒步上山；為了保障夜歸婦女的安全，總務處特設置專線電話供女性教職員工生於每日23時至凌晨1時間撥打，專人專車自捷運站接送至校園內或鄰近社區宿舍（如圖10-3）。開辦迄今已服務3萬人次以上，被各界譽為「淡江灰姑娘的南瓜馬車」。

(三) 環保分級價：為進一步落實「不用一次性餐具」及推動校園垃圾減量，除推廣校內包送、包收、包洗的低碳便當之外，總務處首創與餐飲廠商合作推出「環保分級價」制度，藉由提供自備環保餐具使用者折扣的實質誘因，以價差培養更多人願意自備餐具的意願，顯著提升自備餐具用餐的比例（如圖10-4）。

圖10-3　夜間護送專車

圖10-4　環保分級價

四、顧客與市場發展

面臨顧客需求多元化的時代，總務處採行的策略有二：一是「掌握情資即時調整」，將有限資源做最有效的分配利用；其次是「洞悉市場或顧客的需要」，因應不同需求進行研發創新，以能提供客製化、高品質的服務，降低未來顧客抱怨的機會。總務處邀請專家講授「服務行銷」，並成立任務型「服務行銷小組」，診斷、評估、整合總務處顧客商情相關課題。提供「顧客導向」的服務，透過各類意見來源管道，加上主動全面訪查蒐集，瞭解服務對象的顧客屬性，以期能更貼近顧客需求。

就顧客關係管理而言，總務處的內部顧客包含全校教職員工生，外部顧客則有校友、家長、社區民眾、機關團體及其他校外人士等，顧客群多元且廣泛。以校園內部主要且最大宗的顧客—全校教職員工生來說，總務處與顧客的關係結構相對穩定，其內容品質的提升才是主要的課題。

總務處提供的業務多與顧客在校時間生活相關，顧客對於服務品質不良的感受是很直接的。舉例來說，為了讓全校師生吃得健康、吃得安心，總務處自2010年起推動一系列「低碳飲食」運動，包括使用不鏽鋼餐盒、日式餐盒、增購高溫殺菌洗碗設備等作法。可是一旦遇有大型活動用餐需求，龐大人數加上缺乏適合用餐場地、校外人士回收餐盒困難度高，以及實際用餐人數掌握不易等因素，迫使主辦單位空有增加美食廣場消費的意願，但受限於支援條件不理想而裹足不前。總務處於是一改過去服務提供者的角度，改採取顧客的立場重新思考，最終提出以「發放餐券代替餐盒」的作法，將原本一餐每人額度80元的金額，改製作內含50元1張、10元和5元各2張的餐券，提供給參加活動者在3天內自由選擇商家使用。如此一來，主辦單位成功化解中午集體便當供餐的困難；對參加者來說，餐點選擇權回歸到個人，用餐彈性和滿意度因此更加提升；而對總務處來說，則是成功塑造低碳飲食的氛圍，提升校內餐飲商家的客源，也可減少對環境的影響成本（清洗用水、外來垃圾等處理），創造「三贏」的局面。

又如淡水校園身障專用停車位有限，無法滿足所有人的停車需求，有身障學生家長也要求使用時，總務處規劃一般車位供其臨時停放使用，然而當這個使用成為長期、每天的需求而會影響其他人的權益時，則採取協調租用校外停車位。總務處對於顧客關係管理所採行的機制如表10-3說明。

表10-3　總務處顧客關係管理三層機制

策略	通用設計	個別協助	替代方案
目標	針對顧客提供全面性的服務，以及充分的溝通管道	瞭解顧客需求，並在有限資源內設法提供協助	尋找替代性資源以滿足顧客需求
作法	全面檢討作業流程，建立充分的「總務處-顧客」直接服務通路	列管各種管道之顧客意見反應，並於3日內完成回復	轉介其它資源或尋找更有效的方案
查核	同一事件是否接到大量客訴	客訴到服務提供的時間是否縮短	顧客問題是否已完全解決
效益	全面提升顧客滿意度	減少個別客訴的衝擊	節省學校資源

因此，總務處的顧客關係管理沿用無障礙環境通用設計的概念，環境的設計與服務必須適用所有人，其中有個別的顧客不滿意時，則採取1對1個別協助，以免影響整體顧客的權益，若總務處的協助仍無法滿足其需求，則與顧客協調共同尋找其他替代方案。

五、人力資源與知識管理

淡江大學發展歷史悠久，總務處同仁多為資深員工，每年缺額遞補的人員有限，專業技術人員流動率不高；另外基於總務處有過半的同仁為勞動性質的工友、警衛、駕駛員等人力資源特性，因此在人力資源規劃方面朝「外部資源內部化」發展。為減少年資偏高的職員容易衍生「黏職」的習性，自2008年起連續三年實施單位內、外調，目前單位的平均年資已經有效降低；2010年進行檢討後，提出6年輪調的內規，更進一步強化「新職務、新學習」的動力。

2009年，總務處成為第一個設立「課程小組」的行政單位，自行研發總務處行政人員專用之「能力指標」與「能力評量機制」，以瞭解人才知能內容與專業屬性。再搭配實施各項提升知能之作法，包括要求行政人員參加人力資源處職能培訓相關課程外，另自辦「當代服務行銷策略」、「口頭簡報技巧」、「企畫編製」等課程，以滿足總務工作需要。

此外，每位總務處行政人員於新學年開始時自行檢討並設定能力指標評量，以及本年能力指標成長期望值，並由各組單位主管與職員共同討論後訂出「學習目標」，其包括「標竿值、關鍵表現、具體行動」等內容，以期透過學習目標的設定進行學習品質的具體考核。

總務處的警衛、駕駛與工友係依據勞基法的勞資關係任用，所以，事務整備組建立了「工友福利」相關機制，而由處本部建立全處職工的福利作業管理機制，包括舉辦體適能檢查及健康促進活動（如圖10-5）、不定期慶生會以及年終聚餐等活動。2009年首創鼓勵與獎勵機制，設立總務處「卓越表現榮譽榜」以及「創意提案獎勵金」等機制（如圖10-6），至2012年底為止，卓越表現超過30人次獲獎，創意提案獎勵金亦發出1萬2,000元以上，有效鼓舞總務工作士氣。

圖10-5　工友專屬皮拉提斯課程

圖10-6　校長頒發卓越表現獎

面對變化快速的大環境，為了捕捉行動中的知識，創造知識加值的綜效，總務處定義「知識地圖」、「知識庫」、「知識社群」為知識管理的三大重要工具。首先藉由全面知識盤點以繪製總務處「知識地圖」，找出原有外顯與內隱的知識，連結同仁具備的知識與組織所需的知識；在各項作業改善過程也持續修訂各級總務規章，作為總務處同仁執行業務的準則。2011年新增或修訂各級規章計79件，佔總數116件的68%，幾已完整涵括總務處各項業務。

再者，利用學校資訊系統建立「總務處知識庫」，將知識地圖以及相關業務知識編碼放入可分享使用的資訊平台。最後發展內、外部知識社群，依據各品質管理的課題，以「工作圈」與「讀書會」等機制建立學習組織，例如「品管小組」成員皆為非主管之職員，透過品管業務的執行「做中學」，成為總務處品管工作的重要內部知識社群。外部知識社群則來自總務處各項業務的諮詢專家以及課程講師，進一步整合並擴大知識社群的效益。

六、資訊策略、應用與管理

資訊化為淡江大學三化教育之一，行政業務同樣力求透過資訊化來實踐，總務處建立「資訊化小組」的機制，整合各項資訊策略，重點檢討並評估總務處各組業務所須發展資訊化的輔助系統。整體規劃策略可分為「輸入（input）」端及「輸出（output）」端，前者主要利用各項傳播媒介、溝通管道蒐集各種內外部的重要資料，將各項資料經過深入分析後，轉化成為資訊或知識，提供業務或服務之基礎；後者主要在資訊的維持、應用、分享及更新。

透過網路的運用，各項總務工作能更有效率的實施與管理，包括建立知識管理內部網路，例如建置行政輔助系統及知識平台；或是協助各組業務需求，例如修繕系統、平面圖（檔）申領系統等，不僅提升總務工作資訊化的品質，同時也達成少紙化的節能減碳目標。近年來隨著智慧型行動裝置的普及，總務工作結合智慧化生活亦逐步落實中，目前校園內植物解說牌已加入QR Code，利用掃描後可連結至植物介紹網頁的功能，免除自置資料庫之成本，亦可滿足現代人即點即查之「E指通」生活習性。

由此可見，總務處各類資訊應用是採取迅速、便捷、公開、完整與安全為原則，即時傳達各項業務資訊給顧客，並且建立總務處CIS，形塑總務處之服務形象。以下列舉四項資訊應用策略及相關作法：

(一) 節能監控系統：建置淡水校園節能監控系統，以數位化電表擷取、紀錄並分析用電情形，避免用電異常或發生超過契約容量。2012年起教育館全面透過RFID插卡取電，工學大樓也裝設智慧化供電系統，搭配課表啟動或關閉照明與空調，有效落實節能減碳。

(二) 低碳便當流通系統：為促進更多人訂購低碳便當，減少使用一次性餐盒，藉由總務處創意提案提出，並自行開發本系統完成。概念類似圖書館借、還書模式，透過RFID讀卡機感應學生（職員）證，即可借、還低碳餐盒，增進餐盒流通。

(三) 財務管理系統：運用財務管理系統於出納作業流程，作業程序E化可減少傳票、帳簿作業，減少人力抄寫並增加查詢功能。迅速統計歷年收支筆數、金額及取得各種所需參考資料，以瞭解各年收支趨勢，編製現金預估表精準預估年度現金量。

(四) 電子媒體傳播：透過製作文宣品及動態影像，利用實體及遠距分別於賽博頻道播放，對內建立單位共識，對外實施教育宣導，以利全校教職員工生瞭解政策、措施，提升總務工作接受度與成功率。

七、流程（過程）管理

總務處的產品流程即為各項服務流程，為增進服務滿意度，其管理重點在於提升效率與效能，建立正向循環。總務處於2011年建立「品質控制手冊」，針對「流程圖、作業程序、控制重點」全面盤點，歸納出全處各組作業的主要流程共計302項。全處每位職員根據此個人承辦業務，以主要流程為單位建立「業務手冊」；組長則透過各組的「品質控制手冊」，查核各組各項主要流程的「控制重點」是否達成。

為進一步提升各項服務流程管理的效率與效能，所有作業流程皆依據「前端管理」及「後端查核」兩大精神重新檢討修正。過去執行業務通常是提出計畫，經過陳核後，就據以執行直到完成，缺乏PDCA持續改善的精神；而今導入前端管理以預防替代應變，避免投入成本不斷增加，再加上後端查核的機制，確保服務品質，減少顧客抱怨或風險危害（如圖10-7）。

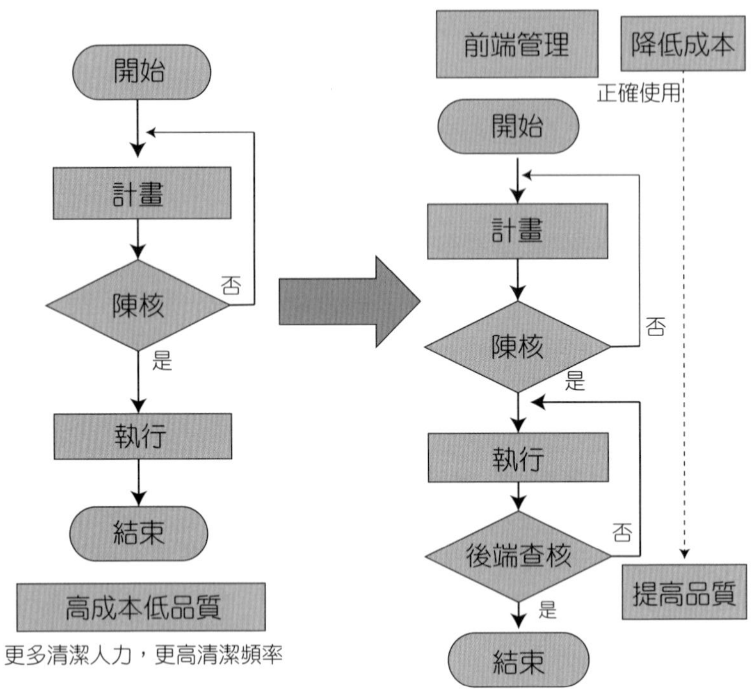

圖10-7　總務處服務流程改善示意圖

流程改善同時導入風險控制概念，將各項作業分成「低中高」三個風險等級。針對高風險的業務優先加強其管理強度，結合「要因分析」、「品質目標」的具體陳述。各組除了平常的工作檢討之外，各項業務手冊每年全面查核一次，透過風險辨識與管理，強化前端流程的預防作業，避免事後危機處理之有形、無形成本。

由於總務處許多業務與合作或委辦廠商往來密切，特別是營建、修繕、清潔、福利委辦等，廠商所提供之物料、服務品質的良莠，也間接影響總務處品質管理的成敗。因此，除了透過合約書明訂雙方權利義務外，總務處在供應流程期間建立各項跨組織關係溝通查核機制，以確保整體服務的效率及效能（如表10-4）。

表10-4　總務處跨組織關係管理案例

	主要需求	查核方式	績效指標
土木電機空調工程與維修	提供符合學校需求品質與價格的設施設備，並確保施工過程安全無虞	採購標單、合約書、工地個案責任制、告發單	違約與違規數量降低；於工期內完成進度
垃圾清運與清潔外包	按時完成一般性垃圾清運離校工作；廁所及公共區清潔滿意度提高	室內責任區抽查、公共區巡查、垃圾車過磅紀錄報表	環境清潔滿意度提高
福利業務委辦廠商	提供良好餐飲品質與環境	6S環境管理、膳食委員會督導、每月不定期抽檢	違規數量降低
電料與清潔用品供應商	提供符合學校需求規格清單、目錄，並於總務處網頁公告	依修繕採購財物估價審議作業規則及總務處採購作業要點	不良率減少；減少維修次數

八、經營績效

綜合以上各構面所述，在此列舉出幾項經營績效以為佐證，分別為顧客滿意度、市場發展績效、財務績效、人力資源發展績效、資訊管理績效、流程管理績效、創新及核心競爭力績效、社會評價（品質榮譽）等。

(一) 顧客滿意度：

總務處重視各項業務之顧客滿意度，除透過定期校務自我評鑑、委託本校統計調查中心實施滿意度調查外，亦不定期舉辦革新業務的實施情形，作為業務精進之參考依據；部分業務服務滿意度情形如表10-5所示。

表10-5　顧客滿意度增減情形

業務項目	業務單位	2009年	2010年	2011年	與前一年相較增減數
校園綠美化	事務組	4.98	4.89	4.89	--
修繕服務	節能組	4.72	4.98	5.11	+0.13
夜間護送	安全組	5.05	5.07	5.11	+0.04
財產管理	資產組	5.13	5.36	5.76	+0.40

(二) 市場發展績效：

1. 節約用電成果：如圖10-8所示，淡水校園自2008年起用電量逐年降低，惟2011年因自強館改建為教育館工程影響而略微上升；但2012年在教育館啟用，加上熱泵系統取代柴油鍋爐影響之下，用電度數則持續降低至往年水準，顯示總務處透過「設備改善」及「單位管理」兩方面同步落實節電策略，已見初步成效。

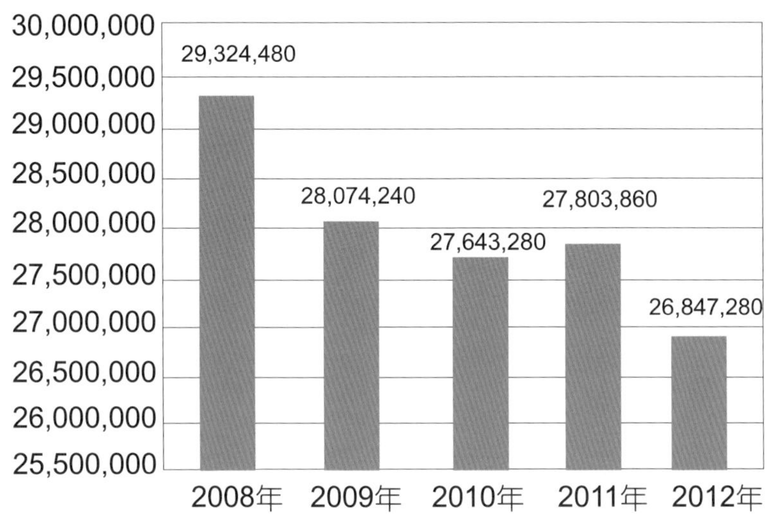

圖10-8　淡水校園近5年用電度數統計

2. 營造少車校園：為鼓勵使用大眾運輸，校園內增設公車站並協調淡水客運駛入，每日提供240班次與尖峰時段6分鐘班距之發車頻度，提升服務品質與效率，兼顧節能減碳與交通安全。由圖10-9可見搭乘人次自2011年單月平均39,043人次，至2012年大幅成長79%，高達平均69,962人次。

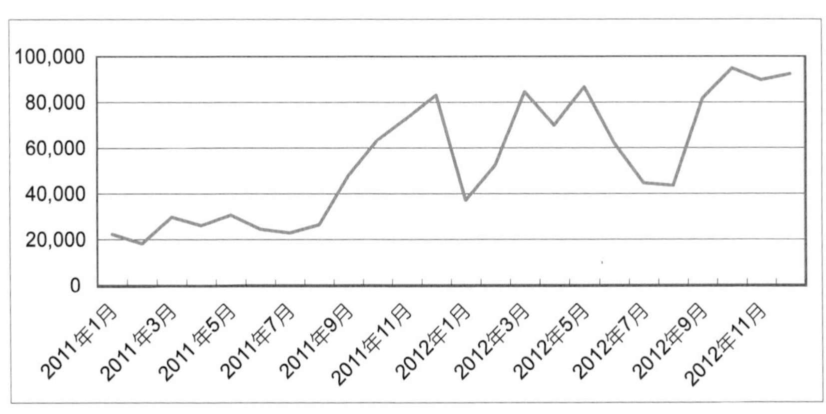

圖10-9　紅28公車單月載客人次統計

(三) 財務績效

1. 降低用電超約附加費：淡水校園節能監控系統共建置131組數位電表蒐集各大樓用電資料，其中包括建立需量控制系統以降低尖峰時段空調用電，避免超過契約容量上限。由圖10-10可見2008年仍須負擔近百萬元的超約附加費，至2012年成功降為0元，為學校減輕不必要之財務負擔。

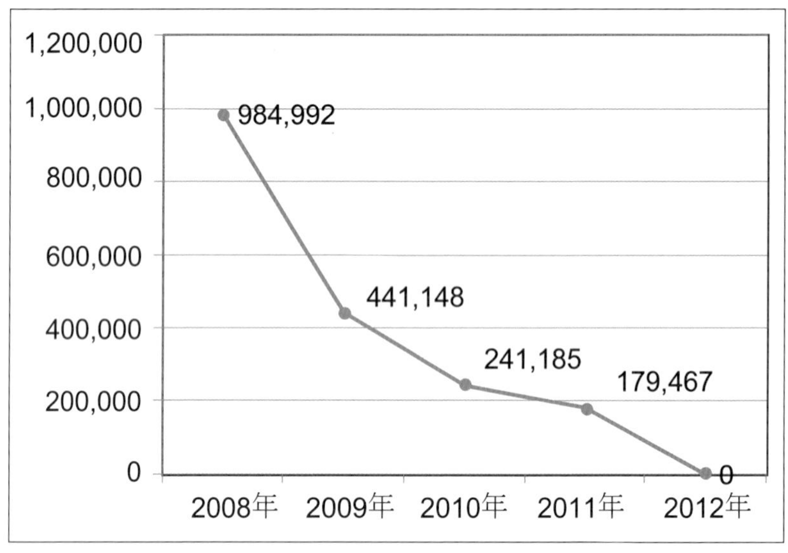

圖10-10　淡水校園用電超約附加費趨勢

2. 會文館自費住宿：2009年3月起創新淡水校園會文館經營方式，除原有公費住宿外，增加自費住宿，開放提供教職員工生及其親友訂房。至2012年底為止累計收入264萬9,288元。

(四) 人力資源發展績效

1. 課程小組開課：2010年起依據同仁「能力指標」調查結果，陸續開辦口頭簡報技巧、海報文宣製作、情緒與壓力管理、用心溝通的技巧、團體合作的關係、專案管理實務、整合性服務行銷、企劃工作實務等8門課程，平均每門課約有50人參加。
2. 促進職工健康：2011年辦理同仁體適能檢測，檢測結果大致居於「普通」至「稍差」等級；故擬訂總務處同仁「健走計畫」，自2011年10月起每週舉辦2次健走活動，2個月的活動期間平均每次參加人數53人，出席率達88.33%，總步數約79萬6,200步。

(五) 資訊管理績效

1. 自行開發系統：自2010年起陸續完成學位服借用管理系統改版，以及通行識別證申辦作業系統改版；新增行政輔助系統、空間資訊查詢平台、平面圖線上申請系統、閒置財產公告系統、低碳便當流通系統，以及台北校園數位看板管理系統，合計8件均係自行開發系統，享受「以網路替代馬路」的成果。
2. 系統代替人力：善用財務管理系統於出納作業流程，作業程序E化減少傳票、帳簿作業，取代人力抄寫並增加查詢功能。由圖10-11可見出納組傳票處理量由2008年的每人平均994件，至2012年大幅增加至每人平均1,750件，傳票處理量增加約76.06%。

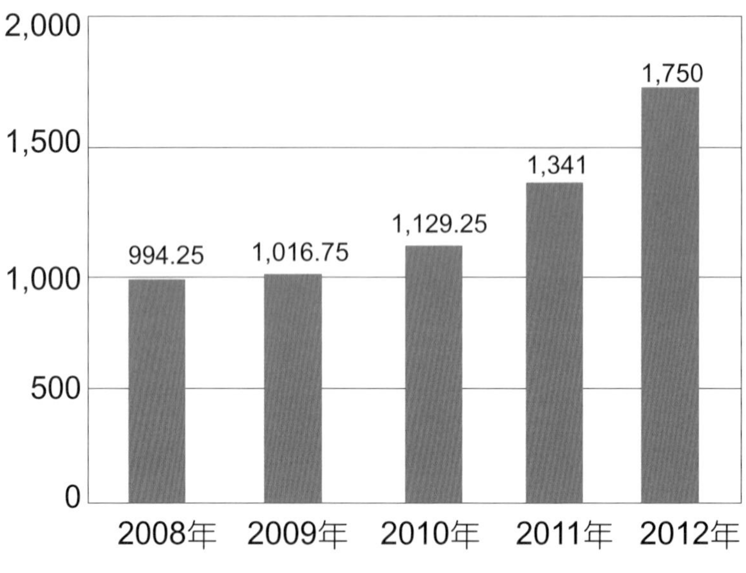

圖10-11　出納組每人平均處理傳票件數

(六) 流程管理績效

1. 前端預防管理：所有業務全面進行風險辨識與判別，以風險等級分成「低中高」三級（以綠黃紅標示），每年查核一次，2010年12月、2011年10月及2012年10月已由總務處品質管理小組成員，相互交叉查核全處業務手冊3次，並且核對該業務「程序」與「控制重點」是否落實。
2. 善用外部資源：廠商貨款由人工開票改採用系統開票，利用與本校合作銀行之出納作業系統，近三年每年可處理平均3,000件票務，開票工作日可由4至5個工作日，縮減為2至3個工作日，不僅縮短工時，也提高工作效率。

(七) 創新及核心競爭力績效

1. 創新與標竿學習：向教育部綠色大學示範學校學習，由環安中心與節能組人員實地瞭解該校電力監控及節能管理系統、節能措施之推廣、教室照明及空調卸載等用電管控運作情形，回饋規劃運用於淡水校園教育館新校舍之節能控制手法。
2. 領導國際安全學校發展：2009至2011年連續三年與臺灣國際安全學校認證中心主辦「臺灣國際安全學校論壇」，並與淡水區公所、學校協力推動「淡水安全社區與學校」結盟與行動。累計成功輔導5所大專院校、2所高中、1所國中以及3所國小通過國際安全學校認證。

(八) 社會評價（品質榮譽）

秉持著總務處的使命與價值，特別是在「節能減碳」與「健康安全」議題上，除了持續內化品質管理外，同時積極向外爭取相關評鑑或競賽的肯定，透過外部力量發現單位自身之盲點；近年來陸續受到社會各界認同，如表10-6所示。

表10-6　近年來總務處獲得品質榮譽一覽

項目	評價內容
WHO認證世界第一所國際安全大學	推動本校2008年通過世界衛生組織（WHO）國際安全學校（International Safe School, ISS）認證，成為全世界第一所國際安全學校認證的大學。2012年經由世衛組織安全社區主席Leif Svanström在內等委員實地訪視，再度通過認證，也是首間獲得國際再認證之安全大學。
榮獲第20至22屆中華民國企業環保獎	推動本校參加一般服務業組競賽，透過「持續改善」與「全員參與」兩大精神落實環保工作，2011至2013連續三年獲得評審委員高度肯定，成為第一所通過國內企業環保最高獎項並獲終身榮譽環保企業獎座之大專院校。
榮獲第1屆國家環境教育獎優等	推動本校角逐國內環境教育最高榮譽獎項，在全國各級學校中成功進入決選階段，最後獲優等殊榮，亦為全國唯一一所綜合大學獲獎。
節約用水績效獲經濟部水利署肯定	節能與空間組同仁王俊明以自身推動之節水方案，代表本校參加經濟部水利署2010年「表揚節約用水績優單位及個人活動」，經委員評審後獲選為績優，接受公開表揚。
通過校園安全衛生自主管理績優認證	2012年於全國40所接受輔導之大專院校勝出，通過教育部與勞委會合辦「校園安全衛生管理系統」認證；代表本校從「政策目標」、「危害辨識」到「風險評估」等，皆能達到提升安全衛生自主管理之能力。

九、結語

本校以「培育心靈卓越的人才」為使命，為國家造就知識研發創新之專業才能、德智兼修、樸實剛毅的中堅份子。總務處的使命在於打造永續校園，因而提出以「十年樹木、百年樹人的綠色大學」作為終極目標；配合校務三年發展計畫為基期進行規劃、執行，並檢討各階段目標，逐步做好各階段的總務工作，培養每一位淡江人都擁有永續發展的概念，從校園走出社會、從校園走入家庭。

生活即教育，展望未來仍繼續從校園食衣住行育樂各方面做起，以全面品質管理為經、永續發展理念為緯，逐步落實達成以下目標：

(一) 普及與深化環境教育，實踐永續發展理念。

(二) 持續性推動環保措施，創造綠色永續校園。

(三) 節約各類能資源使用，確保實驗場所安全。

(四) 充實校園優質化建設，改善校園環境品質。

邁向綠色大學是一條漫長而無止境的道路，就有如每次PDCA循環一般，持續朝向精益求精的方向前進。「登高必自卑、行遠必自邇」，總務處雖獲淡江品質獎肯定，但不以為滿，更重要的是藉由持續參與外部評鑑或競賽，發現問題並對症處理。

美食廣場　『食』在安心

學校的用心—衛生餐飲環境　健康五星級

本校自2008年開始停用紙杯並積極宣導「外食不外帶」，次年提出「低碳飲食」的行動，要求師生「外食不外『袋』」，減少一次性餐具的產生。會議訂餐則鼓勵訂購「低碳便當盒」、「低碳日式餐盒」，由廠商送餐、回收、清洗與廚餘處理，達到環保之效。

最近，美食廣場重新整修、改善用餐動線，加裝冷氣自動控制系統、節能風扇和低碳主題藝術，讓全校師生感受「健康五星級，荷包『有省錢（台語）』」。此外，學校每學期進行4次6S環境管理稽查及不定時膳食督導，提供全校師生一個安全衛生且舒適的用餐環境。

為了讓師生擁有「『食』在安心」的餐飲衛生水準，特別在餐廳設置餐具桑拿室，配備高溫殺菌洗碗機，注重餐具管理。2013年起推動餐飲「環保分級價」，師生內用或自備環保餐具，皆享折價優惠。

以上諸多的服務，透過總務處資產組分階段執行，期望經由全體教職員生、委外餐飲廠商及總務處共同努力，營造本校「低碳飲食」文化氛圍。

老闆的用心—大補湯　暖胃也暖心

「同學，對不起！你等一下哦！」，每天中午未到，美食廣場裡的宜廷小吃攤位就排起長長人龍，始終維持著超高人氣。

這裡熱賣的商品是麻油雞套餐、香菇雞、四物雞套餐，大碗公盛著一隻雞腿和滿滿的補湯，搭配麻油麵線或雞絲飯，再加一碟燙地瓜菜。套餐的設計來自徐老闆的貼心，她說剛開業的時候，常看到有些學生很省，只叫了一碗雞絲飯吃，她很不忍心，所以特別設計一份有飯、有菜又有湯的套餐，讓學生能夠吃得飽，營養又均衡。

最受女生歡迎的「蔬菜大補湯」，選用地瓜、南瓜、杏鮑菇、金針菇、高麗菜填滿大碗公，加上老闆心調製的補湯，美容養顏不在話下。徐老闆說：「地瓜抗氧化，南瓜排毒，菇類含多醣體，都是對人體很好的食材。」，湯頭還會隨時令變化，冬天用十全大補湯來滋補；夏天選用比較清淡的粉光蔘來消暑氣。

就是這樣一份體貼的心意，讓大家甘心排隊領餐，畢業多年的校友回到校園，也會記得到美食廣場找徐阿姨。對淡江的學生來說，這碗大補湯真是吃在嘴裡，暖到心坎裡。

（總務處資產組．林永吉）

第十一章　商管學院：穩定、融合、嶄新

本校因應社會環境之變遷培育商學及管理人才，於1957年設立商業科，1958年設立商學系，54學年度奉教育部另籌設商學部。1980年改制大學，另成立管理學院，部分商學院學系劃歸管理學院。2012年，商學院與管理學院合併成商管學院，以培育具國際觀之現代商業及管理人才為目標，學院內計有：國際企業學系、財務金融學系、保險學系、產業經濟學系、經濟學系、企業管理學系、會計學系、統計學系、資訊管理學系、運輸管理學系、公共行政學系、管理科學學系等12個學系，各系均設有碩士班，另設有財務金融學系博士班、產業經濟學系博士班與管理科學學系博士班，以及9個碩士在職專班，並開設有多項的「跨院系所學分學程」，為國內規模最大之商管學院。

一、領導與經營理念

商管學院領導與治理係基於全品管、教授自治、協同管理、系所再造的主軸理念，並透過同僚模式（教務運作）、官僚模式（組織運作）、政治模式（資源共享）、企業模式（市場導向）等四個治理模式貫穿教職員生等功能之運作（如圖11-1）。且在全人教育理念的導引，價值體系係構建在由內而外的價值層次上，依序分為核心智能、專業倫理、全人教育、學術自由等四項（如圖11-2）。最後，以各系自主與專業之理念，發揮本身專業、優勢與特色，達成專業分工與資源整合之「協同創新」經營模式。

淡江大學已實施全面品質管理多年，本院亦配合貫徹實施，為了傳達本院「永續經營」、「持續改善」與「協同合作」的精神，由院長綜合學校主體發展與治理思維，以及本院整體發展，融合各系專業管理之發展內涵，並體察國家、社會、產業界之發展脈動而構建本院的品質屋（如圖11-3）。主要願景為培養具專業能力、全球視野、人文素養及國際競爭力的管理人才，使商管學院成為卓越管理人才的搖籃，及成為亞太地區教學與研究並重之商管學院。

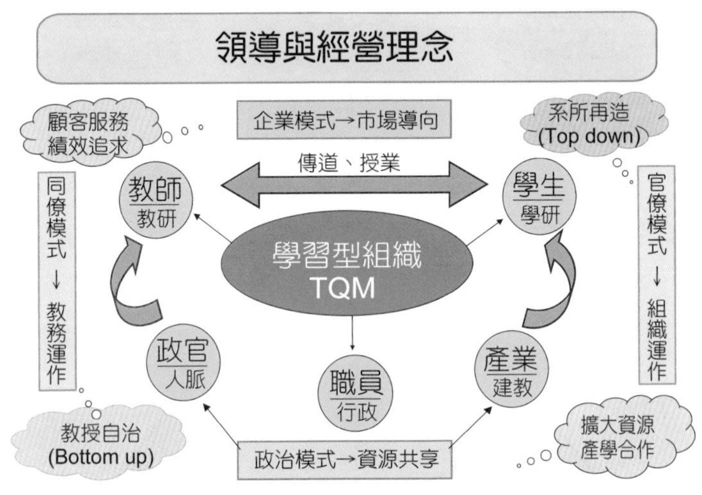

圖11-1　商管學院之經營理念架構

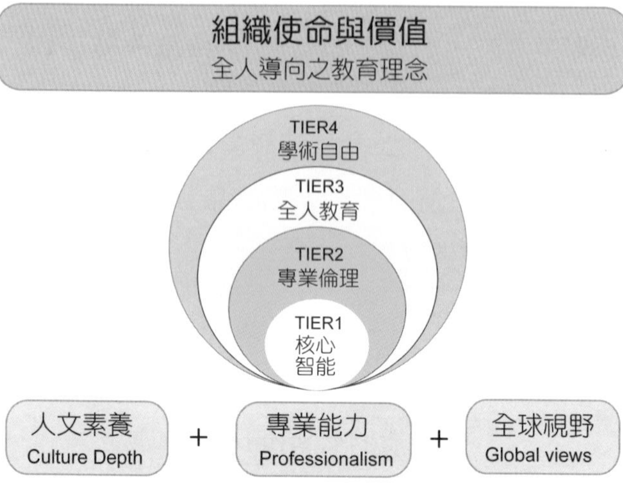

圖11-2　商管學院之使命與價值

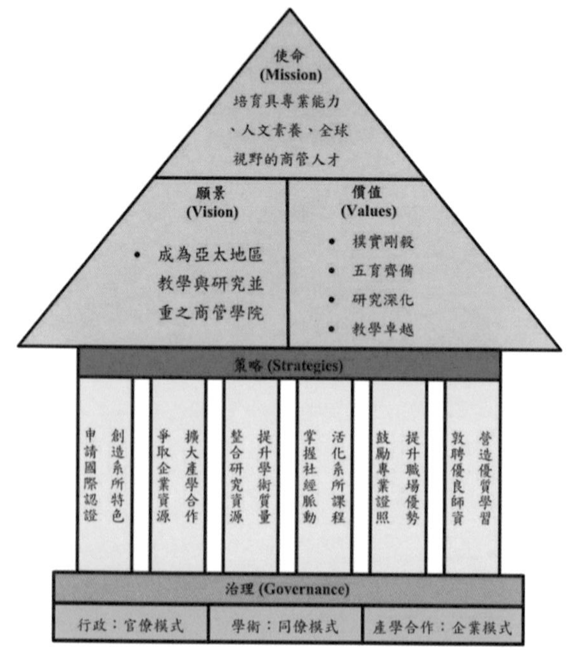

圖11-3　商管學院品質屋

商管學院領導是以行政領導層級分明的行政職階運作，院級領導以院長為首，系級領導以系主任為首，下級服膺上級指示，且均循既有典章制度、法規與辦法，由校級領導（含董事會）之指示下達院、系層級。商管學院成員主體即為各級教師，上自校級、院級，下至系級之各項事務與相關委員會均由教師以委員身分直接參與，均有自由表達其言論與主張之機會，進而參與必要之票決。

在社會責任方面，商管學院教師投入產業界、政府部門及社會各類活動，善盡社會責任，以發揮積極的組織公民行為。本院教師積極參與校外教學、演講、產學合作、論文評審及社會服務等活動，此外，尚包括媒體講解評析時事、擔任政府/民間機構顧問/委員（98-100學年度約有494人次）、成人推廣教育學分班授課及各項社會服務活動課程（本院各系皆有開設專業知能服務學習課程）。

二、策略管理

在組織策略擬定與管理上，除了審酌本校六大經營策略外，並著重各系資源之有效整合、規劃與運用，及建立系所間溝通與改善的多元管道，以強化系所水平與垂直整合之優勢，達成全面品質管理及資源共享的核心目標。商管學院的整體策略與學校策略之對應關係如圖11-4所示。在策略執行與改進方面，商管學院除承校之相關要求外，並於學年度均進行院務發展計畫及TQM績效之自我評估，並由各系所提報檢討、改進建議，再由院長於系主任座談會時進行討論有關策略之調整、方針及行動方案的改善，商管學院的策略執行與改進流程如圖11-5所示。

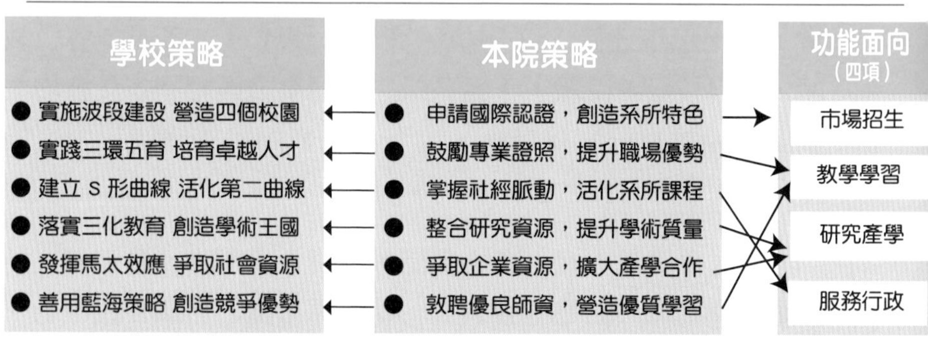

圖11-4　商管學院整體策略與學校總體發展策略之對應關係

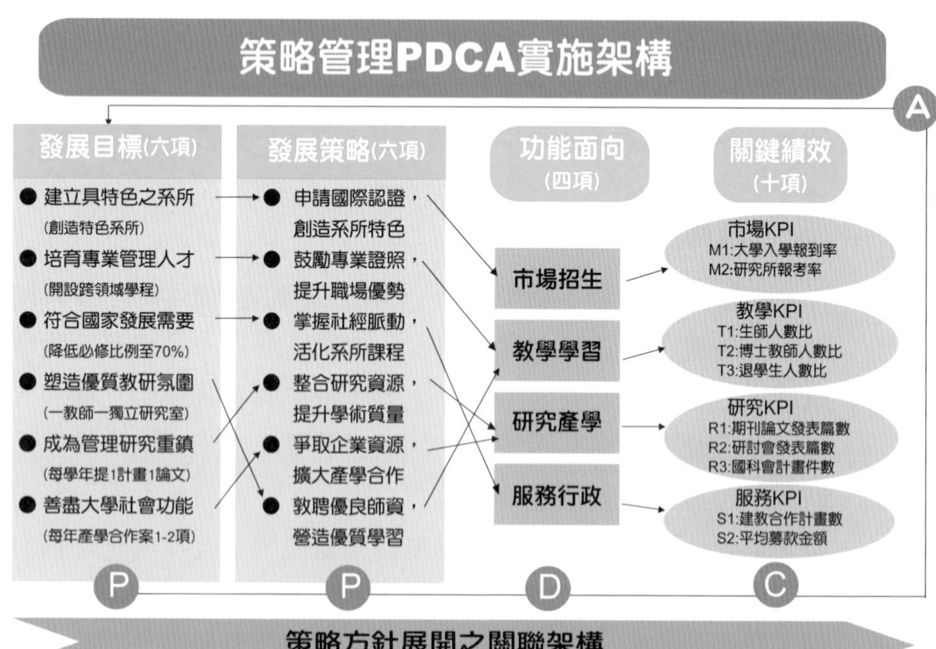

圖11-5　商管學院策略執行與改進流程

三、研發與創新

商管學院在研發及創新方面擬定三方針：研發類提升—「厚實學術研究質量」；學程類創新—「創新跨領域之學程」；國際化開創—「開創國際化競爭力」。

在「厚實學術研究質量」的具體投入為改善研究環境、建立跨校系所研究團隊、設置院及系學術論文發表鼓勵辦法，加強產學合作計畫等，例如：財金系與期貨交易所、會計系與資誠、安侯建業及安永會計師事務所、運管系與交通部高公局簽訂產學合作案等等；在「創新跨領域之學程」的具體投入為持續申請教育部學程補助計畫、增設跨院、系學分學程，成立全球華商經營管理數位學習碩士在職專班等；在「開創國際化競爭力」具體投入為積極推動與國外大學交換教師、各學制之雙聯學位及交換生、申請AACSB國際認證、參與國際學術活動、編輯國際性學術期刊及國內期刊等。

在研發與創新的成果上，商管學院國科會專案申請核准通過案件數目及總金額，已有明顯的提升。從98至100學年度統計資料可知，通過件數已由70件攀升至88件，且獲學校頒發教師研究獎勵的篇數，亦由98篇提升至103篇。在跨領域學程創新成果上，商管學院已申請開設「晶片系統商管學程」（資管）、「資通安全管理學程」（資管）、「RFID物流與供應鏈學程」（運管）等學程，並已獲教育部的經費補助。從98學年度起至今，已完成27個跨院、系所的學分學程（含教育部補助），且成果豐碩。在國際化開創成果上，商管學院已與澳洲昆士蘭大學、昆士蘭科技大學、密西根大學Flint分校簽訂交流協定與雙聯學位，且每年均舉辦及參與大型國際學術研討會。再者，商管學院的國際性學術期刊International Journal of Information and Management Sciences（IJIMS），已獲EI Compendex及TSSCI收錄，目前正朝向SCI Expanded收錄而努力。

四、顧客與市場發展

鑑於社會對畢業生「軟/硬能力兼重」及「多元化智能」的需求，商管學院本著「藍海創新」策略擬訂相對應的產品（服務）與市場策略，並且滿足內外部顧客及相關利害關係人的需求。在產品（服務）方面，配合社會的需求與教育部政策設立學程、積極將服務由「內部顧客」延伸至「外部顧客」，走進社區，及逐年降低必/選修學分比，賦予學生彈性的選擇空間。在市場策略方面，針對不同的外部顧客擬定不同的市場策略：如向外宣傳本校的特色；實施多元化的招生管道；爭取境外生來校就讀；到高中職學校宣傳及提供服務；協助社區相關的專業服務等。

面對國內高等教育學校快速擴充及出生率逐年下降，以及高等教育的激烈競爭，商管學院在顧客及商情管理方面，系所必須有系統的蒐集專業發展趨勢，瞭解產業界顧客需求與滿意度等資訊，加以分析及運用，方能追求品質精進，作法為各系藉由與校友參與來擴大與產業面的接觸，加強產學合作，課程設計增加校外專家之參與，並以產業需求觀點，提供即時之課程調整建議，並規劃產業未來急需之套裝學程專業，強化學生之競爭力（如表11-1）。

表11-1　商管學院顧客與商情策略之關係

<table>
<tr><th colspan="2">顧客</th><th rowspan="2">商情來源</th><th rowspan="2">管理（規則/執行/檢討）</th></tr>
<tr><th>顧客</th><th>組成</th></tr>
<tr><td>內部</td><td>學生、
教師、
職員</td><td>·相關會議
（如導師會議）
·正式/非正式活動
（如導生約談）
·學校/系所刊物
（如淡江時報）
·網路資訊
（如BBS、臉書）
·院務/系務會議</td><td rowspan="2">·院/系課程委員會議
·院/系招生委員會議
·院/系品管圈會議
·系友大會或理監事會議</td></tr>
<tr><td>外部</td><td>雇主、
家長、
高中生、
畢業校友、
社區、
政府、
相關團體</td><td>·報章/雜誌刊物
（天下雜誌）
·投書/檢舉
·校/系友會
·社區活動
·政府政策、規定</td></tr>
</table>

商管學院在顧客關係管理作法，除了專業教師肩負服務社會責任，積極參與專業與社會團體服務外，各系亦延攬產業界資深人員兼任授課，使課程內容直接導入需求端產業資訊，進而引導學生學習。在產學合作上，各系所亦提供學生實務訓練，以維繫與創造顧客關係（如表11-2）。

表11-2　商管學院顧客關係管理的作法與機制

顧客	作法與機制
在校學生	·導師約談（每位導師一學期輔導次數至少10次以上） ·社團指導　·非正式活動 ·課業輔導
本院教職員	·院/系相關會議　·非正式餐敘 ·共同研究
本校其他單位教職員	·支援其他單位行政工作　·職員之輪調 ·參與學校所舉辦的正式與非正式活動（如福委會活動、社團活動）
高中生	·舉辦暑期營隊　·至他校演講或招生說明會 ·免費租車邀請至校參訪
社區	·提供專業服務　·開設學分班課程
政府相關單位	·參與研究案　·參與服務（如擔任委員） ·邀請至校講座
產業界	·產學合作　·邀請至校講座或開課 ·赴產業界參訪

五、人力資源與知識管理

商管學院的人力資源主要分為教師、職員。在教師方面，計有245名以上專任教師及169名以上兼任教師，其中專任教師92%以上擁有博士學位，職員有33位。在人力資源規劃過程上，每年均會討論教師、職員之供需分析，各系所職員若有出缺，將藉由輪調或向外招募約聘人員予以補足。對於教師的進用則依資格審查、面試或試教等嚴格篩選程序，各系平均錄取率為4.45%，同時為提升教學、研究品質，並配合教育部逐年降低生師比之要求，商管學院擬訂專業教師進用計畫，在100學年度已達教育部規定40%以下，未來各系將順應產業變化與需求，持續增聘優秀專業人才，以完備系所教師資源（如表11-3）。

表11-3　商管學院用人政策、目標與與聘用準則

對象	政策	目標	聘用準則
教師	·用人唯才 ·術德兼修	·教學為主 ·研究為重	·專長符合需求　·具實務經驗 ·能英語教學　·研究能力佳（4I期刊） ·研究潛能大
職員	·敬業樂群 ·主動負責	·多元技能 ·反應靈敏	·電腦應用能力　·人格特質 ·輪調考量

在教師方面，鼓勵參與校內、外各種專業領域活動，以精進專業知能及跨校交流，並配合淡江大學各種教師工作坊及相關之研習活動，積極學習教學新法，亦積極激勵未具博士學位的教師加速取得學位，及鼓勵教師赴國外短期研究、講習或進修成長。在職員方面，則以訓練提升工作品質所需之資訊訓練、領導能力及英文能力為主。在專業服務方面，商管學院教師除具備各種多元化的專長外，對於校內外之服務應是淡江大學各院中最為積極與頻繁的學院，總計共有15位教師兼任校內其他單位的行政主管，而校外服務則包括借調擔任政府官員、政府單位之相關委員、論文口試委員、評鑑中心委員及獨立董監事等。

在員工關係管理方面，本院鼓勵同仁除了一些正式的會議與活動外，應積極參與本校各項福利及聯誼活動，以增進同仁向心力並培養良好的人際關係。一些具體的作法如下：1.運用同儕溝通模式：院長不定期舉行系主任座談會討論各項院務之推動並協助系務推展；院長並適時列席各系系務會議聽取各系教師意見與各系教師保持密切溝通。院長及系主任均採行開門政策（open-door policy），隨時與師生會面討論問題。2.提振士氣：本院訂有專任教師學術論文發表鼓勵及督導規則，各系亦訂有研究成果獎勵辦法，藉由這些辦法，亦可促進教師間的共

同研究與合作，以強化教師間的關係，並以實質獎金鼓勵教師同仁發表論文，同時，本校亦鼓勵行政人員參與相關職能培訓課程，如英語能力、溝通能力與企劃撰寫能力等多項課程。3.舉辦聯誼活動及餐聚：本院每年至少辦理1~2次全院行政人員的餐聚，而且各系亦均有系內的聯誼、慶生等活動。4.關懷學生，加強向心力：除了教師教學輔導、社團指導之外，商管學院亦配合本校軍訓室教官對校外住宿學生不定期訪視，各系主任均須檢閱訪視報告，瞭解學生問題，並給予必要協助。

在知識管理方面，商管學院透過院/系各層級之研討會、座談、出版等方式，加強知識創造、分享及擴散，具體措施：1.教學研究會：本院設置的教學研究計有經濟學、管理學、會計學、統計學、微積分、資料處理、公民社會及參與等，藉教學研究會的運作，分享教學經驗，研議課程結構，加強教師教學方法、教學成效的改進以及學生學習問題的檢討改進。2.建立業務工作手冊：編訂本院行政同仁業務工作手冊，設定個人標準作業程序（SOP），以提升行政品質，並利行政經驗傳承。3.籌建情境模擬教室：為落實本校未來化政策，本院設計建置個案模擬教室及硬體設施，以利推廣情境個案教學，培養未來所需領導人，並提供教師教學觀摩機會與環境，進而策勵教師致力個案教材開發設計，加速知識管理之創新與累積。此外，並建置專業證照模擬系統、成立學生專業成長諮詢中心及企業個案分析專業教室等專業實驗室。4.教研經驗傳承：本院將加強教師教學、研究經驗分享與傳承，透過資深教師協助，加強新聘教師快速累積爭取計畫、執行研究、提升績效及發表論文之能力。5.管理知識擴散：本院定期出版管理學術期刊，以擴散管理理論與知識。其中管科系之IJIMS已由EI及TSSCI收錄。本院有十二個學系，已有五份公開出版的學術期刊，以作為知識取得、分享與傳播的重要工具。

六、資訊策略、應用與管理

資訊發展係以協助教學、促進創意學習、提供可靠資訊環境與精進研究為目標。依據上述目標商管學院規劃相關之資訊發展策略：1.資訊設備持續更新，建置先進資訊應用實驗室。2.利用本校網路校園，發展與推廣遠距教學課程。3.全院課程跨系整合，推動資訊應用之專業學程。4.引進發展教學軟體，提升學生學習意願與成效。5.注重資訊設備維護，維持教學研究設施可用度。

商管學院充分利用學校網路資源，發展遠距教學同步及非同步課程，近三年全校共開設300門課程，而商管學院課程數佔全校遠距教學課程之32%強，為全校之最。商管學院亦經教育部核准成立全國第一所全球華商經營管理數位學習碩士在職專班及開設國內第一個遠距教學之EMBA學位學程，並連續三年獲得教育部之認證。在教學計畫表上傳及教學支援平台的使用率，已分別達到100%及94%。

在資訊應用方面，商管學院為因應教學所需，建置包括商業模擬交易中心（如圖11-6）、企業經營模擬專用教室（如圖11-7）、資訊安全實驗室、資訊網路實驗室、資訊應用實驗室、交通運輸專業課程示範教學電腦實驗室等，且各專用教室與實驗室安裝有符合目前需求之專用軟硬體並能持續更新與購置。此外，本院亦積極鼓勵老師能應用新的資訊技術編撰更活潑之專業教材。

圖11-6　商業模擬交易中心

圖11-7　企業經營模擬專用教室

七、流程（過程）管理

商管學院之流程管理乃依不同的目標顧客（利害關係人），由內到外分成產品流程、支援性活動、跨組織關係三大領域的流程進行管理（如圖11-8）。

圖11-8　商管學院流程管理關係圖

產品之流程管理強調課程設計及教學之流程管理，可分為課程設計（P）、課程實施（D）、教學與學習評量（C）及教學與學習改善（A），並由四大過程進行管理（如圖11-9）。

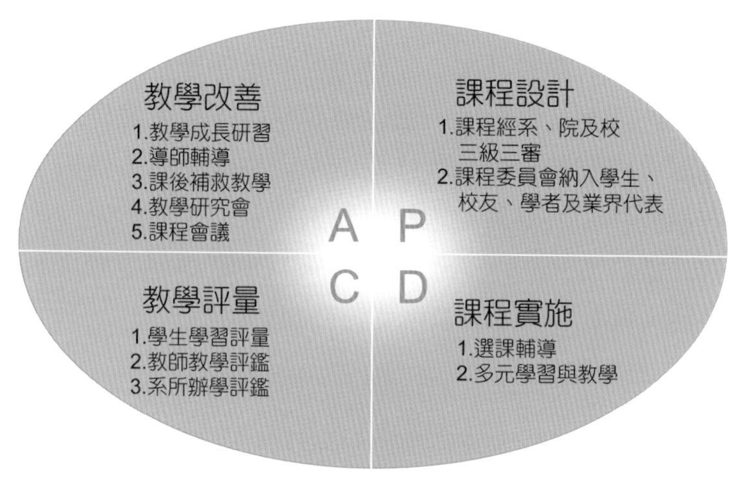

圖11-9　商管學院產品流程管理—課程設計與教學流程管理 PDCA

對於跨系所關係管理，乃透過院務會議、院評審會議、院課程會議、院導師會議及系主任會議等商討課程、聘審、輔導、資源分配等重要議題，並透過系主任會議制定資源分配的辦法。對於跨院/校內單位關係管理，則藉由跨院系學分學程與行政單位或其他院系之聯繫作業及支援其他單位擔任主管職務來達成，到目前為止本院共成立12個跨院學分學程。對外關係管理則包括大專院校關係管理、擔任校外委員、廠商關係管理、系友關係管理、捐款人關係管理、產官學關係管理與招生活動等，例如商管碩士聯合同學會於每年度舉辦多項活動，包含職業發展座談會、北區EMBA菁鷹聯誼賽等，皆為本院對外關係管理之互動管道。

八、經營績效

根據商管學院的內部顧客與外部顧客滿意度調查結果可知，在內部顧客滿意度上，有關「學生滿意度－就讀系（所）目前課程安排滿足學生需求的程度、學生輔導」、「教師滿意度－學術研究、整體評價」、等項目98至99學年度皆為逐年提升；而在外部顧客滿意度方面，98學年度「雇主滿意度－工作時的團隊合作精神表現、工作時的敬業精神」與「畢業生滿意度－在接受淡江大學教育之後，您對學校的整體感覺」等項目之調查分數約為5分，皆顯示出商管學院的顧客滿意程度有著不錯的評比。統計資料如表11-4及表11-5所示。

表11-4　商管學院內部顧客滿意度

項　　目	評鑑分數			備註
	98學年度	99學年度	100學年度	
在學生滿意度－就讀系（所）目前課程安排滿足學生需求的程度	商4.05 管4.08	商4.06 管3.66	NA	滿分5.0
在學生滿意度-學生輔導	商4.26 管4.14	商4.22 管4.15	NA	滿分5.0
在學生滿意度－就讀系（所）導師之安排與導生輔導情形	商4.31 管4.18	商4.11 管4.13	NA	滿分5.0
教師滿意度－學術研究	商4.47 管4.43	商4.45 管4.47	NA	滿分5.0
教師滿意度－整體評價	商4.65 管4.56	商4.77 管4.81	NA	滿分5.0
職員滿意度（只有全校平均數，沒有各院的）	校4.8	校 4.95	NA	滿分5.0

註：NA代表100學年度與98-99學年度問卷內容不一致

表11-5　商管學院外部顧客滿意度

項目	評鑑分數			備註
	98-99學年度		100學年度	
調查時間	2012年 2至4月		-	
雇主滿意度－工作時的團隊合作精神表現	商院4.93 管院4.94		-	滿分6.0
雇主滿意度－工作時的敬業精神	商院4.86 管院4.88		-	滿分6.0
調查時間	2011年 8至12月	2012年 7至10月	2013年8月 至2014年1月	
畢業生滿意度－在接受本校教育之後，您對學校的整體感覺	商院4.90 管院4.88	商院4.91 管院4.85	商院4.78 管院4.85	滿分6.0
畢業生滿意度－在接受本校教育之後，您對系（所）的整體感覺	商院4.63 管院4.69	商院4.73 管院4.64	商院4.56 管院4.68	滿分6.0

商管學院的市場發展及未來前景可預期將蒸蒸日上，雖然面對少子化之衝擊，但此藉由表11-6及表11-7可窺其大概。自98學年度至100學年度之大學部入學平均報到率皆在97%以上，且報到率相當穩定，顯現本院市場發展績效十分亮眼。此外，在100學年度對於碩士班、碩專班與博士班招生錄取率，平均錄取率分別約為10%、41%與48%左右。

表11-6　商管學院大學報到率

項目	入學報到率		
	98學年度	99學年度	100學年度
大學部	97.83%（97.17%）	98%（97.24%）	97.37%（96.77%）
註：（）內為全校的報到率			

表11-7　商管學院研究所錄取率

項　目	錄取率		
	98學年度	99學年度	100學年度
碩士班	9.04%（17.79%）	9.76%（19.41%）	10.67%（92.03%）
碩專班	33.55%（39.42%）	40.78%（47.66%）	41.32%（47.85%）
博士班	36.76%（41%）	43.14%（45.22%）	48.28%（57.66%）
註：( ) 內為全校的錄取率			

在財務績效方面，商管學院近三年研究計畫案件數及金額方面，98學年度通過69件、金額為4,054萬元，99學年度通過83件、金額為4,988萬元，100學年度通過95件、金額為4,077萬元，合計3個學年度通過件數達247件，總金額為13,120萬元。

在募款金額方面，於100年7月已累計募款金額11,895萬元，商管學院是募款績效最好的一級單位。另外，管科所校友徐航健於102年5月捐款1.2億元回饋母校。而學雜費收入的部分，99學年度學生人數共有10,748名（不包括學分班等學生），占全校（27,153名）的39.58%，學雜費收入的貢獻度可謂最大，而且逐年保持穩定。98學年度雜費收入總金額為102,133萬元、99學年度為102,123萬元。

在支出總經費方面，98學年度支出總經費為34,319萬元、99學年度為38,646萬元。最後，透過商管學院的學雜費收入除以總經費計算收益比，可知98與99學年度商管學院的平均收益比約可獲得2.8倍的收益。

在人力資源發展績效方面，商管學院共有245位專任教師，生師比逐年在快速降低中，而博士教師比率高達92%，且近三年來有8人升等教授、有19人升等副教授，本院教師國內外文章發表總篇數約442篇。另一方面，除了教職員們參加學校所舉辦的相關訓練課程外，本院亦針對新進教師及教學評鑑相對較差的教師辦理「教師教學專業成長研習會」及專兼任助教（TA）的專業成長研習與座談會。在資訊管理績效方面，詳述於表11-8。

表11-8　商管學院資訊管理績效

	說　明
開設資訊科技專業學程	掌握科技趨勢，本院獲教育部經費補助開設 ·晶片系統商管學程 ·資通安全管理學程 ·RFID物流與供應鏈學程
開設國內第一個數位EMBA學位學程	推動遠距教學，獲教育部通過課程認證，並通過開設「全球華商經營管理數位學習碩士在職專班」
成立「資訊顧問室」	1.服務項目包括 ·資訊相關問題之諮詢 ·開設課程 ·校園網路商管大樓之管控與規劃 ·電腦維修服務 2.近三年商管資訊顧問室服務件數共約 50 次。有效協助商管學院師生解決電腦問題。
編製相關學程之專用e化教材	配合教育部製商整合教育科技改進計劃，資管系已經編撰完成30套產業e化教材。
教學計畫表上傳率高	96、97學年度均達100%。
課程教學平台利用率高	97學年度達96 %（上線課程數/全學年開課數）
系統實作輔助教學	近三年共 89 件。

商管學院之流程管理績效可從教學、行政與研究等主要任務之成果窺其一斑（如表11-9）。商管學院在這三方面的績效已分別在前面各構面加以詳述。

表11-9　商管學院流程管理績效

<table>
<tr><th colspan="3">項目</th><th>98學年度</th><th>99學年度</th><th>100學年度</th></tr>
<tr><td rowspan="6">教學/學習流程</td><td colspan="2">教學評鑑/評量平均數</td><td>商5.15
管5.19</td><td>商5.18
管5.30</td><td>商5.28
管5.32</td></tr>
<tr><td colspan="2">教學計畫表上傳率</td><td>99.91%</td><td>99.92%</td><td>99.78%</td></tr>
<tr><td rowspan="2">期中考1/2預警率</td><td>大學部</td><td>該年度學校未統計資料</td><td>16.65%</td><td>15.01%</td></tr>
<tr><td>進學班</td><td>該年度學校未統計資料</td><td>26.83%</td><td>19.54%</td></tr>
<tr><td rowspan="2">大學部退學率</td><td>大學部</td><td>2.51%</td><td>2.83%</td><td>2.19%</td></tr>
<tr><td>進學班</td><td>9.65%</td><td>9.84%</td><td>8.48%</td></tr>
<tr><td rowspan="2">服務/行政流程</td><td colspan="2">歷年募款績效</td><td>104,971,614</td><td>118,957,752</td><td>132,869,662</td></tr>
<tr><td colspan="2">行政人員因行政失誤受懲率</td><td>0%</td><td>0%</td><td>0%</td></tr>
<tr><td rowspan="15">研究/產學流程</td><td colspan="5">學術論文平均發表數（篇/人）（各系）</td></tr>
<tr><td colspan="2">國企系</td><td>39/23=1.70</td><td>51/24=2.13</td><td>28/24=1.17</td></tr>
<tr><td colspan="2">財金系</td><td>37/21=1.76</td><td>34/24=1.42</td><td>22/23=0.96</td></tr>
<tr><td colspan="2">保險系</td><td>2/14=0.14</td><td>6/14=0.43</td><td>22/14=1.57</td></tr>
<tr><td colspan="2">產經系</td><td>21/15=1.4</td><td>23/15=1.53</td><td>24/15=1.60</td></tr>
<tr><td colspan="2">經濟系</td><td>20/18=1.11</td><td>14/18=0.78</td><td>5/19=0.26</td></tr>
<tr><td colspan="2">企管系</td><td>24/20=1.20</td><td>14/21=0.67</td><td>30/30=1.00</td></tr>
<tr><td colspan="2">會計系</td><td>24/18=1.33</td><td>29/19=1.52</td><td>28/22=1.27</td></tr>
<tr><td colspan="2">統計系</td><td>39/18=2.17</td><td>32/18=1.78</td><td>29/19=1.53</td></tr>
<tr><td colspan="2">資管系</td><td>60/19=3.16</td><td>55/21=2.62</td><td>48/23=2.09</td></tr>
<tr><td colspan="2">運管系</td><td>39/11=3.55</td><td>38/11=3.45</td><td>21/14=1.5</td></tr>
<tr><td colspan="2">公行系</td><td>17/14=1.21</td><td>16/18=0.89</td><td>11/18=0.61</td></tr>
<tr><td colspan="2">管科系</td><td>42/15=2.80</td><td>52/16=3.25</td><td>41/15=2.73</td></tr>
<tr><td colspan="2">國科會計畫申請率/通過率</td><td>73.60/35.03</td><td>84.10/36.92</td><td>77.12/33.05</td></tr>
</table>

創新及核心競爭力績效部份，商管學院在數位學習與遠距教學、跨領域整合學程創新推動、知識管理價值之產生能力、

知識傳播與更新之驅動力、教學品質之持續改善機制與資管系統實作之教學活化等方面，皆表現優秀。

從社會評價（品質榮譽）商管學院在畢業校友之傑出表現方面，98至100學年度畢業生考上國內研究所共有1,007人，參加高普考、專門技術員考試及格及獲證照等人數共有1,412人。統計系有3位學生赴美國加州聖地牙哥參加「2011世界盃電腦應用技能競賽」全球總決賽，成績斐然，載譽歸國。共奪得Powerpoint 2007全球總冠軍、Excel 2010第9名及Excel 2007第7名。在財經相關雜誌評比上，《CHEERS》雜誌「2010年熱門研究所指南」的調查結果，企管系碩士班榮獲「企業界最愛MBA畢業生的私校第1名」，另《CHEERS》雜誌「2009年最佳研究所指南」的調查結果指出，企管系碩士班榮獲「最佳企業管理研究所」全國第14名，位居私校第1，更在「企業用人」指標排名中，獲得全國第10名之殊榮。更透過遠見雜誌與104人力銀行與天下Cheers雜誌之調查，商管學院畢業生在商業與管理專業領域之表現，更屢獲社會肯定。而2008年《遠見雜誌》與104 人力銀行合作進行調查，商管研究所表現上，亦是私校第1。

校友在學術獎項方面，每年都有若干畢業生獲得論文競賽獎。根據2007年的國家人事行政資料顯示，公行系所擔任公職的畢業生有555名，職位遍布於公部門的各個層級、部門。再者，近三年來，商管學院發行International Journal of Information and Management Sciences（IJIMS）、當代會計、管理研究學報、法政學報、資訊管理展望等學術期刊，其中，IJIMS已被EI、INSPEC、PASCAL、MATHSCI（R）等國際著名索引收錄，並已為TSSCI所收錄，目前正申請SCI收錄審查中。此外，商管學院獲得3個教育部的科技計畫學程之補助，包括：「晶片系統商管學程」、「資通安全管理學程」以及「RFID物流與供應鏈學程」，為全國大專院校中，唯一同時執行3個教育部學程計畫的學校。

九、結語

商學院與管理學院合併為商管學院後，在堅強的專任師資陣容與遴聘優秀之產業人士下，將能使商管課程的設立及資源整合更具多元性與效率性。配合學校的三化政策，商管學院每年均辦理在學學生（包括大學部、研究所）赴歐、美、日等國際知名大學姐妹校短期留學且實施績效良好。商管學院亦積極招收國外學生及姐妹校交換生，提高與國際學生共同學習互動的機會。此外，所有系所皆有規劃部分英語授課課程，以提供學生國際溝通能力。目前部分系所已與國外姐妹校簽訂「雙聯學制」，可使學生以最有效率方式同時取得國內外學位。另一方面，本校正積極申請國際商學院促進協會（AACSB）之國際化認證，以建立本校學習品質保證制度、持續改善並達成目標。未來將希望透過AACSB認證與國際接軌，進一步提升商管學院國際知名度，培養具專業能力、全球視野、人文素養及國際競爭力的商業管理人才，使商管學院成為卓越商業管理人才的搖籃，及成為亞太地區教學與研究並重之商管學院。

進學班學生工作與學習的漫漫之路

辦公室電話鈴聲陣陣響起，遠端傳來學生語帶緊張又哽咽的聲音，同學喘息後便說，教務處通知他因畢業學分少了1學分，今年不能如期畢業了，怎麼辦呢?好熟悉的聲音，這個同學的家境清寒必須白天工作養活自己，晚上再進修讓自己也能在學歷上提升，系助理對這位進學班的學生是敬佩多於憐憫，於是詢問了相關情況並留下聯絡資訊，便掛上電話。

隨即，系助理便拿起電話詢問相關單位解決的方法，他們的建議是再加選1門課程。快期中考了，老師會讓同學加選嗎?拿著剛才留下的電話號碼回撥，請同學再去加選1門課，但要跟老師解釋為什麼如此晚才加選此課程，並保證前幾堂課未上的課程進度都會補齊，讓老師體會出你的誠意，老師會幫助學生的。當晚，同學便高興的拿著老師同意選課的報告，興奮的謝謝同仁的協助及老師願意給他機會。

接著，系助理嚴肅地對學生說：「此事第一個該檢討的是學生本人。因為，學校共有3次讓同學校對截至目前為止所修及缺修的學分數及科目，為什麼沒有發現呢?學校是教育機構，是容許學生犯錯、找藉口、可以再給你機會補救。可是，離開學校，你若犯錯，代價可能非常大，甚至無法彌補。經過這次的教訓，同學要認真思考問題所在，不要因為忙著工作，忘記了身為學生的本份，也不能因為學校的一切沒有那麼迫切性，就忽視了，這也是學習的一環，是奠定基礎的重要工程。」學生若有所思地說他懂了，道聲謝謝便上課去了，望著他離開的身影，希望他未來一切順利。

若以此故事來說明「如何感動顧客的服務」（姑且把學生當做顧客）：

用眼：要常常觀察學生會有什麼需要，主動給予協助。

用耳：要能傾聽學生的想法，了解學生對學校有什麼看法。

用嘴：多多了解學生的相關背景，引導學生講述未來的生涯規劃及深層的需求。

用腦：儘可能了解學校各單位的處理業務的內容及流程，以利在第一時間就能提供解決的方法。

用心：能感同身受，進學班學生白天都在工作，晚上上課，非常忙碌。雖然，有些事情學生應該要自己做，但如果可以協助同學，就能讓他感受到學校行政人員的用心。

學生在學校是顧客也是產品，除了服務之外，教導也是重要的項目，故淡江的畢業生才能持續在Cheer雜誌中仍然是企業的最愛。

（商管學院院長・邱建良）

第十二章　圖書館：貼心、知新、精進

本校圖書館成立於1950年，為紀念首任董事長居覺生先生而命名為「覺生紀念圖書館」。目前除總館外，另有鍾靈分館、臺北校園分館以及蘭陽校園圖書館共3個分館。凡資料之購買及整理均集中於總館處理，各分館只提供服務。依業務性質分設採編組、典藏閱覽組、參考服務組、非書資料組以及數位資訊組。另為求圖書館業務之發展，設置「覺生紀念圖書館委員會」。

圖書館在提升服務品質方面已深耕多年，1998年邀請英國姐妹校桑得蘭大學（University of Sunderland）針對圖書館設計2週訓練課程，紮下品質經營的基礎。重視在職訓練，人員素質整齊，具有團隊合作的優良傳統。三次被指定為本校挑戰國家品質獎的實地訪評單位，透過自我檢視，了解可加強的項目，並深化對八大構面的理解與實踐。2008年導入ISO9001品質管理系統，建立制度化、標準化的作業程序；2009年獲第三屆淡江品質獎；2010、2011年連續兩年獲校內品管圈競賽第2名。

一、領導與經營理念

圖書館的經營理念可由其LOGO（如圖12-1），充分表達其內涵：結合資訊科技與網路，以創造節省顧客時間的圖書資訊應用環境為提供服務的訴求。為達成【透過學術資訊的卓越管理及高品質的資訊服務，支援淡江大學四個校園的學習、教學、研究與服務】之使命，視【優異品質、讀者省時、全球取用、知識自由、合作分享】為重要的價值。

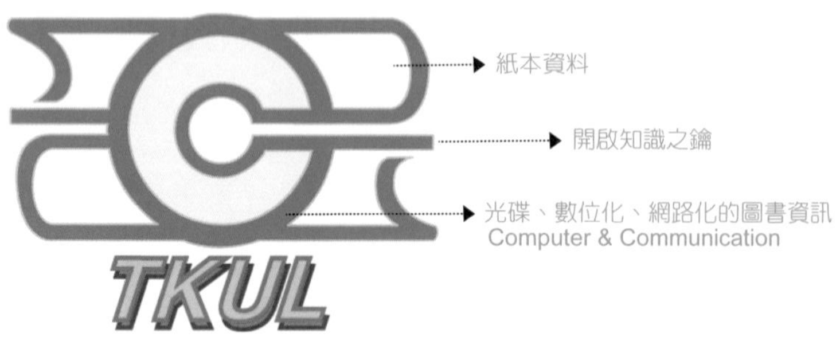

圖12-1　圖書館LOGO及含義

歷任館長為資訊與圖書館學系專任教師，隨時掌握最新科技及國內外圖書資訊發展情況，讓圖書館跟上國際的腳步。以圖書館自動化作業系統為例，前任黃鴻珠館長很早就觀察到，電腦如缺乏對應各國文字的內碼，則無法忠實顯示原始的語文。因此，2000年更換系統時，即選擇採用Unicode的圖書館自動化系統--Virtua。黃館長經常提醒同仁：「在競爭激烈、變化快速的時代，唯有不斷學習才能因應」，並以身作則，利用各種場合分享新知及實務經驗。現任宋雪芳館長則強調以伙伴關係營造圖書館團隊的凝聚力、提供加值服務並延伸服務場域（Outreach），開創專業圖書資訊服務的新里程。在她的引領下，2013年3月間舉辦「國際期刊投稿技巧全攻略」，將圖書館服務延伸到師生研究產出的流程。

追求卓越的服務品質首先應讓館員實際接觸並觀摩先進國家的作法，自1981年起，學校支持圖書館每年選派2位館員出國受訓5個月（如圖12-2），學習圖書館自動化、資訊檢索及其他知識與技術，並赴各大圖書館參訪。至1998年共有21位同仁出國短期受訓，深植國際化根基，也為日後跨國連繫與協商建立良好的基礎。

圖12-2　赴OCLC受訓

透過不斷的教育訓練及實際應用，長期以來所凝聚的共識及塑造的組織文化，讓全體館員面對重大任務時，都能夠同心協力，不畏挑戰，發揮團隊精神，圓滿達成任務。例如配合新建總館工程，規劃遷館作業，訂定開館日期為1996年9月23日開學日，全體同仁停止休假全力配合，利用暑假期間進行遷館作業，將5個舊館近60萬冊圖書，於2個多月內，全部搬移到新總館。除事先妥善規劃外，全館動員為順利遷館的關鍵。921大地震，兩天內將數十萬冊掉落在書庫走道的圖書全數歸架，再次展現全館迅速動員的力量。

另以系統轉換為例，面對千禧蟲的危機，1999年9月簽約更換圖書館自動化系統，最大的壓力是時間。一般更換系統至少需要一年半載才能完成，但是簽約後必須在短短3個多月內上線；

更大的挑戰是遇到921大地震，全台電力及電信均受到極大傷害，影響與美國VTLS公司的連繫。但透過雙方「密切合作、工時永晝」，同仁「窮追不捨、緊迫盯人」，以及「本尊分身、萬全準備」的連繫策略，新系統及時於2000年元月5日上線。

二、策略管理

資訊科技的快速發展對資訊傳遞相關產業造成前所未有的衝擊，大學圖書館的經營必須採取適當的策略，因應各項挑戰及變革，並回應師生不斷提出的新需求。圖書館的策略規劃除配合校務發展、考量顧客的需求與期望外，並兼顧內部資源的限制，以研議策略目標及行動方案。另透過有效率的經營模式，執行各項行動方案，並適時檢討改進（如圖12-3）。

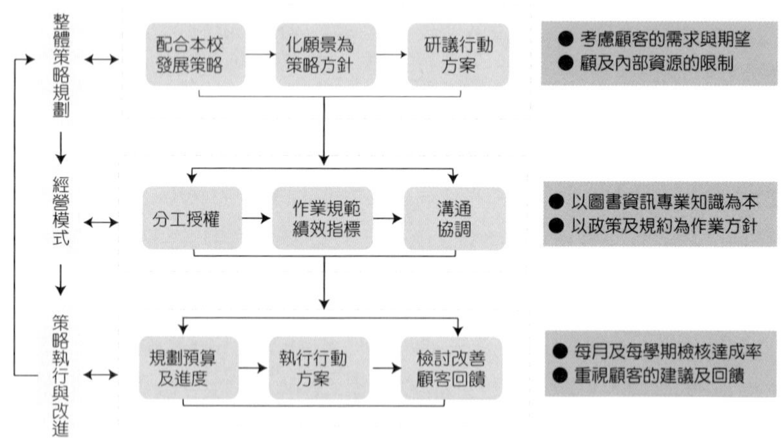

圖12-3　圖書館策略規劃與執行流程

進行整體策略規劃之前，同仁先齊聚一堂，透過腦力激盪共同檢視內在環境的優劣勢，以及外在環境的威脅與機會，完成SWOT分析，藉以充分了解所處的環境及形成全體同仁的共識。之後經過主管們充分討論，依據SWOT分析結果，將圖書館的願景轉化為5項策略計畫，由各業務單位提出對應的行動方案，經過主管會議決議後定案（如圖12-4）。

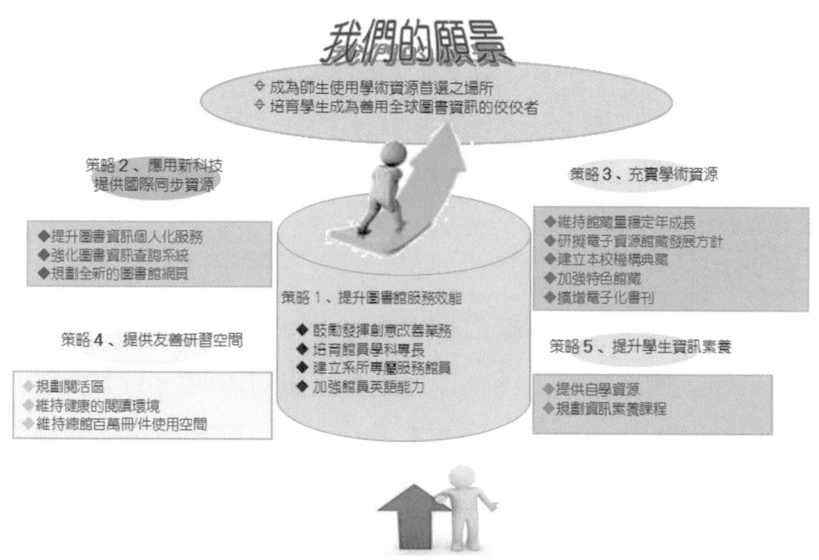

圖12-4　圖書館整體策略與行動方案

館務的經營以圖書資訊專業為基礎，透過以下三種模式，形塑具有績效的經營團隊：（1）分工及授權：除貫徹流程順暢的業務職掌分工外，遇有特殊事件，則成立任務小組；（2）制定規範及KPI：作為執行業務制度化、標準化，以及績效評估的依據；（3）溝通及協商：設有執行小組，由各組主管及1位同仁代表參與，學期中每月召開會議，暢通跨組溝通及協商管道。例如，每年舉辦的世界閱讀日活動，由4人任務小組規劃，決定活動主軸及內容後，透過分工合作完成。2013年活動包括

「妙語說書—我的Book Show」、「閱讀添財—書中讀出黃金屋」主題書展，吸引全校師生熱烈參與。

在策略執行與改進方面，各業務單位依據其職掌，編列學年度預算並擬定工作計畫，執行前述策略計畫下的各行動方案，每學期及每學年檢核執行成效後，陳報行政副校長。各業務主管於每學期的組務會議中，與同仁共同研議作業要點，每月定期檢核工作計畫達成率，視需要調配人力或修正作業方式。學年檢核值則作為修訂次學年的績效指標與目標值的參考。

三、研發與創新

圖書資訊服務研發與創新的構想來自於顧客的回饋、解決業務問題、增進作業效能或滿足顧客資訊需求的情況下產生。於2001及2002年分別聘任系統人員各一名，負責開發內部作業管理系統。結合貼心、專業與數位化的創新發展策略，一旦系統開發的需求確立，即成立任務小組規劃作業時程，經過系統人員與業務館員密切溝通，完成系統撰寫、測試與建置（如圖12-5）。歷經十餘年的耕耘，成功開發了約二十種作業管理及資訊服務系統。

業務支援系統開發與維護作業

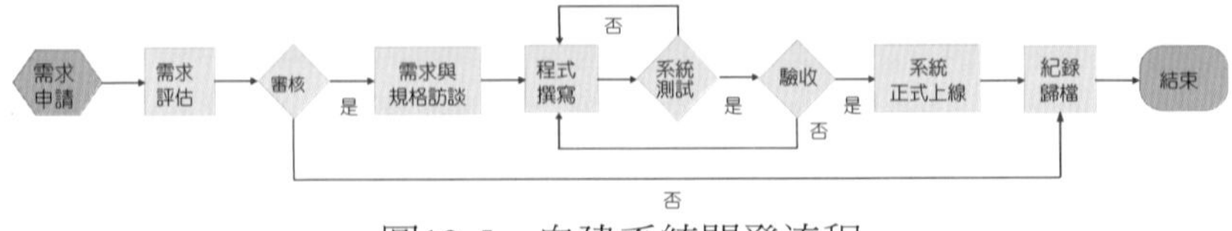

圖12-5　自建系統開發流程

以2013年初開發完成的「館藏資料調閱系統」為例，此構想源自於處理師生調閱不同校區館藏時，經常發生申請資料不全、查核費時、申請者無法得知處理過程等困擾。2012年6月館員提出構想後，先評估分析確認可行，歷經數次需求訪談及溝通後進行系統撰寫，同年12月全面測試，再經修改，2013年3月上線立刻得到老師的讚美：『超優的淡江圖書館服務效率，週二凌晨申請跨館借書（蘭陽-->淡水），今日（週三）已經可以至覺生圖書館取書了』。此系統簡化表單填寫作業，節省顧客時間，也提升業務效率，服務品質更上一層。

館長持續關注國際資訊科技發展趨勢，以創新的「圖書資訊供應決策」與國際接軌。如1986年連用國際書目中心的系統，成為亞洲第一所使用OCLC Online Computer Library Center服務的圖書館，將可用資源擴大至全球，協助師生取得國內未典藏的資料。2000年率先訂購netLibrary 電子書及JSTOR（Journal Storage） System，成為亞洲第一個訂戶，除將閱讀管道導入全年無休的網路環境，並快速擴展核心學術期刊館藏。

館員平日作業時，經常討論並構思如何更貼近讀者的需求，提出具有創新思維的【貼心服務】。如【準學生借閱服務】讓完成報到之準研究生或準大學生，都可申辦臨時借書證開始借書，使得學習與研究不間斷；急需已採購入館尚未編目的資料時，可透過網路申請【急用資料服務】。另因應日新月異的資訊科技應用環境，針對科技世代社群的使用習性，適時推出創新的【數位服務】。如【MyInfo個人化服務】，提供查看個人薦購書刊資料、圖書館講習報名、申請急用書等，以及個人透過「掌聲與建議」回饋系統送信的紀錄等，同時得知圖書館回覆內容及處理進度；並提供電子資源書籤功能，可將常用電子資源加入書籤，方便日後使用。

四、顧客與市場發展

為了加強師生利用圖書資源的意願與信心，採行「掌握關鍵人物」及「區隔顧客群」的市場策略（如圖12-6）。由於深知老師對於學生最具影響力，圖書館即提供新聘教師一對一座談、館員到課堂協同老師教導學生運用圖書資源等，讓教師肯定館員的專業與貼心，進而帶動學生利用圖書資源完成作業及課堂報告等，引發學生成為圖書館的愛用者。

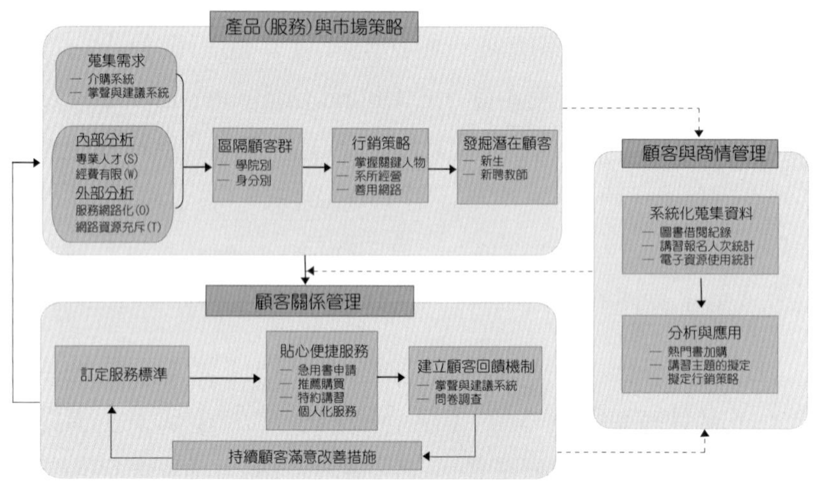

圖12-6　顧客與市場發展策略

對於不同身分的學生（大學生、研究生、碩士在職生），圖書館所規劃的講習內容及時數、上課時段及授課方式均有所不同，多數系所由於學長姐對於圖書館講習的口碑非常好，常有新生還沒開學就主動來預約講習時間。每學年大學部新生利用圖書館講習，融入網路新世代喜好的元素：教材增加動畫、教具增加及時回饋系統（IRS）、採用部落格及粉絲專頁傳遞訊息、提供RSS服務等，期望發掘潛在顧客，使其成為圖書館忠實的愛用者。

掌握師生利用館舍空間及圖書資源的實際情況，是圖書館推動各項服務的重要依據。除了進館人次、借閱量等各項基本業務統計，亦針對每年校務滿意度調查「圖書館使用」構面的7個問項，進行各學院師生滿意度分析及各年度的比較，了解各學院的差異性及有必要特別關注的學院。101學年更透過使用者調查，蒐集師生對於各項服務的滿意度及重要性程度，根據調查結果，將師生認為重要性高但滿意度低的項目，如「可順利找到需要的書」、「圖書資料上架速度」、「期刊資源查詢系統」等，列為優先改善的服務項目。

在維繫顧客關係方面，分為「健全管理的機制」與「傾聽顧客的聲音」兩大方向。如，訂定【圖書館服務標準】，讓顧客確知可預期的服務品質及處理時間；以「掌聲與建議」系統蒐集讀者回饋資訊，由組長每天至少兩次處理讀者提出的問題；藉由ISO9001管理系統【顧客意見管理程序書】強化顧客意見處理與管理機制。由回覆顧客的時效分析統計，近5年來回覆意見的平均工作天均低於一天，符合服務標準。

落實顧客意見管理，是多年來師生對圖書館的滿意度在校務滿意度調查持續領先的重要因素。從不同管道所接收到的訊息，不管是建議或是抱怨，館員們一直是以「將心比心」的心態去體察師生的需求，如此才能推出各項「貼心」的服務。100學年度舉辦4場焦點團體座談，利用面對面的互動方式，進一步了解師生認為圖書館應扮演的角色及關心的議題。除了針對師生提出的問題予以書面解答及解決處理之外，更據以進行全校的使用者調查，作為持續改善及未來發展的參考。

五、人力資源與知識管理

人才是圖書館提供優質服務的基礎，從招募、新進人員訓練、在職進修、教育訓練等，每個環節都是關鍵。館員招考除了學校既定的基本科目之外，均加考專業科目，以招募符合需求的圖書資訊專業人才。另因應館務發展及外在環境變遷，適時增聘業務相關之專業人員。如89學年度配合總館設置歐盟文獻中心（現更名為歐盟資訊中心），增聘1名具有歐洲研究學科背景之專任研究助理，提供歐盟相關議題的諮詢及服務，多年來服務無數校內及政府、民間機構的人員。基於圖書館作業與資訊科技結合應用的必要性及重要性，90及91學年更預估人力缺口，前後共聘用2位電腦科技人員，這也是十餘年來，圖書館能自建內部作業管理系統，改善作業流程及精簡人力的重要因素。

對於新進人員，首先由業務單位主管負責訓練，除單位工作簡介外，櫃台業務另安排值班館員帶領新人見習，吸取實務經驗，新人初期工作，均有資深館員帶領，使其快速的掌握工作要點及順利的進入實務場域。寒暑假期間視情況安排新進人員至各組見習，了解全館業務分工，此一作法有助於建立館務溝通及協調的基礎。此外，配合學校政策，透過職務輪調活化組織運作，近3年來，輪調比率平均每年達10%以上。

由於圖書資訊服務具有學術特性，館員的在職進修更形重要，歷任館長對於在職進修相當重視，除了鼓勵同仁進修學位、出席專業學會年會、各項研討會及研習班外，並定期邀請專家蒞館演講，讓每位館員在工作之餘，仍能持續吸收專業新知。以101學年為例，參加訓練課程時數平均每人27小時，高於學校KPI每人16小時。為了培養領導人才及掌握國際資訊發展與應用的趨勢，自2011年起每年派兩位館員參加香港大學圖書館所規劃，為期5天全英語授課的【圖書館領導研習班】，由圖書資訊界國際知名學者剖析未來趨勢，能夠訓練參與的館員及早思考因應之道。

館內利用多元的溝通管道、設立激勵制度、及定期聯誼以凝聚向心力。同仁可透過組務會議（每學年2次）、執行小組會議（每學年8次），或主管電子信箱等表達意見。館內並設有「金頭腦獎」，鼓勵發揮創意，如某位館員自網路搜尋到免費軟體，克服長期無法正確上傳中文書目至OCLC的問題，館長即購買大蛋糕表揚。每年歲末舉辦冬至湯圓會，已成為圖書館的傳統，同仁分工合作佈置會場、準備餐點，館長則藉此機會慰勞同仁全年的辛勞，同時邀請退休館員回娘家，場面十分溫馨且熱絡（如圖12-7）。

圖12-7 2012年冬至湯圓會

知識管理為圖書館關注的重點，為了保存及分享業務處理相關知識，每一組必備工作手冊，作為業務執行準則，並加速新進或輪調人員對工作的熟悉與掌握。除了利用「問題提報與追蹤管理系統」記錄業務問題及解決方法，進行問題追蹤、知識分享及再利用，另以「OpenKM文件管理系統」保存公務文件並提供查尋利用。參加校外研習會後，必須撰寫心得報告，傳閱全館。館務會議亦安排專題報告，分享同仁處理業務的經驗或專題文獻研讀結果，以及參訪心得。

六、資訊策略、應用與管理

圖書館取用學術資源的資訊系統採外購為主的策略，提供師生使用與國際同步的最佳資訊利用環境，並隨時關注國內外圖書資訊發展的新趨勢，作為決策及發展方向的依據。如，選用符合國際標準的圖書館自動化系統，處理主要的工作流程。2000年啟用的VTLS Virtua系統，因廠商長期參與國際標準制定的討論，系統設計能符合國際的腳步，不但可處理新編目規則RDA（Resource Description and Access）的書目，更於多年前即提供FRBR（Functional Requirements for Bibliographic Records）功能，展現書目紀錄的關連性，增進查尋結果的呈現。

提升內部作業效能的特殊系統由館內自行研發，由於聘有兩位資訊人員，得以隨時視業務或服務需求，利用IT建置便利的資訊取用環境，增加個人化、數位資訊服務，不但可彈性的自撰程式提升支援機制，更提高作業效率，歷年來贏得專業館員的讚美，並譽為圖書館團隊最棒的伙伴。為了強化業務應變的彈性和靈活度，資訊人員有效的掌握內、外部顧客需求，善用新科技，導入Web 2.0相關技術，提供系統服務，例如，館藏查尋目錄系統增掛自撰的QR Code，方便使用者於智慧型手機即可見所查詢的書名、館藏地及索書號等，減少抄寫資料，推出該項服務之後，常可見師生拿著手機，對照上面顯示的索書號到書庫取書。

資訊技術及網路的應用，將圖書資訊服務導入全年無休及隨處可得的境界。圖書館持續改善館藏目錄查尋系統的功能，如結合電子郵件，由系統發送圖書到期前通知、預約及介購書到館通知，並增設行動版館藏查尋。經由專業館員及系統人員的密切合作，提供各項網路申請服務，簡化讀者申請程序，如急用書服務系統、介購新資料系統等。

七、流程（過程）管理

圖書館為供應學術資源的單位，其業務可分為充實圖書資源、有系統的組織整理、提供顧客利用三大主要流程，均確實遵照PDCA循環，藉由ISO9001內稽、定期績效檢核、滿意度調查、顧客意見回饋等機制，提出持續改善措施或規劃創新服務，提升工作效率及顧客滿意度（如圖12-8）。例如，充實圖書資源時，先規劃預算，再透過購買、蒐集免付費資源及交換贈送等管道，獲取各類型學術資源，應用系統將資料予以系統化整理，提供利用；運用「介購新資料系統」適時察覺館藏不足之處，增購師生所需的資源，使得師生對於館藏資源的滿意度逐年上升。

Act
1.新學期重點計畫
2.工作手冊內容更新
3.資訊素養Easy Go
4.業務改善措施
5.修訂政策
6.流程改進
7.任務小組

問題提報與追蹤管理
期末工作績效評估
系統執行小組會議
掌聲與建議

Plan
充實館藏
購藏、免費資源、機構典藏
資源整理
書目建檔、連用網址、三合一期刊、資料庫
提供利用
借閱服務、指導、協助、推廣、研習空間、網路資源、帳密申請

Check
充實館藏
介購情況通知、複本查核、經費使用統計
資源整理
書目檢核、系統報表、URL檢測、使用統計
提供利用
講習問卷調查、服務滿意度調查、協尋服務、急用書服務、閱活區

Do
充實館藏
閱選圖書資料、訂購書刊、訂購資料庫、交換贈送、歐盟資訊
資源整理
分類編目、電子期刊書目匯入、圖書館網頁建置、系統版本更新
提供利用
典藏閱覽、詢問服務、講習課程、個人研習空間、團體研習空間、24小時自習室

圖12-8　圖書館主要業務流程

支援館務營運的相關活動則運用不同的系統加以管理，如依據ISO14001規範訂定環境管理目標，另自組「圖書館ISO14001暨清潔小組」，督導及落實環境管理；利用「單位預算資料查詢系統」，控制各項預算的執行，並輔以自行研撰的「介購／訂購統計系統」，掌握各學院圖書經費運用情形；透過「掌聲與建議」系統掌握顧客回饋資訊；依ISO9001：2008年版國際標準，規劃品質管理系統，藉有效的系統運作，持續改善流程並預防不合格事項之發生。

圖書館的跨組織關係包含校內與國內。透過圖書館委員會，與校內各學院教師代表針對圖書經費分配及使用、館藏購置及各項服務等議題進行溝通。參與全國性的學術資源聯盟，以合作採購降低資源購置成本，共享數位學術資源。加入全國圖書資訊網路合作館，與國內圖書館共享書目，節省編目時間。參與「中華圖書資訊館際合作協會」，與會員單位進行館際圖書互借及文件傳遞；與國內其他大學進行跨校互借圖書，如寒、暑假期間互借圖書、北一區區域教學資源中心跨校圖書代借代還及虛擬借書證服務。

八、經營績效

透過多元的教育訓練管道，提升館員的素質；藉由全面品質管理、ISO9001等系統的導入，持續改善業務及服務流程。在堅持品質的自我要求下，近幾年的成果與績效簡述如下。

(一) 顧客滿意度：校務滿意度調查問卷教師部分共15個構面、學生部分共11個構面。98至100學年「圖書館使用」構面滿意度平均數高於學校整體平均數，也是各構面滿意度最高者（如圖12-9）。

(二) 市場發展績效：98學年起，大一新生利用圖書館課程納入「大學學習」必修課程，98至100學年「大學學習」課程評量統計，「圖書館利用」單元的學習成效獲學生高度肯定（如圖12-10）。

(三) 財務績效：私立學校經費有限，需以有限的經費發揮最大效益。因應期刊訂費年年調漲，造成所能購置的書刊逐年減少問題，除調整期刊介購原則外，積極加入國內電子期刊及電子資源聯盟，支付較少的費用，使用更多的學術資源。例如，參與「數位化博士論文共建共藏計畫」，至100學年度本校只需選購1,617冊，即可使用聯盟共購的15萬4,809冊博士論文（價值約美金770萬元）。

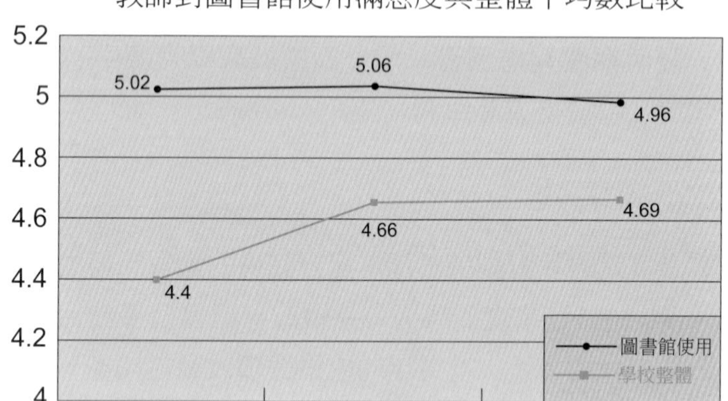

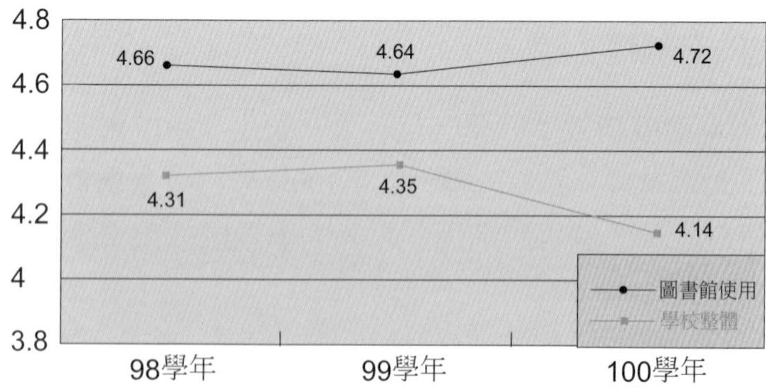

圖12-9　校務滿意度調查－圖書館使用構面平均數

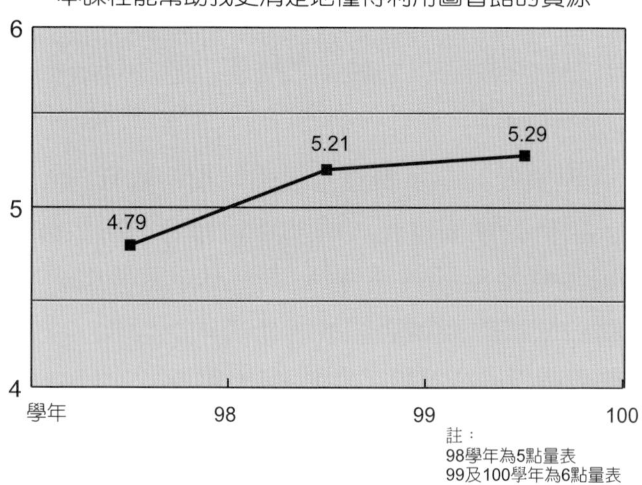

圖12-10　98~100學年「大學學習」課程評量

(四) 人力資源發展績效：透過預估人力缺口，聘用2位電腦科技專業人員，得以依業務需求及進度，自行研發十餘種業務及服務相關系統，改善作業效率。經由持續的教育訓練，讓館員掌握最新資訊科技，推出新的服務。例如，2005年1月舉辦內部研習，邀請飛資得資訊公司溫達茂知識長介紹RSS、Blog、Portal在圖書館的應用。同年9月成立Blog任務小組，10月推出第一個部落格服務「聚焦歐盟」。目前經營4個部落格服務，館員也因累積經驗，得以為讀者開設相關講習課程。

(五) 資訊管理績效：為提升組織的競爭力，適時檢視各項統計、分析相關資訊，作為重要決策參考。傳統紙本資料時代，期刊限館內閱覽，難以掌握其使用率。拜資訊科技之賜，電子期刊的使用狀況可由系統管理及記錄，透過統計得以計算單一期刊的使用成本，有助於思考期刊服務的新方案。運用電子期刊近3年使用統計，2009至2012年將86種使用率極低的期刊，改以單篇提供服務，在不影響老師教學研究資源取得的情況下，節省美金14萬461元訂費。

(六) 流程管理績效：為了讓讀者迅速掌握新書資訊，改變作業流程，讓新書提前曝光，將閱選新書先送閱活區展示，開放讀者瀏覽及借閱。新書進館後上架時間由1個月減為8天，縮短圖書館與書店間展示新書的「時差」。讀者對於此項改善措施的滿意度如圖12-11所示。

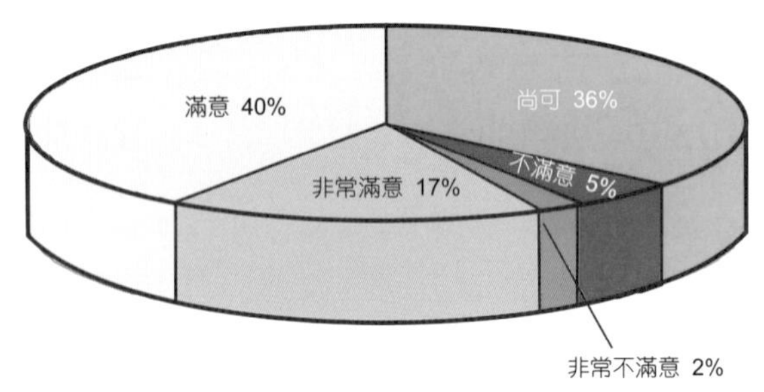

圖12-11　閱活區展示新書滿意度

(七) 創新及核心競爭力績效：為了創造閱讀樂活新空間，規劃空間明亮、家具舒適的閱活區，受到顧客高度肯定，對該區空間及設備的滿意度達78%。2005年與華藝數位公司合作，提供畢業生利用電子學位論文服務系統上傳論文電子檔，逐步建置學位論文數位典藏。自系統上線後，本校電子學位論文的使用量逐年成長（如圖12-12），對於利益關係者（學生、學校、廠商）創造三贏的局面。

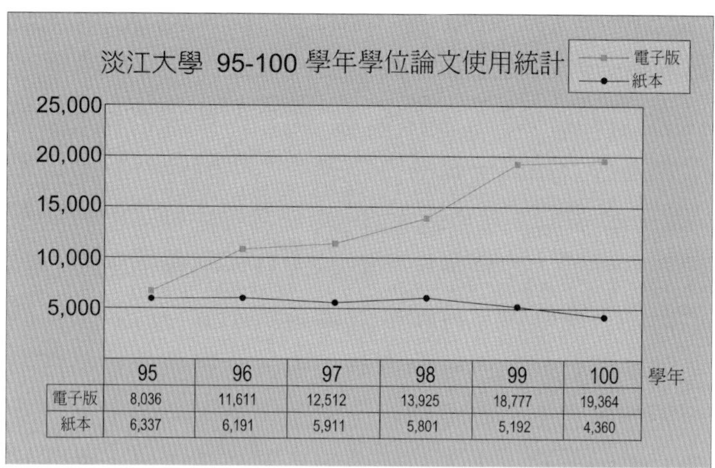

	95	96	97	98	99	100
電子版	8,036	11,611	12,512	13,925	18,777	19,364
紙本	6,337	6,191	5,911	5,801	5,192	4,360

圖12-12　淡江大學95-100學年學位論文使用統計

(八) 社會評價（品質榮譽）：歷任館長經常受邀評審、演講及受聘考選部命題、閱卷委員等，皆曾擔任中華民國圖書館學會理事長或常務理事，顯示圖書資訊界對其領導力的肯定。同仁也受邀到校外演講，分享專業與業務結合的心得；採編組兩位館員分別獲得2010及2011年中華民國圖書館學會「績優編目工作人員選拔獎勵」；2011年獲選以「QCC Make Difference: More Creative, More Satisfactory」為題，參加美國圖書館學會（ALA）年會海報展，增進國際交流。

九、結語

圖書館一向以顧客為中心，提供便捷、友善的環境，供應資料以達到適時、適人、適物為目標。依循「貼心、知新、精進」的大方針，藉由傾聽顧客的聲音，瞭解顧客的需求，達到國際著名的圖書館學家Ranganathan 所說節省顧客的時間；因為傾聽顧客的聲音，才能從使用者的觀點，不斷推出貼心服務。館員也透過不斷學習，持續汲取圖書資訊及科技新知，得以發揮專業協助顧客成為與時俱進的人才。全體館員在堅持永遠有改善空間的理念下，陸續創新，使圖書館成為師生使用學術資源首選的場所，利用圖書館的資源、服務及環境，激發其學習及研究的潛力。

那些年，從貝里斯走進來

擔任系主任時，系上正好招收一位貝里斯國際生M，中文字只看懂幾個，課業學習備極辛苦。為減輕其課業壓力，系上採取一些措施並提供課後輔導。

期中考前的週末到淡水河邊吃早餐，巧遇同學在那兒幫M惡補必修課「中文圖書分類編目」。這門課教學生如何有系統分編圖書，並編輯成目錄；學生需學習分辨書的內容及要項並加以詳載，且需依內容予以主題分析，訂定分類號。此門課對本地生已略有難度，更何況是對中文不熟悉的M，需先看懂試題內的中文圖書範例才能填答，的確非常困難。

為此，我特別請託授課老師，也是本校圖書館採編組鄭美珠組長，另外出一份英文考題。美珠老師臨危授命，倉促接下這任教卅幾年來前所未有的任務，煞費苦心，讓M得以順利應考；但也期許M期末可以用中文考。

除課業關懷，也持續關心M的生活。在約談與輔導過程中，發現M無法忍受人多密集的環境以及近距離與人接觸；獨處時，又充滿不安與恐懼。為了協助M，週末邀請他參加教會活動，希望藉由宗教力量安撫平靜他的心靈。

寒假時，顧念M隻身在臺，邀請他與我一起回彰化過年，M與我的家人互動，也因國情不同發生一些趣事，例如M洗完澡僅下半身裹條浴巾就走出浴室，讓保守的家人害羞不已！M還有許多吃飯禁忌，本人特別為他下廚煮一些類似的家鄉菜。大過年，家人從爺爺、姨婆到哥哥都給他紅包；並帶他到永靖花都踩腳踏車…讓他渡過一個很不同的年，M在臉書上將我們稱為「臺灣的家人」。

國際生來台除了語言，也存在課業壓力、思鄉及其他心理問題。系主任的角色，就是在輔導、聆聽他的問題，思考解決的方案及陪伴他。祝福遠在貝里斯的M，一切平安順遂！

（覺生紀念圖書館館長．宋雪芳）

第十三章　資訊處：多元、創新、服務

1960年代，我國尚處於電腦文盲時期，張創辦人建邦博士其間數度赴美考察，深切體會彼邦電腦科技發展神速，將對未來世界文明產生巨大衝擊，我國如不及時普及資訊教育，推動資訊工業，在即將來臨之資訊時代中，勢難面對優勝劣敗之嚴酷考驗。因此，堅信本校必須排除一切困難，設立資訊科系與成立資訊單位，實施資訊教育及推動資訊科技應用。1968年8月創設電子計算館，1980年8月更名資訊中心，2011年8月再更名資訊處。處內70位專任資訊人員，依業務性質分為6組（如圖13-1）。

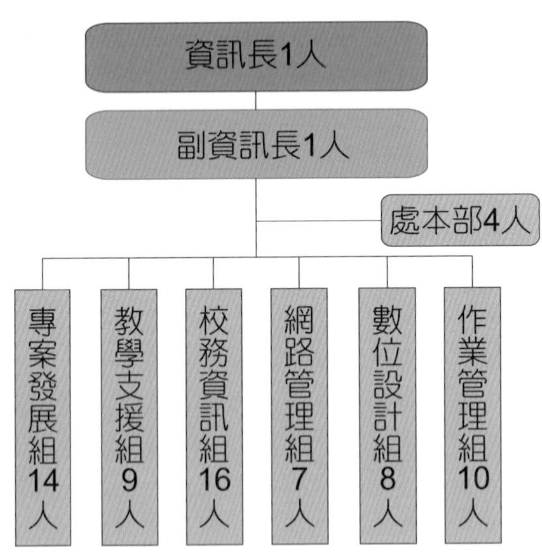

圖13-1　資訊處組織架構

一、領導與經營理念

「資訊化」為本校三化理念之一，資訊長對政府資訊政策、企業資訊應用與服務，以及各主要大學皆有深入互動與了解，能前瞻且正確規劃校園資訊化藍圖。在其領導下，以主動提供顧客「好上更好」的貼心服務為經營理念；持續創新思維、紮實資訊應用為價值觀；讓顧客隨時享用最貼心的資訊服務為品質政策。本校每年投入大量資源於校園資訊化，其成效為主要特色之一。資訊處以「持續領先的資訊競爭力」為使命，「創造最吸引人的大學資訊化校園」為願景，結合「持續創新思維」、「紮實資訊應用」之價值，與「安全可靠的資訊環境」、「整合運用校園資訊力」、「持續改進與創新應用」、「無所不在的資訊應用」、「提供顧客終身的服務」之資訊目標策略，以及「資訊安全」、「矩陣式管理」、「滿足顧客需求」、「遵循法律規章標準」、「風險管理」、「訂定關鍵績效指標」之資訊治理，建構品質屋（如圖13-2），並達成組織目標。

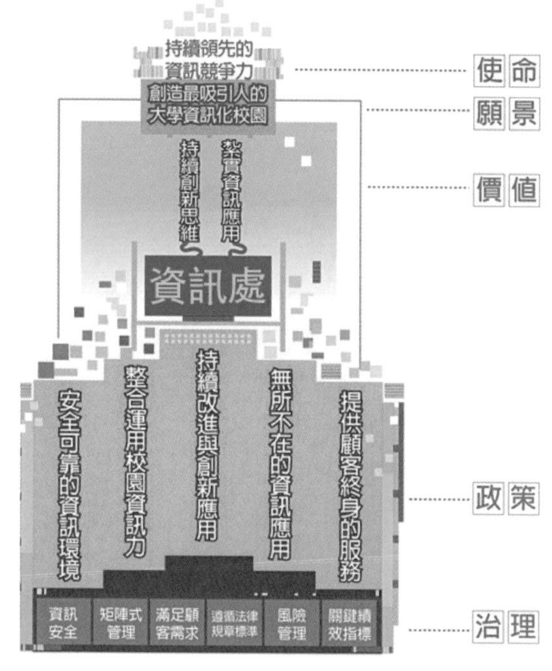

圖13-2　資訊處品質屋

規劃經營本校資訊化之餘，亦不忘社會責任。例如，1984年實施之新制大學聯招電腦作業，教育部在公立大學無承辦意願後，即徵詢本校並交付任務，連續10年零缺點之成效，深受各方肯定（如圖13-3）；本校經常接受政府或企業機構，如教育部、行政院農業委員會、經濟部商業司…等委託，共同開發新資訊系統與新資訊應用，2009年起，教育部「私校軍訓教官及護理教師薪資、退撫基金、軍健保及其他補助管理系統及發放作業」，由本校負責三百餘校約二千人之發薪系統與作業即為其一；捐贈二百餘部電腦供國中、小學校使用；提供電腦設備供紅十字會登錄88水災捐贈相關資料；此外，資訊長亦擔任多項政府輔導或民間組成之資訊相關團體領導人，提供各項資訊專業服務。

圖13-3　1986年教育部長李煥先生巡視本校大學聯招電腦分發作業

二、策略管理

整體策略規劃除秉持經營理念、品質政策、使命及願景外，還需充分掌握組織所面臨內外部環境優劣勢、機會與威脅，方能擬訂前瞻性策略與內涵，持續發展本校資訊化。資訊環境SWOT分析如圖13-4所示。

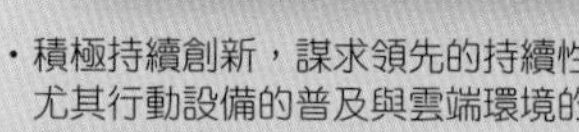

圖13-4　淡江大學資訊環境SWOT分析

資訊長每年召開策略會議，處內主管共同腦力激盪，規劃並精進策略內涵（如表13-1）與行動方案，訂定年度關鍵績效指標（KPIs）及目標值，並分派業務與資源。過程中會兼顧法律與技術發展，例如，2012年因應個資法施行，即在「安全可靠的資訊環境」策略下，增列「導入BS 10012個人資訊管理制度」與「導入資料庫稽核機制」行動方案，提升資訊安全管理水準。

表13-1 淡江大學資訊化策略及內涵

策略	策略內涵
安全可靠的資訊環境	· 建置業界水準之資訊機房 · 建置安全可靠之資訊網路 · 建置高速之當地及異地備份/備援系統 · 提升資訊安全管理水準 · 提供高可用度之電腦教室與實習室
整合運用校園資訊力	· 善用資訊處與資訊相關系所能量 · 成立各類學生服務團隊 · 獎勵師生參與開發校園資訊服務軟體（如App）
持續改進與創新應用	· 強化校務e化與服務 · 導入國際標準提升服務品質 · 組織及人力結構最適化 · 提升資訊素養與資訊技能
無所不在的資訊應用	· 建置雲端環境提供無所不在之資訊服務 · 強化無線網路連線範圍與品質 · 開發淡江i生活App
提供顧客終身的服務	· 提供顧客終身可用之電子郵件服務 · 終身保留教師歷程相關資料 · 提供校友以網路申購成績單之服務

規劃之策略內涵與行動方案，經由業務會議、組務會議及各種工作會議，轉知全體同仁。各組組長依據負責業務項目及時程，配置人力與資源，執行年度工作計畫。資訊處以定期追蹤進度，辦理內、外部稽核及年終滿意度調查等，進行查核與評量。檢視過程中，針對問題採取適當改善措施。資訊化PDCA如圖13-5所示。

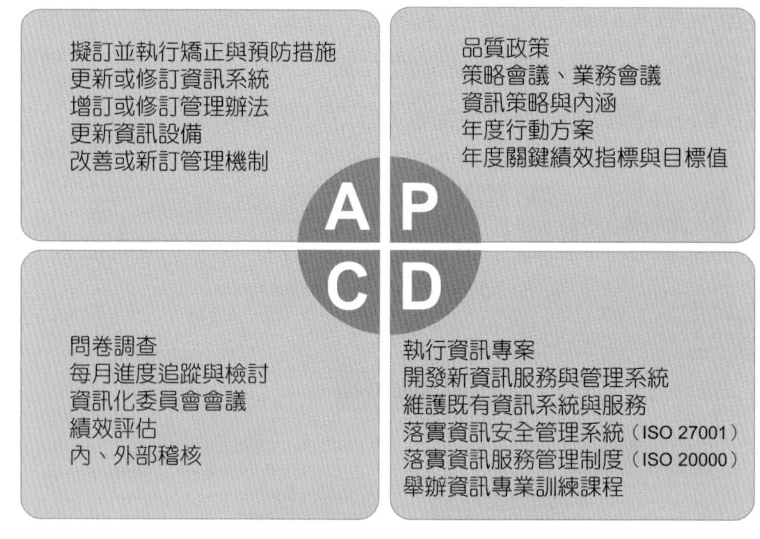

圖13-5　資訊化PDCA流程

三、研發與創新

本校研發與創新（如圖13-6）是以顧客為導向，秉承資訊品質政策，透過各級會議擬定之年度目標與行動方案為藍圖，經由下列五項要素，持續不斷改進與創新本校資訊應用與服務。(一)學習資訊新技術，提升資訊技能：同仁需不斷學習新技術，方能走在資訊時代前端，設計符合顧客需求產品；(二) 建立良好資訊開發環境，提升工作效能：工欲善其事必先利其器，資訊處每年編列經費購置工作所需軟、硬體設備；(三) 導入國際標準，提升服務品質：導入ISO27001、ISO20000、BS10012，並培訓五十餘位同仁取得主導稽核員國際證照；(四)跨組織協同合作，提升產品品質：與各業務單位組成專案團隊，注入新思維新作法，共同開發新系統，精進系統功能；(五)設置專案經理，提升執行力：

跨單位或重大計畫常設置專案經理，負責計畫之規劃、協調、管控等管理工作。再根據取得認證人數，技術運用成效，研發創新件數，顧客滿意度調查等，檢視同仁及跨組織合作成效。

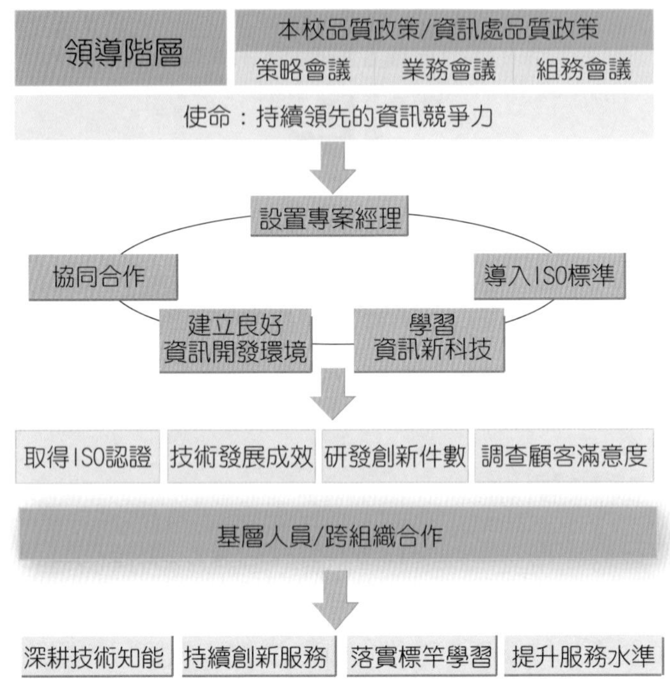

圖13-6　研發與創新流程圖

1969年起，本校為提供教學與研究服務，於全國大專校院中率先採用電腦，四十餘年來研發與創新成果豐碩。資訊應用與服務方面：例如1993年，首創電話語音即時選課，學生立即獲知選課結果，不需等候通知。1998年，再創網路即時選課，同時上線人數達1千人，其後開發之新版本更高達5千人。2001年，與銀行合作開發虛擬帳號繳費功能，考生於網路報名，

ATM轉帳繳費，省時又方便。2008年，以自然人憑證線上簽辦公文，節省三校園間公文傳遞時間，外籍教師亦可使用本校發給憑證辦文（如圖13-7）；2010年，開發e化點名（報到）系統，教職員生持RFID證件過卡，即完成報到或點名手續，缺課學生還會收到通知。2011年，開發教師歷程系統，彙集教學、研究、服務等類資料，方便教師提報使用。2012年，推出「淡江i生活」App（如圖13-8），利用行動裝置，可隨時隨地查看圖書館資訊、近期活動、公車動態、實習室機位、個人課表…等。

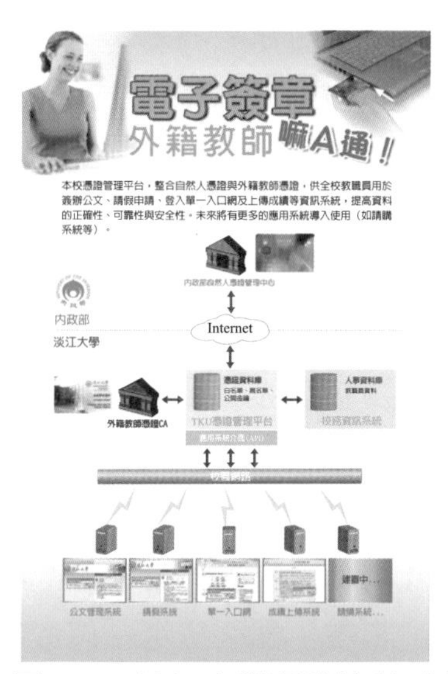

圖13-7　淡江大學憑證管理平台

教學行政支援方面：1996年，電腦實習室24小時開放（如圖13-9），提供學生不打烊服務。1998年，尊重智慧財產權，領先各校與微軟公司簽訂校園授權軟體（為亞洲第一所大學）。2000年，首創電腦維修服務隊，每年培訓約四十位學生，擔任第一線維修工作；2001年，再創網路維修服務隊；學生累積之實務經驗，為許多

圖13-8　淡江i生活首頁

企業所需，有助其日後就業與創業。同年，領先各校建置具業界水準之IDC（Internet Data Center）機房，集中管理本校伺服器，增加伺服器穩定度、安全度及可靠度（如圖13-10）。

圖13-9　24小時開放電腦實習室

2002年，建置教學支援平台，推動全校教材數位化。2004年，取得BS7799資訊安全管理證書，2006年再取得ISO 27001證書，均為國內第一個通過認證之學術單位；2008年，通過ISO 20000審查，為全球第一個取得認證之學術單位。2005年，開始會簽各單位電腦軟、硬體採購案，每年為校撙節數百萬經費。2008年，統一議定印表機碳粉及紙張價格，每年約撙節25%經費。

圖13-10　資訊處IDC機房

網路服務與建設方面：1996年，與中華電信合作進行ADSL實驗計畫，成功開啟我國利用電話線連接網路新世代，本校教職員生亦因此享有優惠連線服務。2008年，建置安全維運中心（SOC），分析本校網路行為，控制網路攻擊災害；同年，成立資訊安全服務隊，利用工具軟體及SOC，找出校內網站潛藏漏洞，降低資安事件發生率。

四、顧客與市場發展

本校資訊服務對象分為內部顧客與外部顧客，前者包含在校教職員生及各業務單位，後者包含校友、家長、退休同仁、訪客與政府機關、民間企業。提供資訊服務時會以「顧客滿意」為導向，考慮各顧客群不同需要，例如：

(一) 教師：不限時間地點，可以自然人憑證上傳期中、期末成績，方便又較具安全性；電腦故障報修，資訊處會主動取件，快速維修並送件（如圖13-11）；於家中可使用費用低廉之ADSL或光纖到府服務；退休後可終身使用本校電子郵件服務。

圖13-11　電腦維修服務

(二) 職員：不限時間地點，可以自然人憑證簽辦公文、辦理請假，方便又快速；利用「活動報名系統」（如圖13-12），可將活動上架、報名、發送提醒通知、刷卡簽到等工作一氣呵成；參加各類資訊研習課程，可提升資訊素養；報修電腦，可享受資訊處主動取件，快速維修並送件之服務。

圖13-12　活動報名系統首頁

(三) 學生：即時選課即時得知結果，不需等候通知；使用24小時開放之電腦實習室；享用印表服務不需另外付費；利用「淡江i生活」App，可於手機查看實習室機位、公車動態等；畢業生可以低廉價格（數百元）購買微軟產品；於住處使用費用低廉之ADSL或光纖到府服務；校友可終身使用本校電子郵件服務。

(四) 業務單位：本校IDC機房存放數百部各單位伺服器，除人員24小時值班外，並以自動化設備監控其上服務，當服務中斷時，系統會依設定程序，主動通知管理人員及相關主管，中斷時間越長，通知層級越高。

(五) 家長與訪客：於本校首頁可使用多種資訊服務，如查閱行事曆、學生課表、住宿資訊、最新訊息等；在校園內可使用無線網路服務；利用「淡江i生活」App，可於手機查看公車動態。

網路是資訊服務之根基，本校網路設備眾多，顧客使用量大，為掌握網路運作狀況，建有各種自動監控機制，並設計多種監控系統。以無線網路為例，平日一天約有三萬餘人次使用，要管理分散各地之五百餘個無線基地台，必須藉助自動監控系統，主動偵測每個基地台使用人數、網路流量、是否異常等（如圖13-13），方能及早發現問題並加以處理。此外，配合無線網路顧客成長，亦簡化登入方式，讓顧客使用更方便。

資訊處每年5月進行之顧客滿意度調查，題目包含重點服務項目（含新功能）及整體服務兩大類，分別針對教師、學生、職員設計問卷。6月統計分析與整理顧客開放性意見後，交由各

無線網路流量

系統:　Cisco 6509
最高速率: 1000Mbits/s
上次統計更新時間: 2013 年 十二月 23 日 星期一 15:05,
設備名稱 'TKU_C6509'，已運作時間(UPTIME): 140 days, 3:20:07.

每日 圖表 (5 分鐘 平均)

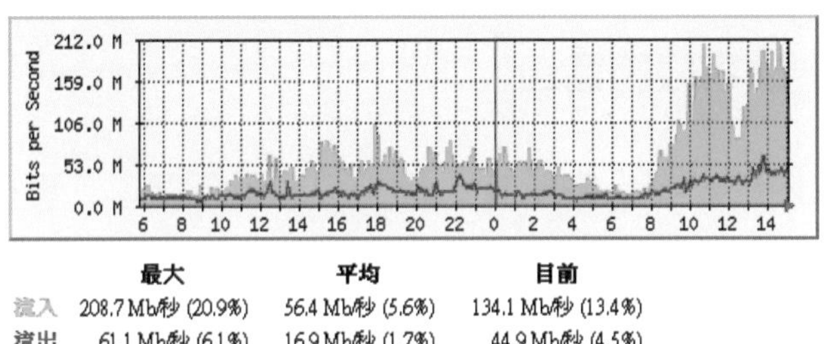

	最大	平均	目前
流入	208.7 Mb/秒 (20.9%)	56.4 Mb/秒 (5.6%)	134.1 Mb/秒 (13.4%)
流出	61.1 Mb/秒 (6.1%)	16.9 Mb/秒 (1.7%)	44.9 Mb/秒 (4.5%)

每週 圖表 (30 分鐘 平均)

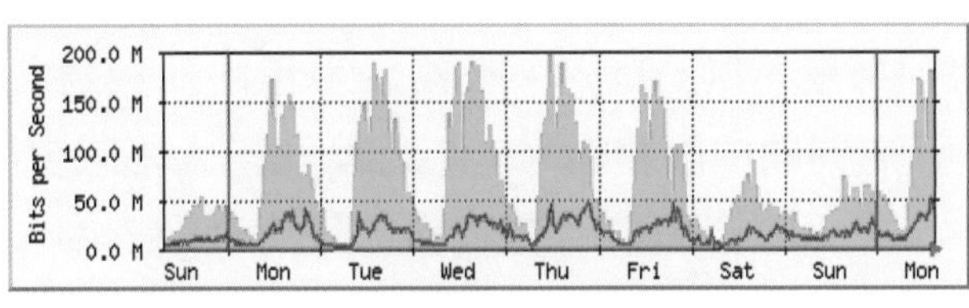

	最大	平均	目前
流入	194.2 Mb/秒 (19.4%)	63.2 Mb/秒 (6.3%)	179.3 Mb/秒 (17.9%)
流出	48.5 Mb/秒 (4.8%)	14.8 Mb/秒 (1.5%)	41.5 Mb/秒 (4.2%)

圖13-13　無線網路流量圖

組擬訂改善草案，再召開會議討論，定案後逐條回復顧客意見並上網公布之。100學年度，資訊處即參考顧客意見，調整經費使用順序，提前汰換無線網路設備，提升無線上網品質；101學年度，利用議價結餘款，進行單一帳號管理系統量能提升計畫。顧客提供建言之外，亦常給予資訊處鼓勵與肯定，同仁看到顧客給的「讚」字都倍感溫暖。

五、人力資源與知識管理

資訊處自行開發近百個資訊系統，管理千餘部個人電腦、近二百部伺服器以及千餘部網路設備，考量顧客服務科技發展與業務成長，人力資源規劃重點為「統一顧客服務窗口」、「持續提升資訊技能與素養」與「整合運用校園資訊力」。

(一) 統一顧客服務窗口

本校內部顧客人數眾多，統一顧客服務窗口，可提高顧客滿意度。資訊處於2008年成立「聯合服務台」，由3位同仁擔任第一線工作，負責接聽、記錄顧客電話並排除系統操作問題，2人負責第二線工作，親至現場排除電腦與網路問題，各系統開發人員則負責第三線系統方面問題。當年，適逢本校全面啟用「公文管理系統」（OD），服務台半年內即接聽2,198通電話，其中八成問題由服務台一、二線解決，大幅減少程式人員負擔。多年來，聯合服務台在資訊處滿意度調查中，皆獲5分（6分量表）以上成績，其服務倍受顧客肯定。

(二) 持續提升資訊技能與素養

資訊處中程計畫列有提升處內人員技術能力及內部顧客資訊素養之行動方案，而培訓同仁取得國際證照，亦是人力資源開發項目之一。為此，資訊處每年編列經費，外聘實務經驗豐富教師，開設進階技術課程，程式設計人員一律參加。提升內部顧客資訊素養包含辦理資訊安全、各類軟體（如Word、Excel、簡報製作等）及資訊系統使用研習會。至於國際證照，除培訓處內同仁外，個資管理有關之BS10012，還包含各單位秘書；訓練所需費用由學校負擔，取得證照同仁需輪流擔任內部稽核工作。

(三) 整合運用校園資訊力

本校電腦數量眾多，各辦公室、研究室及電腦實習室電腦維修工作，單憑資訊處3人不足以完成，因此須藉助系所能量。2000年，成立電腦維修服務隊，每年培訓40位學生，提供第一線維修服務，平均一年一人約可維修七十部電腦，資訊處同仁則負責二線及指導與考核工作，通過考核之學生，依程度發給初、中、高級服務證書。有了維修隊協助，電腦維修服務KPI目標值（24工時內完修率≧90%）才能順利達成，而學生四年累積實務經驗，亦有助其就業與創業；2001年，再成立網路維修服務隊。2013年，為加速行動校園服務App開發，邀請師生一起參與，資訊處提供必要資源。

員工是組織重要資產，藉助會議多與同仁交流意見，適度獎勵表現優異人員，鼓勵在職進修學位提升學識及待遇，聯誼活動邀請家屬及退休同仁參加，是目前強化組織關係的作法。以在職進修學位為例，已有15人取得資訊相關科系碩士學位，2人取得博士學位。

知識共享方面：(一) 編製各種文件，供業務處理及工作交接使用。例如個人資料管理制度訂有個資管理政策、有效性指標、風險評鑑、教育訓練、法令遵循、作業規範、事件管理、內部稽核、矯正及預防措施等數十種文件。(二) 建立各類服務紀錄，根據紀錄製作常見問題Q&A，例如聯合服務台、電腦報修、網路報修等。(三) 建立資訊分享平台，放置各類表單、法規章程、標準作業程序、講義、刊物等，方便同仁查閱使用。

六、資訊策略、應用與管理

資訊策略的形成，充分運用組織優勢條件，並以「資訊策略、應用與管理」貫穿全面品質管理其他七大構面。各構面與「資訊策略、應用與管理」關係如圖13-14所示。

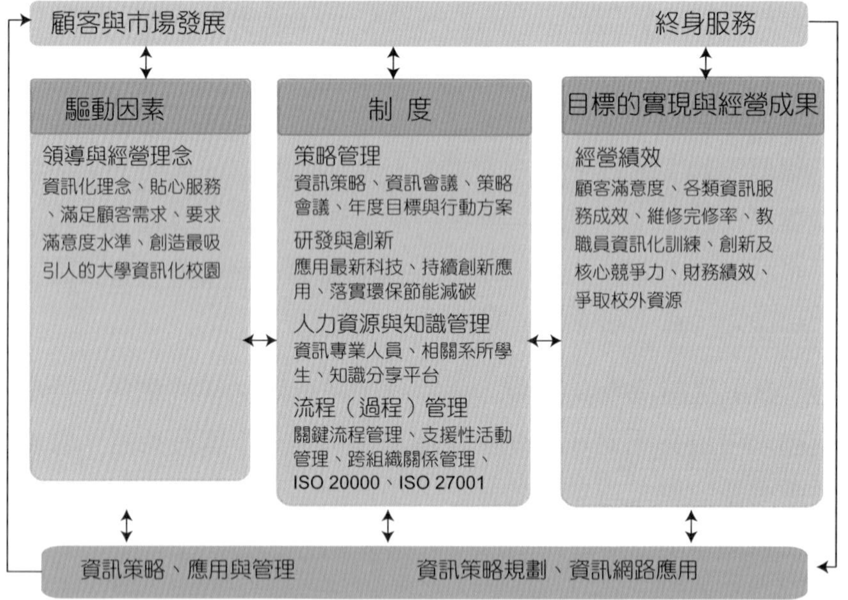

圖13-14　資訊策略、應用與管理」與全面品質管理其他七大構面關係圖

資訊處每年召開之策略會議，會充分考慮組織所面臨外部環境的各種機會與威脅，強化資訊安全管理與服務，並掌握資訊科技發展新趨勢，檢討、更新中程目標與策略。

資訊處新開發之資訊網路應用系統，均須遵循處訂安全規範，執行原始碼弱點掃描與網站弱點滲透測試，通過風險門檻檢測與壓力測試後始得上線。本校整合性校務資訊系統架構如圖13-15所示。

淡江大學整合性校務資訊系統

人事
-教職員工基本資料
-薪津計算
-保險、互助金
-出勤、考績
-稅款處理
-教師聘審
-各類名冊編印
-請假及簽核
-教師歷程

課程
-必修科目
-開課、排課
-選課
-教師鐘點核算
-排考、監考
-網路及電話語音選課
-教學計劃表管理
-教學意見調查分析
-課程地圖
-e化點名
-大學學習課程

學生
-招生事務
-入學編班編學號
-學期註冊
-學籍資料處理
-轉系申請暨分發
-計分簿成績登錄上傳
-成績計算處理
-畢業資格審核
-網路及電話語音註冊
-教育學程
-核心能力指標

學務
-學生綜合卡資料登錄
-學生就貸
-兵役處理
-獎助學金申請暨發放
-學生請假
-學生獎懲管理
-導師輔導
-社團學習與實作課程
-學生學習歷程

課程　學生　人事　學務　財務　設備

財務
-預算編製及審核
-預算執行及控制
-會計處理
-決算處理
-媒體報稅
-學生收退費處理
-研究案人事暨撥款

設備
-設備新購轉移及報廢
-設備分戶及分類
-設備相關附件處理
-設備盤點
-設備折舊處理
-各類表冊編印

其他
-辦公式自動化系統
-公文管理系統
-主管資訊系統
-卡務管理系統
-門禁管理系統
-活動報名系統

圖13-15　淡江大學整合性校務資訊系統

七、流程（過程）管理

資訊處的兩大關鍵任務為「自行開發維護資訊系統」及「提供各類資訊服務」，管理重點為作業流程標準化，作業過程均留下詳細紀錄，可供日後統計分析及查證使用。

新系統開發，先由各業務單位規劃需求訪談時程，資訊處初估所需人力，送行政副校長主持之資訊會議討論，再依決議順序進行開發，資訊處每月定期陳報開發進度。大型開發案每兩個月與業務單位舉行專案會議，檢討進度並討論重要議題。至於系統維護則由雙方先行討論，業務單位再填寫「資訊系統功能新增/異動委託單」，標明期望完成時間，附上相關規範與內容，經單位主管簽核後送資訊處排程，完成後附上人力成本及畫面報表樣本，送回委託單位驗收並簽字，完成之委託單由資訊處歸檔保存。

資訊服務於2008年導入國際標準ISO 20000，建立管理制度（如圖13-16），並將資訊服務流程標準化、文件化。藉由每月檢視各流程績效指標，及每年內、外部稽核，找出需改進事項，擬訂矯正預防措施，持續改善以提升服務品質。除4類主要資訊服務通過ISO 20000，資訊安全管理通過ISO 27001認證外，其他服務流程亦依此加以標準化。

關鍵流程標準化後，還需加入支援性活動與組織，如：滿意度調查、聯合服務台、電腦維修服務隊、網路維修服務隊、資安服務隊、會辦各單位軟硬體資訊設備採購案等，以及跨組織進行之會議，如：資訊會議、資訊化委員會、專案會議、一般電腦教學實習支援座談會等，方能讓資訊處的關鍵任務順利運轉。

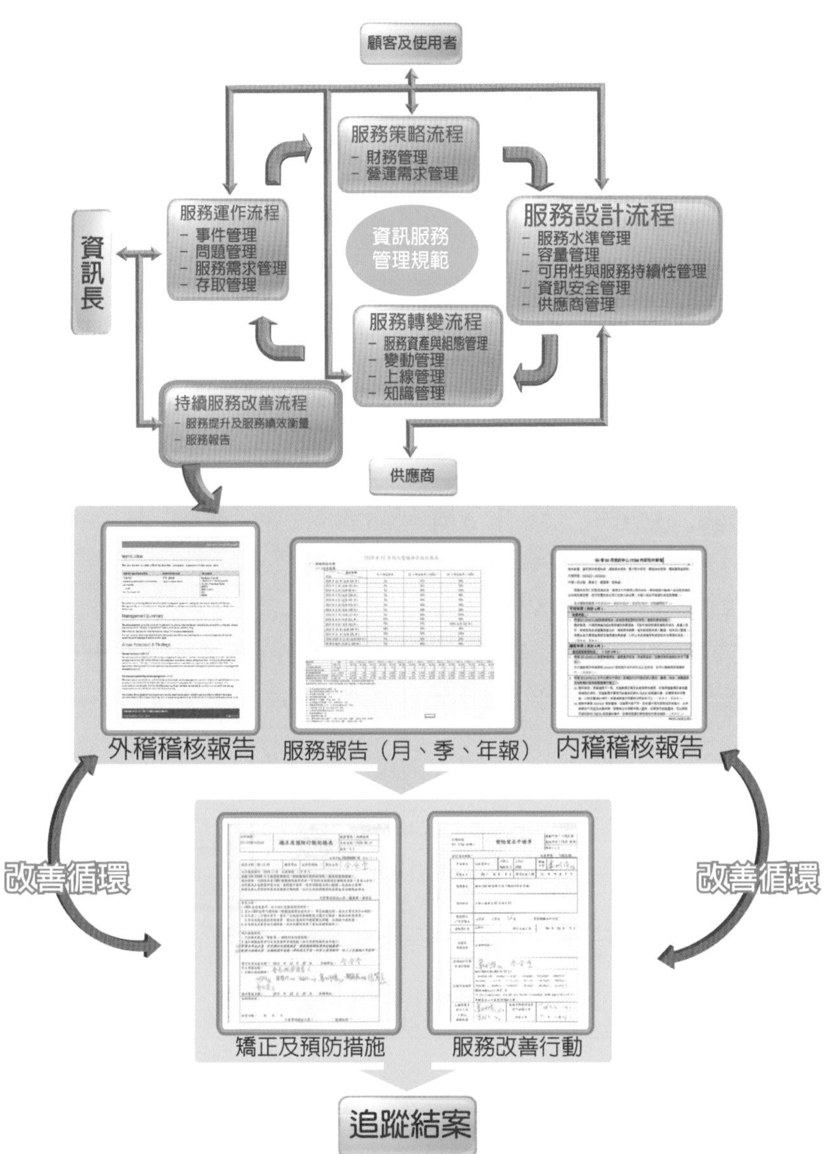

圖13-16　資訊服務管理制度流程關聯圖

八、經營績效

(一) 顧客滿意度

資訊處每年5月舉辦滿意度調查，根據資料整理與分析結果，研擬改進方案，並逐項回應開放性意見，定期追蹤改進方案處理情形。98至101學年滿意度調查結果如表13-2所示。

表13-2　98至101學年資訊處滿意度調查結果

項目	身分	98學年	99學年	100學年	101學年	
對資訊處人員服務態度的滿意度	教師	5.29	5.37	5.34	5.36	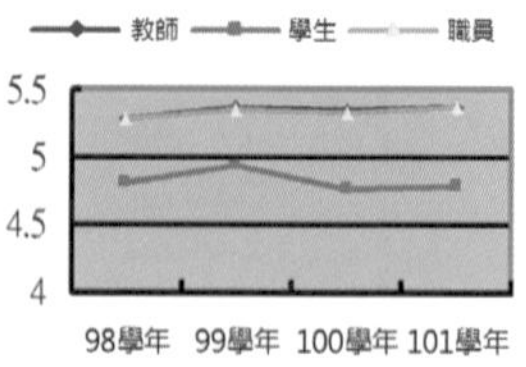 教師 學生 職員 5.5 5 4.5 4 98學年 99學年 100學年 101學年
	學生	4.79	4.92	4.75	4.78	
	職員	5.28	5.35	5.32	5.37	
對資訊處提供之資訊系統與服務的滿意度	教師	4.99	5.16	5.11	5.11	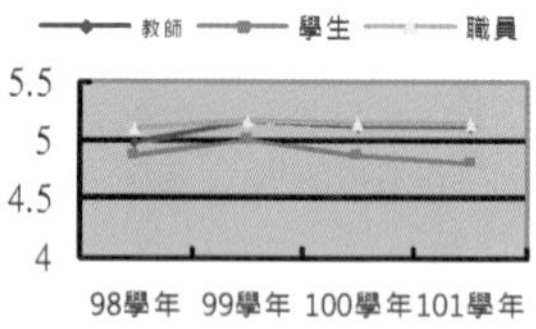 教師 學生 職員 5.5 5 4.5 4 98學年 99學年 100學年 101學年
	學生	4.87	5.00	4.86	4.80	
	職員	5.10	5.16	5.14	5.14	

(二) 市場發展績效

1. 電腦實習室使用績效：資訊處負責支援全校一般性電腦教學實習，提供近千部電腦供學生使用。99至101學年度學生上機使用情形如表13-3所示。

表13-3　99至101學年度資訊處電腦實習室學生上機使用統計表

學年	學生人數	上機人數	上機人數百分比（%）	上機人次（次）	上機總時數（時）	每人平均上機次數（次）	每人平均上機時數（時）
99	27,876	25,613	91.88%	848,351	681,443	33	26.6
100	27,672	25,724	92.96%	855,654	683,588	33	26.6
101	27,217	25,239	92.73%	765,500	637,483	30	25.3

2. 顧客教育訓練績效：1989年，本校加速推動資訊化，於各單位配置電腦，並開辦資訊相關課程。83至101學年共開設318門2,532小時課程，上課人數共25,932人次74,142人時。

3. 服務隊培訓績效：至101學年共培訓444位學生，在其協助下已順利達成維修KPI目標值。學生學習之職場所需實務資訊技能，有助提升職場競爭力，其中多人為美商或國內企業網羅。

(三) 財務績效

1. 撙節經費績效：資訊處會簽各單位資訊軟硬體請購案，以及統一議定碳粉及紙張優惠單價，可降低採購成本，為本校節省許多經費（如表13-4）。

表13-4　資訊處協助各單位撙節經費績效表

項目	年度	節省經費（元）	合計（元）	備註
會簽各單位資訊軟硬體請購案（向廠商爭取優惠價格或提高規格）	2005	243萬	3,068萬	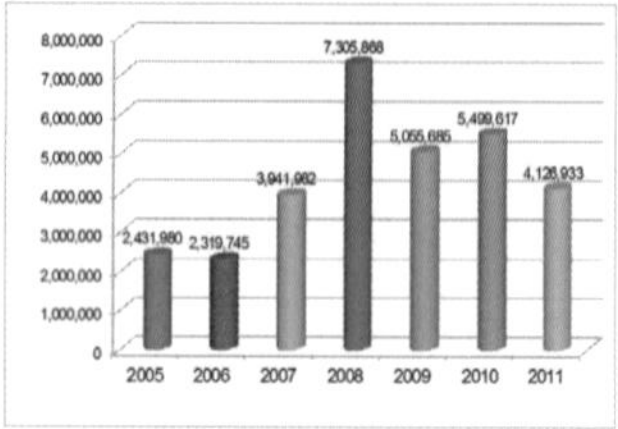
	2006	232萬		
	2007	394萬		
	2008	730萬		
	2009	506萬		
	2010	550萬		
	2011	413萬		
辦理印表機碳粉及紙張統一議價	2008	222萬	1,381萬	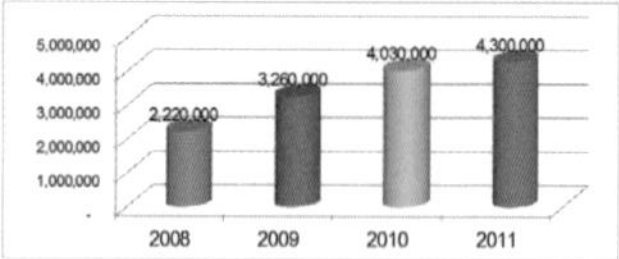
	2009	326萬		
	2010	403萬		
	2011	430萬		

2. 爭取校外資源績效：資訊處承辦政府或企業研發案可挹注經費。例如，2004年，與大眾電信合作，取得設備，擴充本校電話交換機，增加分機線路；2006年，承辦經濟部工業局計畫，以計畫經費購置本校無線網路基地台；2008年，與AceNet公司合作，取得設備，分析本校網路行為，控制網路攻擊災害；2009年起，承辦教育部軍訓處私校軍訓教官及護理教師發薪系統與作業，獲撥補軍訓教官等。

(四) 人力資源發展績效

1. 取得國際證照績效：至101學年，資訊處共有17位同仁取得ISO 27001、14位取得ISO 20000、8位取得BS 10012，及各單位14位秘書（同仁）取得BS 10012主導稽核員證照，內稽工作均由同仁負責；另外，尚有6位資訊處同仁通過CEH道德駭客認證。

2. 專業訓練課程績效：資訊處辦理之內部專業訓練課程如表13-5所示。同仁習得技能已應用於系統開發及提升系統效率與品質。

表13-5　94至101學年資訊處內部專業課程訓練統計表

專業課程種類	課程數	課程時數	人次	人時
程式/網頁設計	27	414	1,302	15,180
資料庫設計與管理	6	125	300	3,363
伺服器管理	5	69	122	1,945
資訊安全	4	89	203	1,147
ISO	7	49	139	734
其他	4	37	86	650
合計	53	783	2,152	23,109

3. 善用系所資訊能量績效：招募學生成立電腦維修、網路維修及資安服務隊，提供第一線服務，其中電腦維修服務隊24工時完修率如表13-6所示。

表13-6　99至101學年電腦維修服務隊績效

學年	總件數	件/日	件/人日	時/件	24工時完修率目標值	24工時完修率
99	2,734	12.18	2.90	2.76	90%	98%
100	2,894	12.81	2.72	2.94	90%	99%
101	2,753	12.37	2.43	3.30	90%	93%

(五) 資訊管理績效

1. 校園網路連外可用率：本校以1條Giga電路連接TANet，1條Giga及1條E1連接Hinet。網路連外品質如表13-7所示，連外中斷時間，除100學年因設備升級於非上班時間中斷1.5小時外，其餘均為本校連外網路上游單位施工所致（如表13-7）。

表13-7　99至101學年網路管理績效

項　　目	99學年	100學年	101學年
連外網路可使用率	99.89%	99.97%	99.95%
連外網路中斷時間（含骨幹上游單位線路斷線施工）（小時）	9.48	2.52	4.5

2. 資訊服務可用率：本校資訊服務與系統皆訂有指標項目及可用率目標值，101學年度已調高部分項目目標值。99至101學年度各項目可用率如表13-8所示。

表13-8　99至101學年資訊系統與資訊服務可用率

指標項目	實際值（目標值）			指標定義
	99學年	100學年	101學年	
骨幹網路服務可用率（含校內骨幹與連外網路）	99.61% （≧98%）	99.76% （≧98.5%）	99.75% （≧98.5%）	實際值=[（當年天數×24小時–服務中斷時數）/（當年天數×24小時）]×100% 服務中斷時數=非預期服務中斷時數+維護時數
淡江首頁可用率	99.98% （≧95%）	100.00% （≧95%）	100.00% （≧98%）	
電子郵件服務可用率	99.98% （≧97.5%）	99.98% （≧98%）	100.00% （≧98%）	
校務資訊系統可用率	99.99% （≧95%）	99.97% （≧95%）	99.96% （≧98%）	
辦公室自動化系統（OA）可用率	99.36% （≧95%）	99.63% （≧95%）	99.84% （≧98%）	
公文管理系統（OD）可用率	99.99% （≧95%）	99.99% （≧95%）	99.99% （≧98%）	

3. IDC機房：機房電力使用有效值PUE（Power Usage Effectiveness，為IDC機房總用電量除以IT設備總用電量之值），是衡量IDC機房是否達到綠能環保的重要指標。本校機房PUE值（如圖13-17）與世界級水準相比毫不遜色，降低用電量減少營運成本，亦符合本校「提升能源使用效率，創造綠色校園」環境政策。機房每年持續通過ISO 27001認證。

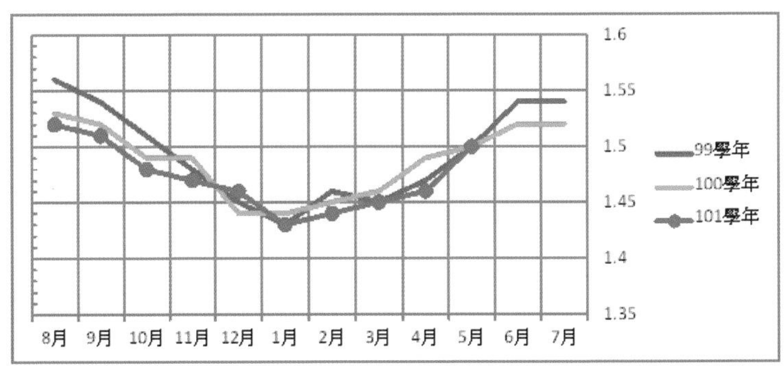

圖13-17　99至101學年資訊處IDC機房PUE績效

(六) 流程管理績效

1. 關鍵流程指標績效：關鍵流程包含資訊系統開發維護與資訊服務，部分指標項目已列於（表13-8），其餘指標項目目標值與實際值如表13-9所示。

表13-9　99至101學年資訊系統開發維護及資訊服務指標檢核表

指標項目	實際值（A）（目標值）			指標定義
	99學年	100學年	101學年	
校務資訊系統維護案達成率	100.00%（≧90%）	100.00%（90%）	100.00%（90%）	A=按時完成委託案件總數／委託案件總數×100%
電腦實習室設備可用率	97.74%（≧97%）	99.82%（≧97%）	99.82%（≧97%）	A=（公告開放總時數-設備故障時數-設備出借時數）／公告開放總時數×100%
電腦實習室設備故障率	0.19%（≦2%）	0.14%（≦2%）	0.14%（≦2%）	A=設備故障時數／公告開放總時數×100%
電腦維修24個工時內完修率	98.00%（≧90%）	99.00%（≧90%）	92.00%（≧90%）	A=電腦維修24工時內完修總件數／電腦維修總件數×100%

2. 聯合服務台績效：聯合服務台簡化顧客問題諮詢流程，八成以上問題可在服務台獲得解決（如表13-10），讓顧客享有更好的服務品質。

表13-10　資訊處聯合服務台服務件數統計表

學年	問題總件數	一線人員		二線人員		三線人員	
		服務件數	百分比	服務件數	百分比	服務件數	百分比
99	4,544	2,583	56.8%	839	18.5%	1,122	24.7%
100	6,650	4,369	65.7%	1,086	16.3%	1,195	18.0%
101	6,175	4,294	69.5%	1,004	16.3%	877	14.2%

(七) 創新及核心競爭力績效

本校校務資訊系統多自行規劃開發，資訊處擁有系統開發所需核心技術與能力，加上持續導入新科技與新應用，因此得以持續創新服務。例如：

1. 電腦排考：私立大學教室資源有限，本校排考需考慮使用最少教室，以授課時段優先安排，相同試卷相同考試時間，每節衝堂人次小於80，學生連續衝堂小於3節，跨校園考試所需車程，每學期有二十萬人科星期節次之資料量等要件。利用資訊處研發之衝堂演算法，半小時內即可完成衝堂人數最少之電腦排考，大幅減輕教務處排考工作負擔。
2. 網路即時選課：本校選課條件既複雜且多樣，即時選課核心技術，在於極短時間內，系統需快速且正確審查完畢大量湧入的學生選課資料。1998年起，本校網路即時選課系統已歷經三次改版，同時上線人數由1,000人提升至6,000人，尖峰時間由1小時降至5分鐘。網路即時選課是本校特色，也是許多學校參訪重點項目。
3. 電腦畢業審核：根據學生入學年度、就讀系所、必修科目、修習學分等，審查八、九千位學生已修習科目與畢業條件符合程度，是項耗時且複雜的工作。資訊處設計之電腦畢業審核，在30分鐘內即可完成畢業班學生約五十八萬人科必修科目及畢業學分審查。
4. e化點名系統：本校大一新生必修「大學學習課程」與「社團學習與實作課程」，兩課程成績均與學生出席率有關，以國際悠遊學生證刷卡點名，既簡單又方便，結合學生請假資料，還可主動發出缺課通知，提醒學生注意補課。

5. RFID卡務管理系統：本校以RFID卡務管理系統管理學生證、教職員證之製卡、配發、掛失及補發。本校各資訊系統利用此系統內資料，可以正確辨識持卡人身分及卡片是否有效，相關應用如：e化點名、門禁管制、圖書館進出與借書、教室與研究室節電控制（進入室內後，插卡供電，取卡斷電）等。
6. 憑證管理平台：本校憑證管理平台除自然人憑證外，亦包含自行發放之外籍教師數位憑證，是各項電子簽章作業基礎，已用於教師上傳學生成績，主管及同仁線上簽辦公文及請假。外籍教師以憑證簽辦公文及上傳成績為國內首創。
7. 活動與報名系統：各單位利用此系統，可快速建立活動資訊，如：報名期間、名額、餐點及接駁車安排等，並將活動上架供教職員生線上報名，活動日期將屆會寄發提醒通知。99學年啟用後，已有60個單位上千次活動及六萬三千人次報名使用，其中包含對外辦理之研習會，以及校外報名人士。

(八) 社會評價（品質榮譽）

四十餘年來，本校資訊化成果深受社會大眾肯定，茲臚列數項成果如下。

1. 2000年，教育部主辦「全國各級學校校園網站建置比賽」，本校獲「金網獎」優等（如圖13-18），為教育部指定公開展覽與觀摩之學校。得獎理由為「多國語言模式，堪稱國際化典範、網頁設計互動活潑兼顧教學與社會關懷理念」。

2. 2001年，數位周刊「大學校院數位環境評比調查」，本校獲「數位天堂」美譽（如圖13-19）。

3. 2002年，為中華民國電腦稽核協會臺灣分會設計網站，榮獲ISACA銀牌獎。

4. 2004年，通過BSI BS7799資訊安全管理系統認證（如圖13-20）；2006年，再通過ISO 27001認證。均為國內第一個通過此項認證之學術單位。

圖13-18　本校網頁獲教育部「金網獎」

5. 2006年，教育部辦理「全國校務行政e化諮詢及輔導計畫」，本校負責大學校院北東區域（計73所大學）輔導團任務。

6. 2007年，本校「財務資訊專區」網頁獲教育部遴選為「大專校院財務資訊公開專區」示範學校（另一校為政治大學）；「學雜費專區網頁」則是唯一受教育部選定為「學校首頁學雜費專區資訊揭露清楚明確，具特色」之學校。

圖13-19　本校獲「數位天堂」美譽

圖13-20　校長率同仁領取BS7799證書

7. 2008年，通過ISO 20000認證，為全球第一個通過此項認證之學術單位；榮獲教育部「96學年度執行校園保護智慧財產權行動方案措施（校園網路管理類）」獎項（如圖13-21）。

8. 2013年1月，西班牙國家研究委員會網路計量研究中心所公布之「Ranking Web of World Universities」，本校在一萬多個世界大學暨研究機構網路排名中，位居全球445名，國內排名第10名，蟬聯私校第一。

9. 本校資訊化成果及經驗為許多大學參訪對象，近幾年蒞臨單位如下（依來訪先後順序排列）：成功大學、致理技術學院（2次）、醒吾技術學院、南開大學、元智大學（2次）、輔仁大學（2次）、中原大學（2次）、臺灣大學（2次）、臺北市教育大學、文化大學、政治大學（2次）、台東大學、逢甲大學、國防大學（3次）、開南大學、中華大學、文藻外語學院、嶺東科技大學、藝術大學、義守大學、長庚

圖13-21　本校獲教育部保護智慧財產權獎牌

大學、台大醫院、東海大學、明道大學、樹德科技大學、馬偕醫學院籌備處、交通大學、政治大學會計系、馬偕醫學院、東南技術學院、勤益技術學院、南臺科技大學、弘光科技大學（2次）以及銘傳大學。

九、結語

資訊處遵循「讓顧客隨時享用最貼心的資訊服務」之品質政策，展望未來服務品質再提升，擬定下列三項策略內涵：

(一) 持續提升顧客滿意度：持續舉辦滿意度調查，主動掌握本校教職員生對資訊處提供之資訊基礎建設及各組重要服務項目之滿意度，並訂定具體改善措施與時程。

(二) 持續創新服務：近年來，行動設備的普及與雲端環境的成熟，引導出更多元化的創新服務。資訊處將加強校園行動設備App之開發與服務，並善用雲端技術與環境，提供全校教職員生任何時間、任何地點，均可採用任何設備，更方便且更簡單的使用本校提供之資源與服務。

(三) 精進KPI目標：資訊處KPI指標類型可分為顧客滿意度、作業流程、知識管理、經營績效等類別，每季檢視KPI目標並依執行狀況酌情優化KPI目標值。

溫馨接送情_夜間護送

「喂　護送專線嗎」我惶恐地撥了電話

「是　妳好」和氣的警衛先生回答

「您好　我是英文系　能載我回宿舍嗎」

「好　請問妳在哪」

我冷到吱唔回應：「我還在捷運站」

「嗯 那兒載送不便且範圍太大 請走到對面加油站明亮處 目標較明顯也安全」

「喔　好」頓時心中安定些，掛上電話走向加油站等候。

不久就有人騎「淡江大學護送專車」來載我。雖看不清他模樣，但從他拿安全帽給我戴上時，便不再害怕。

這已不止一次的撥打，載我的從不熟而漸熟悉，他們都是群熱血的護送天使。

我每天就像灰姑娘趕搭最後一班捷運及接駁車，在午夜12點鐘響前回宿舍，才算一天行程。回宿舍也得躡手躡腳，深怕吵醒睡著的室友。

在深夜等車是痛苦的，又沒認識誰，也無交通工具，只聽學姐說學校有護送天使，每天23點至隔天1點護送需要的師生回家。原不明瞭？以為只是形式做宣傳的，沒啥理會，只是將「護送專線26235101」存在手機。

那年，正值寒流來襲，風強雨凍，雖有厚衣還猛打哆嗦；趕上了最後一班捷運，卻錯過了接駁車，失落中想起，拿起手機撥打。這不起眼之舉，瞬間產生變化，卻讓我心存感激。即使他僅熟練地拿安全帽給我，還遞件簡便雨衣說：「穿上它，就不怕雨淋。」更倍覺溫馨。

沿路小心避開危險坑洞，安全平穩令人不再害怕，載到學校大門登記後，再繼續載回宿舍，在凌晨時分，更感受到學校的貼心。

就像「運轉手之戀」和「溫馨接送情」的電影劇情般，充滿感動與期待，即使每天不同人載，也有不同感受。同學都笑我，乾脆跟他們談戀愛好了，醬子每天都有固定護花使者，我笑了。

（總務處．安全組）

第十四章　財務處：專業、真誠、務實

本校於1950年建校時即設置財務人員，1954年設立主計室專責會計業務，之後因循學校改制及發展，曾改設總務處會計組、財務處、會計室或會計處，100學年度配合學校行政組織變革及重整，復設財務處，下設預算、會計及審核三組，主司預算編審、經費核銷及控管、帳務處理、財務報表編製、所得扣繳及稅務申報、學雜費作業、獎補助計畫及研究中心核算、結案及績效評估等等，並配合本校策略及發展，進行財務分析及規畫，是實現淡江夢想的推手。

一、領導與經營理念

財務處為財務控管與會計處理的核心，協助各單位落實經營理念，並提供利害關係人財務相關資訊。財務處依經營理念建構品質屋（如圖14-1），主體取淡江品質屋之外型，象徵傳承本校經營理念，並融合中華文化兩種古幣造型，代表財務處業務特性；上部方孔圓錢，取財務處行政外圓內方之意，象徵以健全制度協助淡江願景之實現；下部方足布古幣，取本校財務持盈滿溢之意，象徵以穩固基礎支持淡江使命之達成。

財務處的使命為「實現淡江夢想的推手」，期在遵循相關法規前提下，配合本校各階段之目標，實現「承先啟後、塑造社會新文化、培育具心靈卓越的人才」之使命。願景為「秉持追求卓越的效率，成就超越卓越的效果」，致力建置有效控管機制，追求卓越效率，並提供精確之財務資訊，期在有限資源之下，創造

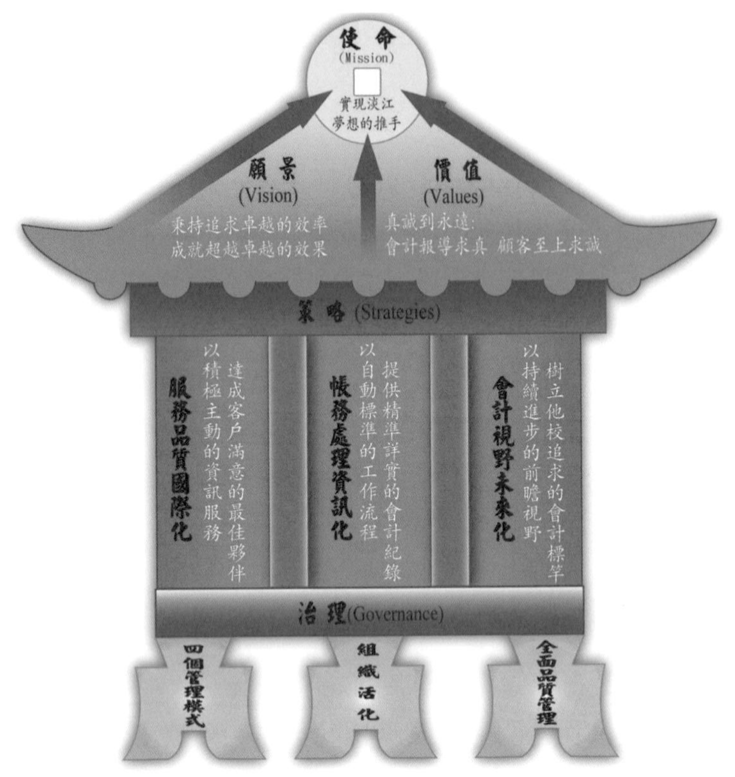

圖14-1　財務處品質屋

卓越之經營績效，達成淡江大學「弘揚私人興學的教育理念，創造精緻卓越的學術王國」之願景。

財務處的價值觀為「真誠到永遠：會計報導求真、顧客至上求誠」。「會計報導求真」指遵循法規進行帳務處理，提供真實可靠的資訊，並建置『財務資訊專區』，提供公開透明的財務資訊；「顧客至上求誠」指秉持服務的熱忱，滿足內外部顧客的需求。

為支持追求卓越及求真求誠的願景及價值觀，財務處提出「服務品質國際化」、「帳務處理資訊化」及「會計視野未來化」之「三化策略」，以及「四個管理模式」、「組織活化」及「全面品質管理」之「三項治理」。

「三化策略」之「服務品質國際化」係提供利害關係人充分的資訊及溝通管道；「帳務處理資訊化」指建置財務整合平台，提升預算控管及會計處理效率；「會計視野未來化」則鼓勵同仁持續學習成長，增進專業技能，追隨會計理論發展，培養宏觀的視野。

「三項治理」之「四個管理模式」指運用本校「同僚」、「官僚」與「政治」管理模式，推動有效溝通、授權與激勵，充分發揮「企業經營」模式之理念，衡量成本效益，追求財務績效，達到永續經營的目標。「組織活化」則為配合學校輪調政策，彈性劃分各組業務，加強分工互助，提升工作效率。「全面品質管理」為定期召開處務、組務、TQM等會議，持續改善作業流程，透過腦力激盪，啟發創新思維，集思改進之道。

財務長係由校長指派學有專精之資深專任教師兼任之，以適切反映教學、研究資源需求與學校策略之配合。前財務長顏信輝教授為臺灣大學會計博士，學識淵博，經常獲聘擔任各項專業領域委員或顧問，任職期間帶領財務處榮獲第4屆淡品獎，戮力於全面品質之實踐。現任陳叡智財務長為英國東英格蘭大學會計博士，具多年會計實務經驗，曾任系主任6年，熟稔學校行政流程，亦擔任多項專業領域委員及監察人或獨立董事。前後任財務長均積極推動會計業務改革與創新，短期以建置財務平台提升行政效率、減少重工為目標，中期以跨單位整合、及時提供策略資訊為目標，長期則配合學校願景、整體規劃資源為目標。

財務處透過全員參與、標竿學習及持續改善等方式，以塑造全面品質文化。平日即將TQM理念深化於各項作業管理，經由作業程序表、檢核表等品質控制工具，全員進行品質管理，結合PDCA管理循環，定期評估、修正方針，以達成規劃工作、解決問題與持續改進的目標。此外，與友校會計單位維持良好的關係及互動，學習其會計行政作業優點，提升工作知能，建立標竿學習。為落實持續改善，實施問卷調查及服務品質評鑑等，廣泛蒐集顧客意見，改善作業流程，以貫徹「顧客滿意」的價值理念。

為善盡社會責任，財務處謹守政府法令及學校規章，定期接受會計師及政府指定團體的查核與監督，透過完善的會計制度，善盡資源控管及監督之責，俾對學生、家長、捐贈者、補助單位及社會大眾負責。為提供利害關係人公開透明之資訊，定期揭露財務報表與獎補助款資訊於學校網頁，並落實學雜費調整公開程序。每年並編列一定比率之預算，提供清寒弱勢學生獎助學金及推動環境安全政策，以善盡社會公民之責任。

二、策略管理

由於學校的財務會計業務繁瑣，且須依循法令及規章，因此策略目標主要以增進同仁的專業知能，進而提升工作效率，以強化服務品質。透過SWOT分析可知，財務處之優勢為制度健全及法規明確，落實TQM及作業E化，同仁向心力強，團隊協作佳；

劣勢為人力不足，同仁工作負荷量大，加之學校組織龐大業務繁瑣，跨單位溝通協調不易，且須面對結帳或結案之時效壓力。機會為學校高階領導者對財務處控管政策之支持，且與外界關係良好，內外部資訊來源多元及充分，加之鼓勵同仁在職進修及終身學習，有助於蓄積專業知識；主要威脅則為少子化衝擊可能造成學雜費收入縮減，且政府補助逐年遞減，可能增加資源規劃及分配的困難性，加之會計業務及規範日益繁瑣，同仁工作壓力倍增。財務處規劃出整體策略流程如圖14-2所示。

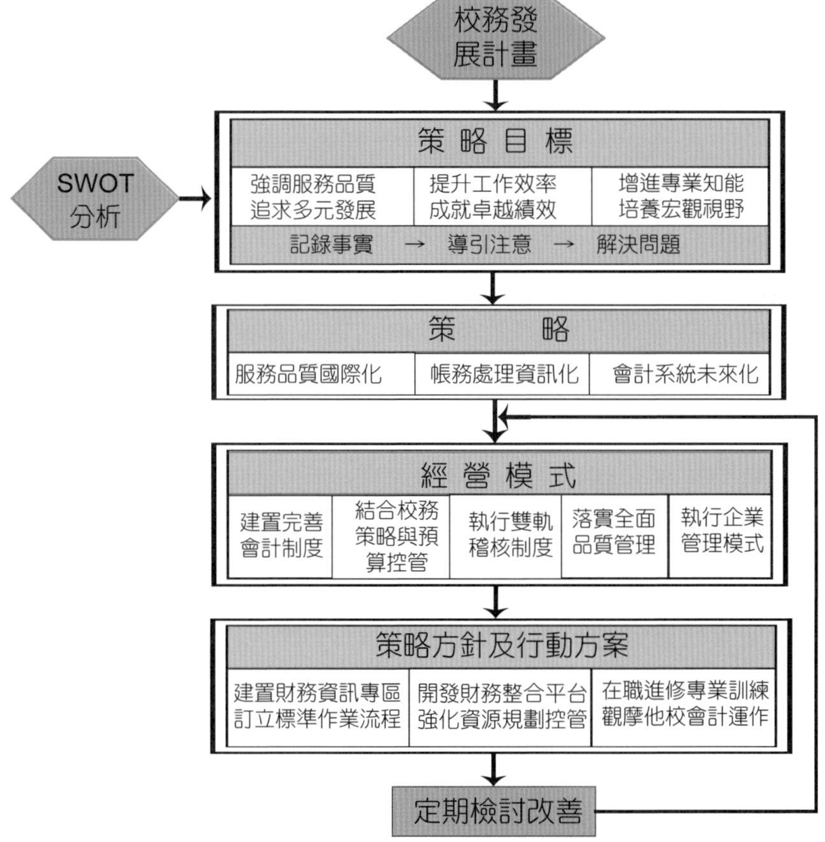

圖14-2　整體策略規劃流程圖

為突破會計作業日益繁瑣之威脅，善用資訊系統整合及資訊來源多元之優勢及機會，並克服人力不足劣勢，擬定短、中、長程策略規劃及目標，以達成「秉持追求卓越的效率，成就超越卓越的效果」之願景。短期著重現有資源之強化及預算與會計系統之整合，落實會計作業全面資訊化，以達成會計「記錄事實」之功能。中期著重策略資訊系統，將記錄事實之事後功能提升為事前「導引注意」決策職能。長期則以落實企業經營模式，適時提供分析性資訊供決策參考，發揮更積極之「解決問題」效能。

透過校務發展計畫及SWOT分析（如表14-1），財務處建立「服務品質國際化」、「帳務處理資訊化」及「會計視野未來化」三化策略。「服務品質國際化」為網站建置財務資訊專區、強化財務資訊系統服務、建立標準化作業流程及強化財務資源規劃及控管，期提供利害關係人充分的資訊及溝通管道、提升顧客滿意度、持續改善服務品質，並追求卓越與多元發展。「帳務處理資訊化」為持續強化既有系統，統整會計與預算功能，建置財務資訊整合型平台，俾提升預算控管及會計處理效率，提供正確即時的財務資訊以有助於做成良好的決策，並追求卓越的工作績效。「會計視野未來化」則為鼓勵同仁參加專業訓練活動、在職進修及學術與實務研討會，並觀摩國內、外學校會計行政作業，鼓勵同仁持續學習成長，俾增進專業技能，追隨會計理論發展，培養宏觀的視野。

表14-1　財務處策略規劃SWOT分析表

優勢Strength	劣勢Weakness
1.法規明確、制度健全 2.落實TQM 3.會計系統e化 4.同仁向心力強，團隊協作佳	1.人力不足，工作負荷量大 2.業務繁雜，工作時效壓力大 3.學校組織龐大，與其他單位溝通協調不易
機會Opportunity	**威脅Threat**
1.蒐集及分析內外部資訊 2.提升資訊系統效能，服務e化 3.建置新財務資訊系統 4.鼓勵在職進修及終身學習	1.他校會計行政改革快速 2.少子化衝擊，財源縮減 3.政府補助減少 4.會計作業及法規日益繁瑣

財務處經營模式如下：

(一) 建置完善會計制度：參照教育部頒定之「學校財團法人及所設私立學校會計制度之一致規定」，考量本校會計行政之實際運作及未來發展，訂定淡江大學會計制度、各項財務法規及作業流程，作為後續會計作業之依歸。

(二) 結合校務策略與預算控管：為結合校務策略與預算控管，強化預算編審及支出控管與校務發展及策略配合，俾合理配置及有效運用資源。各項經費使用原則如圖14-3所示。

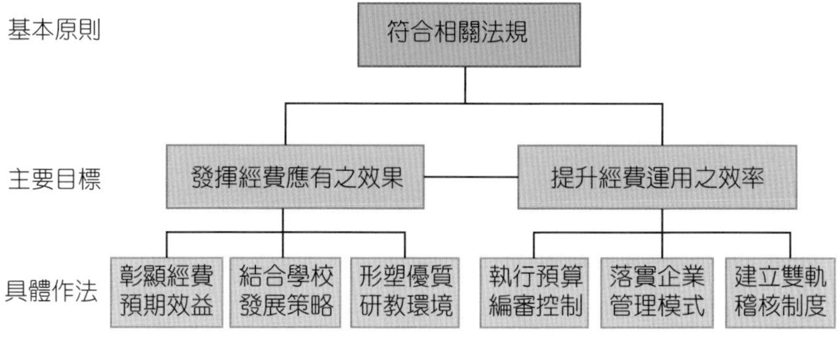

圖14-3　經費使用原則圖

(三) 實施雙軌稽核制度：財務處專責經費之控管與會計制度及法規之遵循，品質保證稽核處則定期進行營運及財務稽核，透過雙軌稽核強化監督功能。

(四) 落實全面品質管理：訂定標準作業流程（SOP）及關鍵績效指標（KPI），進行業務追蹤考核、內外部失敗檢討、職務代理人制度及創新頻率檢視，以提升行政效率與服務品質。

(五) 執行企業管理模式：定期公告財務資訊，提供給利害關係人參考，並進行成本效益分析，評估各單位財務績效，俾實現企業管理模式。

財務處依據前述服務品質國際化、帳務處理資訊化及會計視野未來化三大策略展開成為建置財務資訊專區、訂定標準作業流程、開發財務整合平台、強化資源規畫控管、在職進修專業訓練及觀摩他校會計運作等六大方針。依此策略方針擬定行動方案，並訂定KPI定期檢核。除定期召開TQM會議、處務會議或組務會議檢討方案達成率，亦藉此交換工作心得及顧客反應，以持續改善服務品質。

三、研發與創新

財務處以發展三化策略，改革與精進會計資訊系統為出發點，經由周延的計畫、確實執行、虛心檢討、持續改進，提供創新與貼心的服務，滿足不同顧客之需求。研發與創新之目標為積極主動的資訊服務，以成為顧客的最佳夥伴、以自動標準的工作流程，提供精確詳實的會計紀錄及以持續進步的前瞻視野，樹立他校追求的會計標竿。投入之行動方案及成果如表14-2所示。

表14-2　研發與創新投入方案及成果

策略	投入	具體成果
服務品質國際化	強化預算編審及經費控管	建立預算編審辦法、預算執行準則、經費流用彈性原則、零用金管理要點、場地設備出借獎勵辦法、系所發展獎勵辦法。
	帳務處理流程再造	建立櫃員制，工作流程再定義，提升帳務處理之效率及效果。
	提升學雜費作業服務品質	提供信用卡、超商等多元繳費管道；開放線上列印繳費單。
	個人綜合所得稅結算申報服務	定期舉辦個人綜所稅申報講座、解答網路申報及節稅相關問題，協助同仁辦理結算申報。
帳務處理資訊化	強化既有資訊系統	已完成預算、會計、學雜費、綜所稅媒體申報、募款等資訊系統。
	開發新財務資訊系統	目前正建構財務資源共享平台，整合預算、採購、帳務、出納及財產管理等系統。
會計視野未來化	配合推動財務新制	2006年獲教育部選任為辦理私立大專校院固定資產折舊方法變更試辦學校。 2007及2013年獲教育部遴選為「財務資訊公開專區」示範學校之一。 協助開發教育部委託「私立高級中學以上學校軍訓教官及護理教師待遇、退撫基金、軍健保及其他補助發放作業」系統。
	標竿學習	與他校交流以瞭解其會計行政作業，吸收優點，提升行政效率。
	在職訓練	舉辦教育訓練、鼓勵同仁參加研習會及專業課程。
	財務公開	於本校網站設有財務資訊公開專區外，並於淡江時報設有「數字解密」專欄，以提升師生對學校重要財務數據之了解。

在「服務品質國際化」策略下，建立預算編審辦法、預算執行準則及經費流用彈性制度，以強化預算編審及經費控管。提供學生及家長信用卡、ATM、超商等多元繳費管道，並開放學雜費繳費證明單線上列印功能，提升學雜費作業服務品質及滿意度，研議收退費單發放時簡訊通知學生。自2009年起舉辦所得稅申報專題講座，解答網路申報及所得稅相關問題，至

2013年共服務222人次；2010年起義務協助同仁辦理所得稅結算申報，至2013年共服務222次。此外，100學年度提案設置「淡江大學系所獎勵辦法」，以校務發展方向訂定系所發展衡量構面，提供獎勵金獎勵績優系所；101學年度訂定零用金管理要點，簡化零用金請款流程。

在「帳務處理資訊化」策略下，持續強化現有系統，並建構財務平台。目前設有預算管理、會計、學雜費管理、綜合所得稅、募款等系統，同時規劃新財務資訊平台，整合上述現有系統，並與前端請購、請款、財產管理等作業，以及後端出納付款作業結果，期透過資源共享平台，達成及時控管並強化管理及分析功能。

就「會計視野未來化」策略下，配合政府單位推動財務新制，2006年獲教育部選任為辦理私立大專校院固定資產折舊方法變更試辦學校，2007年「財務資訊公開專區」與政治大學同獲教育部遴選為示範學校，2013年再獲推薦為新架構之示範學校之一，並協助開發教育部委託「私立高級中等以上學校軍訓教官及護理教師待遇、退撫基金、軍健保及其他補助發放作業」系統。不定期參訪外校或邀請教育部或他校會計主管或專家蒞臨演講，以深化會計專業，汲取他校優點，俾提升工作及服務品質。

為提升師生對學校財務資訊及經費使用情形之瞭解，101學年度於淡江時報闢「數字解密」專欄，說明重大財務數據，包括「68%--100學年度學雜費占總收入比例」、「$81,375--100學年度每生平均教學訓輔研究支出」、「1.04億--100學年度水電費支出」及「1.82億--100學年度獎助學金支出」等。

四、顧客與市場發展

財務處的內部顧客為教職員工及在校生，外部顧客有家長、畢業校友、政府機關（如教育部、國科會等）、民間機構及社會人士等等，顧客與市場發展策略（如圖14-4）。

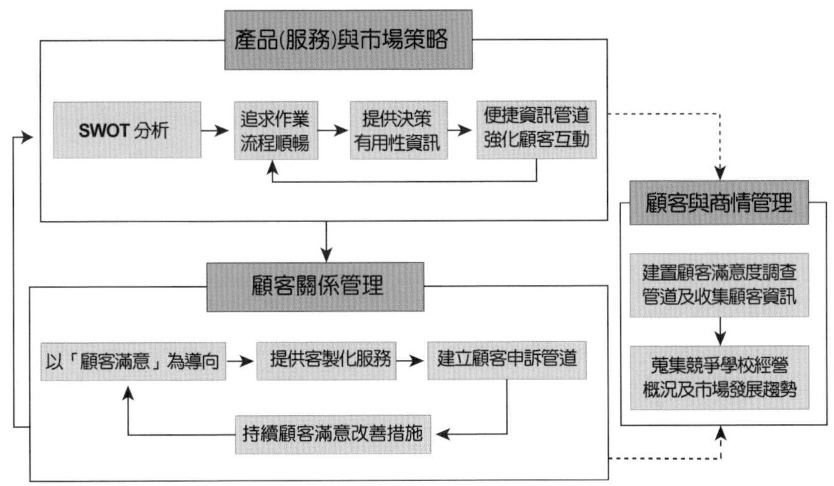

圖14-4　顧客與市場發展策略

為追求作業處理流程順暢，定期檢視作業流程之適切性並及時改善，例如：暑修報名作業改為線上即時核費及印製繳費單，加速現場報名作業之效能；提高驗收授權金額及彈性運用人力，加速驗收時效等等。為提供具決策有用性之資訊，財務處以完善之會計、預算及雙軌經費稽核制度，提供可靠性資訊；並將攸關性資訊提供決策者檢視過去與預測未來。為便捷資訊管道、強化顧客互動，開發各業務相關作業系統，建立完整資料庫，提供便利服務。

為進行顧客與商情管理，透過業務說明會、「人員評鑑」網頁、服務台「意見箱」及問卷調查等，或透過電話及電子郵件與利害關係人建立溝通管道，以適時瞭解及回應顧客需求及問題，提高服務品質。財務處並依管科會訪視委員及品質保證稽核處之建議，逐年改善預算編列及運用方式，並配合系所發展規劃經費，提升各單位對預算執行及經費控管的滿意度。定期蒐集各校學雜費收費標準，檢視本校標準是否合理具競爭性。以102學年度為例，本校收費標準屬中等，具市場競爭力。財務處亦蒐集他校財務資訊，分析財務結構，如流動比率、負債比率、圖書與儀器經費比較、推廣及產學合作收入分析比較等，掌握市場發展資訊。

財務處以「顧客滿意」為導向，提供客製化服務，例如：為方便學生辦理學雜費相關業務，午休時間櫃台不打烊，且每週三延長服務時間至晚上7點30分；協助家境困難或特殊原因休、退學之學生，辦理學雜費減免；設置愛心服務對講機，協助服務身障人士等，並建立一致性顧客抱怨處理流程（如圖14-5）。

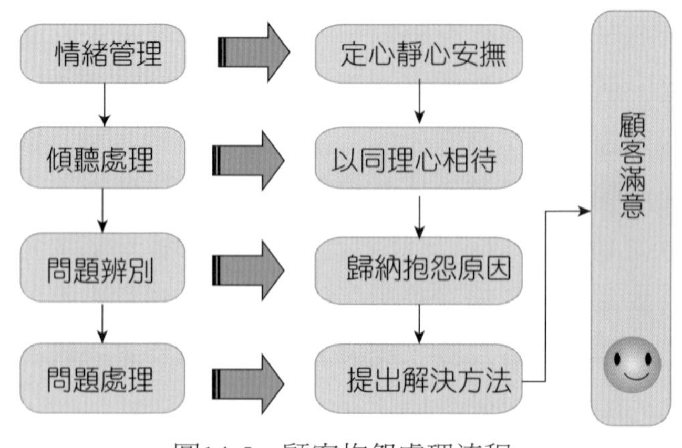

圖14-5　顧客抱怨處理流程

五、人力資源與知識管理

財務處為校內行政單位，隸屬行政副校長，原設有預算組、會計一組、會計二組及稽核組四組；2011年本校成立品質保證稽核處，裁撤稽核組，改設預算組、會計組及審核組三組。預算組負責預算編審及控制，會計組負責會計帳務處理、學雜費作業及所得扣繳申報，審核組專責推廣教育、產學合作及補助款之核銷及結案。101學年度財務處含財務長計14人，平均年齡50歲，平均在校服務年資24年，於財務處服務平均年資18年，以會計、審計或財務專業人才為主。目前同仁皆為已婚女性，忠誠度及穩定性頗高，均為奔波於家庭及工作之間認真盡責的職業婦女。

財務處鼓勵同仁在職進修、終身學習，以充實專業知識及資訊化技能，提升人力資源價值，俾員工專業與知識可配合學校發展。每位同仁每學年至少得參加18小時業務相關課程或訓練，並提供費用補助。96至101學年度每位同仁平均每學年參加校內訓練及研討會26小時，校外教育訓練2小時；同仁在職期間計1名取得博士學位，1名取得碩士學位。

為配合學校精簡人力方案、職務輪調政策及代理人制度，落實工作替代互補性，同仁依「在職進修辦法」、「職員輪調辦法」等規定及個人志趣，進行生涯規劃和職務調整。各組間亦透過定期輪調、教育訓練等措施，加強專業新知，適時調整工作職務，以達到適才適任，人力資源充分運用之目的。財務處自92至101學年度共輪調或異動35人次。每學年期末會議檢討業務分配，重新規劃及調整工作內容，期活化組織運作。此外，善用商管學院工讀生資源，以補人力之不足，並提供商管學生參與會計實務的機會。

藉由TQM會議及組、處務會議分享知識及經驗傳承，進而發展互信互助的工作關係；定期舉行腦力激盪討論會及讀書會，經由提問、溝通協調、意見交流，以改善現況並啟發創新思維，96至101學年度平均每學年舉辦8場讀書會。為配合學校「優良職工獎勵規則」，推選優秀同仁參與選拔；有特殊工作表現之同仁，則依程序專案報請學校敘獎表揚。訂有「財務處提升顧客滿意度及同仁服務品質要點」，達到標準的同仁，由財務長公開表揚並發放獎勵金。

知識是協助同仁瞭解及改善業務現況之關鍵，目的在於經驗傳承、誘發創新、降低成本、加速變革、滿足顧客需求及維持競爭優勢。財務處於知識管理之作法為：（一）鼓勵在職進修，擴大知識領域：與會計系協議，財務處同仁隨班附讀中級會計，並參與成績評量，進修及代班同仁均給予加班補助，以達到知識成長與共享、提升工作效率。（二）建置專屬知識平台：藉由知識交流平台，溝通業務、分享知識及經驗。（三）舉辦讀書會，達到知識分享：邀請專家學者演講或由同仁輪流分享心得及經驗，俾廣泛吸收新知，達到持續學習與知識分享之目的。此外，同仁定期修訂業務手冊，建立標準作業程序，以蓄積知識及分享知識。

六、資訊策略、應用與管理

在資訊化策略下，建置各資訊系統，將資訊紀錄經彙整分析後，作成各種報表，俾提供即時且攸關之資訊予相關決策者，協助其完成經費規劃及運用。財務處現行資訊管理分析如圖14-6所示：

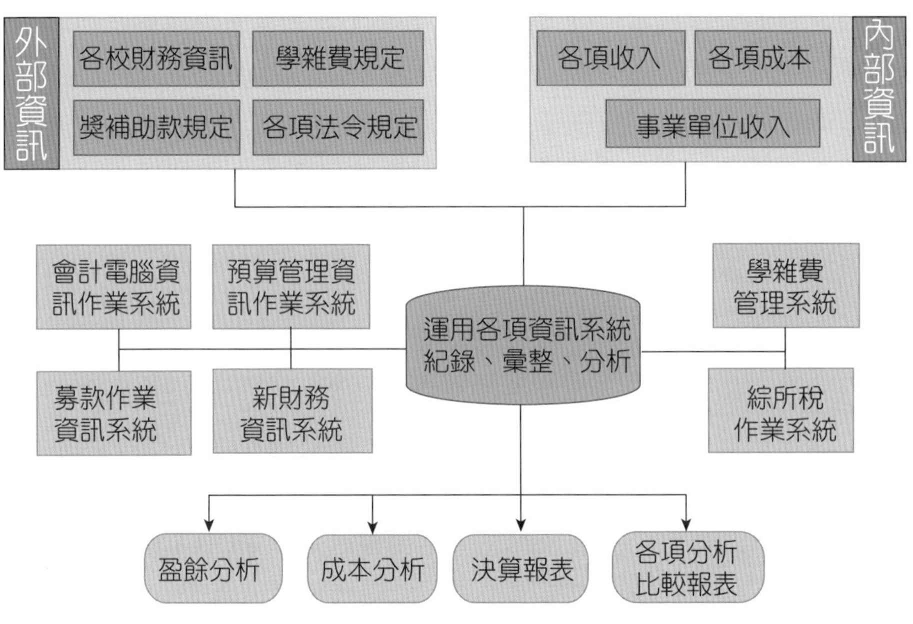

圖14-6　財務處資訊管理分析圖

為符合學校企業化經營理念，整合四個校園需求，財務處除持續維護及改善現有系統，更積極整合會計及預算系統，強化分析功能。包括：(一) 受教育部委託開發完成之會計作業系統持續維護，系統正常運作，提供其他學校使用諮詢之服務，並新增國科會研究計畫案經費查詢功能，即時管控各案各項經費運用情形。(二) 網路版預算管理資訊系統用以提升預算運用之效能及效率，著重各單位預算執行與控制，提供線上即時查詢功能以利各單位自行控制預算。(三) 募款作業資訊系統建立詳細收支資料庫，提供績效評估之依據。具備線上即時查詢功能以利各單位自行控制募款使用額度。(四) 綜合所得稅作業系統持續配合國稅局修法強化系統功能，提供教職員工生正確所得資料即時服務。(五) 學雜費管理系統整合學生學雜費收退費資料，提供統計、分析及比較等管理功能，並提供學生查詢個人繳、退費資訊。(六) 新財務資訊系統整合既有會計資訊作業及預算管理功能，增加多面向之財務資訊報表，以提供各單位所需，同時強化財務資訊分析、比較功能，單位成本之歸屬，以提供決策所需。

財務處利用電子看板、淡江時報、淡江新聞、電子郵件等方式傳遞最新資訊，並利用網路提供各類消息、法規及表單。財務處網頁除公告財務及學雜費資訊，並連結至合作銀行網站，供學生列印學雜費繳費單及收據，並設置滿意度問卷，蒐集意見以改善服務品質。此外，結合會計系統與OA系統，傳送傳票通知單與人事清冊電子表單，以提升跨單位溝通效率。

財務處提供教育部評鑑、校務自我評鑑或其他各類評鑑所需之財務資料，以助其瞭解本校或各單位之財務績效。此外，提供會計師查核報告、收入及成本分析或趨勢分析及比較分析等資訊，透過會計、預算、募款、所得稅及學雜費等系統，協助各單位經費管控及資料查詢，並提供學生結構及學雜費分析等資訊，供決策參考。設有行政服務滿意度調查、櫃台服務及人員服務品質評鑑，調查結果可回饋同仁並持續改善；並設有工作檢核表及召開TQM會議，定期檢核工作進度，持續改善，提升服務品質及顧客滿意度。為強化對競爭者之瞭解，除蒐集各校專區財務資料，並透過參訪及電話等，瞭解其制度或作法，並與本校比較。

七、流程（過程）管理

財務處主要業務流程可分為預算編審、收入認列、經費報銷審查、所得申報及決算等大項，流程之PDCA及流程間之關係（如圖14-7）。預算編審流程係審閱及彙編各單位基本業務需求及配合校務發展計畫所擬定之支出及資本預算，配合學校收入預算擬定預算書，並提報各級會議審閱。專案進行各單位預算之審閱及彙總為確保經費控管、財產安全及財務報導可靠性，並針對預算、財物、帳務及決算、推廣教育及產學合作個別設立控管及稽核制度。收入認列及經費報銷則依教育部「學校財團法人及所設私立學校建立會計制度實施辦法」之規定，並考量本校會計事務特性，訂定會計規章、工作流程、表單及業務手冊，各業務均有訂定作業管理準則，據以執行會計業務，發揮財務行政效率及內部控制功能。

為配合各單位需求，落實財務處服務品質國際化、帳務處理資訊化及會計視野未來化之三化策略，透過支援性活動俾利各流程更臻完善。例如：經費流用申請、配合經費訪視、所得稅申報講座或學雜費繳費多元管道，是為「服務品質國際化」之實踐；提供預算及募款系統，協助各單位查詢及控管，或建立財務資訊整合平台，提供更優質便捷的資訊支援，是為「帳務處理資訊化」之實踐；為使預算規劃符合校務發展，重新設計預算編審格式及方式，誘導預算單位慎思預算之必要性及未來性，或定期進行推廣及產學合作單位之收支分析或成本分析，以凝聚競爭優勢，因應環境變遷及外來挑戰，是為「會計視野未來化」之實踐。

跨組織關係管理主要為校內單位業務協調及校外機關團體

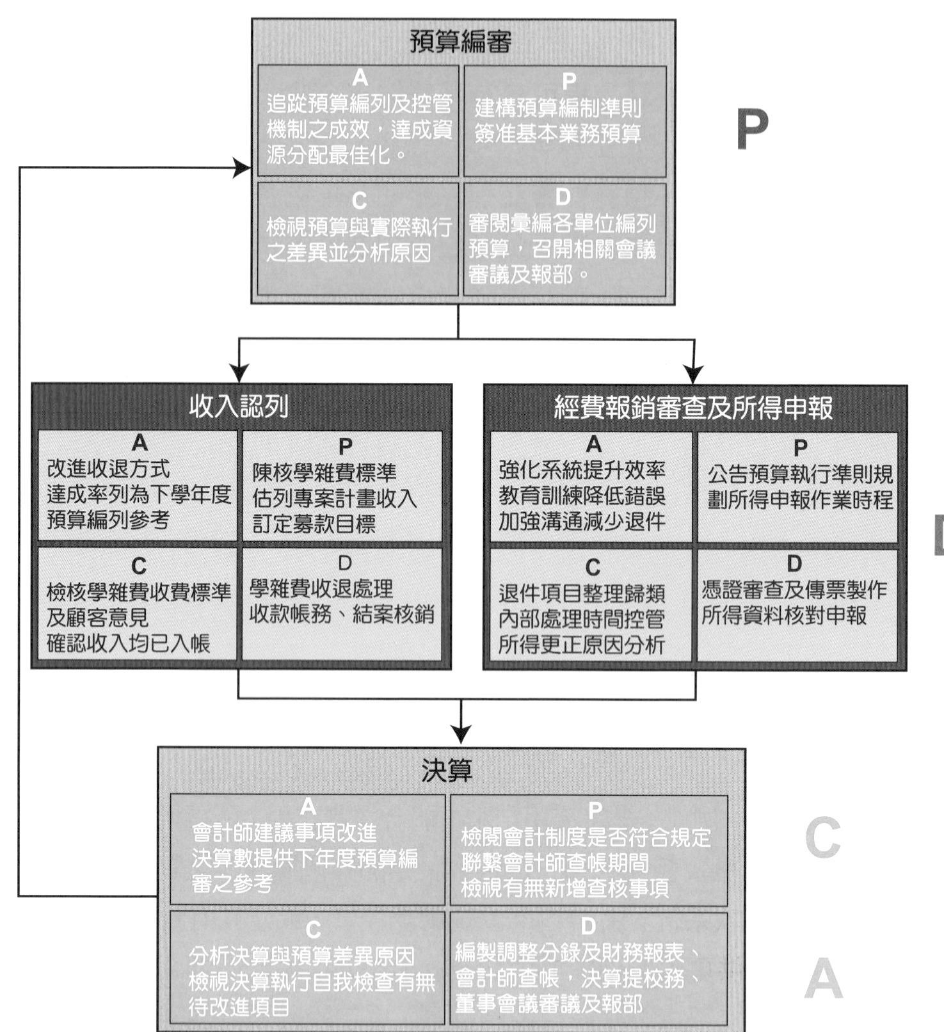

圖14-7　財務處主要業務流程圖

會計業務之配合與交流。與校內單位之關係管理，除例行業務外，另如：與資訊處合作辦理國稅局「綜合所得稅扣除額單據電子化作業—大專教育學費」測試計畫，與軍訓室、資訊處共同開發「私立高級中等以上學校軍訓教官及護理教師待遇、退撫基金、軍健保及其他補助發放作業」，配合總務處辦理公開招標作業之監標、資格審查及驗收工作。與校外機關團體會計業務之配合與交流，如每年聘請會計師辦理財務簽證，與仍採用本校開發會計資訊系統之22所大專院校保持聯繫，與國內外大學互訪交流會計行政經驗等。

八、經營績效

(一) 顧客滿意度可分為預算編列方式及櫃台作業兩項，各預算單位對預算編審不滿意或非常不滿意者僅佔5%（如圖14-8），對櫃台服務態度及效率亦獲得很高的評價，唯申請流程簡便性仍可改進（如圖14-9），據此於95學年度增加學雜費繳費通路，亦提供線上繳費及列印繳費證明單等服務，以滿足顧客需求。

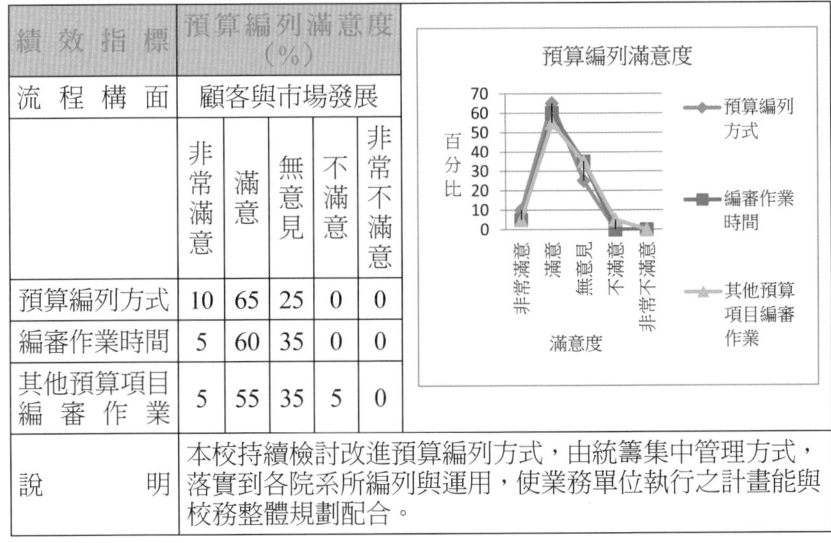

績效指標	預算編列滿意度(%)				
流程構面	顧客與市場發展				
	非常滿意	滿意	無意見	不滿意	非常不滿意
預算編列方式	10	65	25	0	0
編審作業時間	5	60	35	0	0
其他預算項目編審作業	5	55	35	5	0
說明	本校持續檢討改進預算編列方式，由統籌集中管理方式，落實到各院系所編列與運用，使業務單位執行之計畫能與校務整體規劃配合。				

圖14-8　預算編列方式滿意度績效

績效指標	櫃台作業滿意度(%)				
流程構面	顧客與市場發展				
	非常滿意	滿意	無意見	不滿意	非常不滿意
態度主動有耐心	56	44	0	0	0
回覆問題迅速	56	44	0	0	0
作業有效率	50	44	0	6	0
申請流程簡便	44	19	31	0	6
說明	整體而言，櫃檯作業人員之服務態度與問題解決能力，獲得高度評價。申請表件方便性，整體滿意度相對較低，此為未來努力改進方向，以落實資訊自動化。				

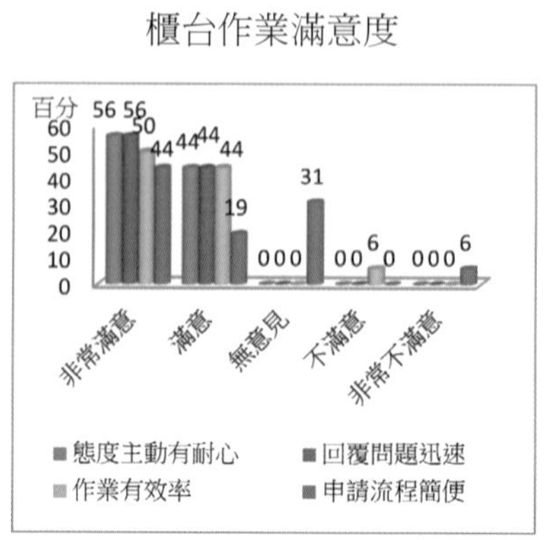

櫃台作業滿意度

百分 60 50 40 30 20 10 0
非常滿意 滿意 無意見 不滿意 非常不滿意
■態度主動有耐心 ■回覆問題迅速 ■作業有效率 ■申請流程簡便

圖14-9 櫃台作業滿意度績效

(二) 市場發展績效：2006年榮獲教育部選任『私立大專院校實施固定資產折舊方法變更』6所試辦學校之一。96學年度學雜費專區於學雜費調整程序中，唯一獲教育部肯定「學校首頁學雜費專區資訊揭露清楚明確，具特色」之學校。98學年榮獲教育部委託辦理「私立高級中等以上學校軍訓教官及護理教師待遇、退撫基金、軍健保及其他補助發放作業」。

(三) 財務績效而言，以99至101學年度為例，本校決算餘絀均高於預算餘絀，顯示對學校收支規劃妥適且控管得宜，因此實際結餘數優於預期（如圖14-10）。

績效指標	經常門收支餘絀（百萬元）			99-101學年度收支餘絀圖 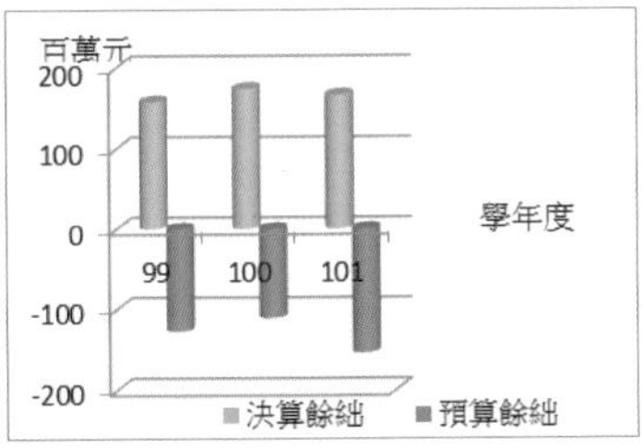
流程構面	領導與經營理念和流程管理			
學年度	99	100	101	
決算餘絀	158.33	174.39	166.83	
預算餘絀	-127.16	-110.73	-153.99	
說明	本校績效值為決算餘絀，參考目標值為預算餘絀。			

圖14-10　經常門收支餘絀績效

(四) 人力發展績效及資訊管理績效：本校收支處理量逐年增加，傳票由95學年度2萬6千多張增至101學年度3萬8千多張，但人力不增反減，由16人減至14人，平均每人每月處理傳票數由136張增至231張，工作量增加約70%，可見財務處人力資源、知識管理及資訊系統執行良好，極力克服人力不足之劣勢，期順利完成各項作業。

(五) 流程管理績效：流程管理之績效有正確性、時效性及獎勵性三項。本校預算案報部作業圓滿完成，95至101學年度均為「零缺點」；依教育部規定評分標準，自我檢核決算，95至101學年度均為「零扣分」；且財務報表均獲會計師出具「無保留意見」查核報告。為加速驗收時效，自行驗收金額由5千元提高至2萬元，由全處同仁協助辦理40萬元以下驗收，減少每周驗收時數；暑修報名繳費作業改為線上列印，作業時間大量縮減，因此提高時效性。由於本校會計制度及內部審核制度健全，獲教育部及國科會納入就地審查機構（如表14-3）。

表14-3 流程管理績效

項目	流程管理績效
正確性	1.預算案報部作業95至101學年度均為「零缺點」。 2.決算自我檢核95至101學年度均為「零扣分」。 3.財務報表均獲會計師出具「無保留意見」查核報告。
時效性	1.改為櫃員制後，憑證重複退件次數減少，縮短傳票處理時間。 2.加速驗收時效，各單位自行驗收金額由5千元提高至2萬元，並由全處同仁協助辦理40萬元以下驗收，減少每周驗收時數。 3.暑修報名繳費作業，改為線上即時列印繳費單，作業時間由5天縮短為1天。
獎勵性	會計制度及內部審核制度健全，獲教育部及國科會納入就地審查機構。

(六) 財務處持續創新及提升核心競爭力，執行成效斐然。在行政制度面，建立預算編審辦法及執行準則，落實「機械儀器及設備」預算院系控管運用方式，強化預算執行效率並建立經費流用彈性等制度；在系統開發面，為第1所通過國稅局「綜合所得稅扣除額單據電子化作業—大專教育學費」測試計畫之學校；且於2010年啟用教育部委託開發之「私立高級中等以上學校軍訓教官及護理教師待遇、退撫基金、軍健保及其他補助發放作業」。

(七) 就社會評價及品質榮譽而言，早年接受教育部委託，根據「私立學校會計制度之一致規定」開發會計資訊系統供大專校院使用，至2014年度仍有22校採用。95學年度獲教育部選任為私立大專校院實施固定資產折舊方法變更6所試辦學校之一，成效良好並獲教育部來函獎勵，試辦經驗及成果並作為其他學校後續實施之參考。96及102學年度獲教育部遴選為「大專校院財務資訊公開專區」之示範學校，學雜費專區獲教育部肯定「學校首頁學雜費專區資訊揭露清楚明確，具特色」之學校。

九、結語

財務處在「秉持追求卓越的效率，成就超越卓越的效果」願景之下，將持續以「服務品質國際化」、「帳務處理資訊化」及「會計視野未來化」三化策略厚植未來之發展。以強化預算規劃、控管及執行，整合財務、教學及行政資訊，提供優質便捷之資訊服務，以利各單位善用資源及多元發展，履行「服務品質國際化」及「帳務處理資訊化」策略；以在職進修、專業訓練、知識分享及終身學習，以利同仁擴展會計視野，提升創新能力，履行「會計視野未來化」策略。期財務處持續強化行政效率及服務品質，扮演「實現淡江夢想的推手」，協助淡江大學創造優質精緻、卓越的學術王國。

急難救助金

正向感動人的故事若能適時適地的被傳達與散播，將可產生鼓舞人心與激勵善行的效果。

本校土木系傑出校友高金平學長回饋母校的義舉。為了感念學校之培育之恩，高學長每學期均提供12位家中遭遇臨時變故的在校生，每名5萬元的急難救助金。在師長們也出席的致贈典禮中，除了由高學長親自將充滿關懷及厚意的紅包交到受助同學們手上之外，更由同學們親口說出個人所面臨的不幸橫逆，無不使全場感同身受、熱淚盈眶。在101年的典禮中，也邀請了一位數年前曾領取該急難救助金的同學，她目前已擔任公職，訴說當年家中突遇變故，父親剛剛過世，5萬元的救助金成為「急難棺材錢」，讓父親得以安葬，也使家人無助的心獲得安慰，讓自己有勇氣繼續追求未來的人生。此一故事使得全場均因感動而無言，只聞啜泣聲，也深覺急難救助金之重大意義。與會所有人在溫暖的心情下一起合照留念，為典禮留下一個暫時的句點。

後來，我在一場社會團體的演講中，我將高學長急難救助金致贈典禮的照片做為我演講的最後一張投影片，並扼要述說發生在淡江校園的故事。意想不到的是，現場聽眾居然也被深深感動了，且主動發起募捐，當場為工學院家境清寒同學，募得了每年14萬元的獎助學金，以幫助更多需要的同學。讓我深深感受到，原來一則感人的故事經過了傳播，就如泛起漣漪般傳遞，能夠引發更多的感動與回響。

淡江校園處處都有感動人心的故事，只要我們能夠用「眼」睛觀察，用「耳」朵聆聽，用「嘴」巴轉述，用「腦」袋計畫，用「心」打造，淡江校園將會成為，創造感人故事的園地，也是散發感人故事的所在。

（工學院院長．何啟東）

第十五章　文錙藝術中心：美學、藝風、創價

本校為提升藝術學風，增進藝術欣賞知能及興趣，藉由展覽、表演、教學、推廣、典藏等方式，進行師生之間及與社會、國際的交流，期能達到藝術與教育、校園與社區相結合之目的。於2000年之50週年校慶，以本校前董事長張姜文錙女士之名成立「文錙藝術中心」，包括視覺藝術的展覽廳、聽覺藝術的文錙音樂廳、傳統與科技融合的書法研究室，以及主題特色強烈的海事博物館，為國內非藝術類大學中最具規模者（如圖15-1）。

文錙藝術中心

展覽廳

文錙音樂廳

海事博物館

圖15-1　文錙藝術中心各廳館實景

文錙藝術中心為一級單位，直屬校長室，下設主任1人、秘書1人、組員5人、駐校藝術家若干人。此外，為促進藝術中心之發展並提供專業諮詢，特設立由校外著名專家所組成的「文錙藝術中心諮詢委員會」。委員會置主任委員1人，由校長兼任；副主任委員1人，由知名駐校藝術家兼任；委員9人，聘請校內外專業人士擔任，為榮譽職，任期2年；執行秘書1人，由藝術中心主任兼任；相關行政事務由藝術中心兼辦。

一、領導與經營理念

文錙藝術中心的核心價值為「信任」、「務實」、「宏觀」、「唯美」與「圓融」（如圖15-2），在經營上希望「革新」過去、「落實」現在、「創新」未來，在各項展演活動的企劃和創意、器材系統的整建、人員靈活運用等，都朝向更經濟與高效率的經營管理理念努力進行。其願景除提升本校的藝術學

圖15-2 文錙藝術中心品質屋

風外，更希望能成為創造精緻卓越的藝術重鎮。並以無私的開放心態推動藝術教育，建立生活美學文化，成為兼具多功能的藝術中心，提供大眾相關學習資源，以創造更高的人文藝術價值。

文錙藝術中心直屬校長室，設有主任及駐校藝術家的領導層級，並有由校外著名專家所組成的諮詢委員會提供諮詢，所構成的決策，自有其高度價值。從創立以來，前任主任李奇茂先生，是國內外所尊敬的藝術大師；現任主任張炳煌先生是藝術成就和行政能力受到各界肯定的書畫名家；西畫家顧重光先生亦長期擔任駐校藝術家，三位都是國際級名家，長期累積的聲望與代表性深厚，他們的藝術造詣和成就，牽引中心的經營方向和高水準的品質，在這樣相輔相成的組合中，得以構建領導階層的高度和明晰的政策。並依循淡江大學塑造之品質文化，在國內各大專院校藝術中心中首先採用全面品質管理的作法，以「PDCA」的步驟執行業務與持續改善，於2006年榮獲首屆「淡江品質獎」的殊榮，且於2009年參與第19屆國家品質獎的評選，獲得評審委員的一致肯定。

本校文錙藝術中心自成立以來，秉持著藝術紮根與資源共享的社會責任，包括：

(一) 拓展社會服務與各級學校藝術教育，促進師生與民眾心靈健康。

(二) 推行校園美術館化與設置淡水地區公共藝術，落實美化生活空間，提升人文與尊重自然。

(三) 保存並呈現藝術文化資產，提高國內藝術水準與價值。

具體事蹟包括：經常性舉辦各類型展演活動並開放社區民眾免費參觀，承辦策劃與執行3屆新北市「淡水藝術節」活動，設置公共藝術如淡水圖書館旁的「彩繪藝術牆」、淡水老街的「燒陶藝術牆」與捷運站前的「舢舨船地標」等（如圖15-3），並辦理各級藝術教育活動，協助各級學校舉辦音樂會等展演活動，推廣紮根書法教育，保存與定期展覽重要典藏藝術品，用以推行校園美術館化等等。

圖15-3　文錙藝術中心於淡水設立之公共藝術舉隅

二、策略管理

文錙藝術中心為大學所設立的藝術中心，兼具藝術文化推廣與美學教育之職責，在有限之人力與資源下彈性運用，富有創新之理念及穩健之步伐，在穩定中前進。所擬定的策略規劃為：

(一) 行政效率化：在有限之人力下加強人員分層負責與訓練，並充分授權。

(二) 經費效益化：降低成本及積極尋求外部資源，妥善運用經費以建構長遠實力、提高品質。積極尋求外部資源交流，將經費依照輕重緩急做最有效之運用。

(三) 管理資訊化：每位工作人員均配備專用電腦，利用學校資訊化的公文系統收送，以提高工作效率。

(四) 人才專業化：專業知識成長提升，避免原地踏步，而能與時俱進，並傳承經驗，以「人才就是品質」之理念，維持人力資源之高點。

(五) 典藏數位化：建置數位學習網是目前的主流政策，數位學習已經是全民的學習趨勢，著手建置館藏資料庫，希望發揮知識數位化及網路化的功能。

(六) 服務優質化：以專業精神提供優質而貼心之服務，所有展演活動均免費參加，並提供導覽、圖書利用、資料查詢等服務。

中心確實執行全面品質管理，以務實的經營策略運作；各項策展與活動業務均以PDCA的流程進行，於每學期舉行藝術中心會議，檢討前期與企劃次期的展演活動方案，於方案執行中依照時程進行各項任務並隨時檢核，每週各廳館團隊固定召開工作訓練與檢討會議，每日活動人員於執行時進行查核，以達到立即與持續改善，所有活動並做成文件紀錄（如表15-1）。

表15-1　本校文錙藝術中心策略管理PDCA具體作法

層級	年度企劃（P/A）	方案執行（D/C/A）	日常業務（D/C/A）
頻率	每學期	每週	每日
執行方式	文錙藝術中心會議	展演工作團隊會議	活動當值人員查核
工具	會議議程、企劃內容	展演活動企劃書	各項標準作業流程
效益	策略發展、創新		
檢討與改進	活動執行品質改善	例行業務標準化	
文件	企劃書、工作報告（會議紀錄）	會議紀錄	工作日誌

三、研發與創新

文錙藝術中心針對藝術展覽與活動的模式，定期在中心會議中提出檢討，多方蒐集主要顧客－學生的意見，鼓勵中心同仁與學生團隊發揮想像力，跳脫因循的方式，提出更多創新之模式與解決方案。在靜態美術展方面，改變大專院校多以個展或少數藝術家聯展進行的模式，主動策劃大規模國內及國際的「專題特展」，並進一步與各界藝術家建立良善之互動關係。此外，為充分運用千餘幅典藏藝術作品的資源，創新推動「校園美術館化」工作，將典藏藝術品不只存放在展場或典藏室內，更能展示在校園各個角落，藉以打造充滿藝術氛圍的校園。

在演出活動上，突破以往音樂會只侷限於少數的類別和形式，以及被動等待演出團體提出申請的作法，在活動企劃上採取主動，結合學校慶典、節日或時事，並藉由問卷調查學生的喜好與需求，整體規劃演出系列的主題架構，進而開發更多樣化的表演模式，如跨界、相聲、音樂劇等表演藝術，並輔導、支援各系所及學生社團舉辦音樂性活動。

中心所屬之海事博物館無論在外觀或展示內容都具備獨特鮮明的特色，但仍盡力跳脫保守的經營模式，藉由策略規劃、館際交流及借展與社區結合等方式使功能加強，如：與鶯歌陶瓷博物館、淡水古蹟博物館、十三行博物館等進行館際交流，創新舉辦敦睦艦隊、遊艇半日遊、臺北市港等參訪活動。在校內舉辦海事攝影和繪畫比賽，針對社區學童舉辦機械魚體驗營、模型船DIY等活動，以及結合海洋歷史文化舉辦每月一船特展等。並規劃在館內設置咖啡服務區，以增加參觀師生與民眾之交流空間。

中心不僅在展演活動上持續創新，並積極研發新世代 e 化書畫工具的技術。所屬之書法研究室更和校內中文系、資訊系、數位語文中心等單位長期合作，研發出獨步全球之「 e 筆書畫系統」，結合學習內容，初次產品定名為「神來 e 筆」，目前已發展至第三代「 e 筆神功」。藉由技術移轉至太瀚科技股份有限公司生產書寫板商品，內含硬筆及毛筆學習的各項基礎學習範本、名家書法範帖等學習內容，透過動態筆跡呈現，創新傳統的書法範帖及學習方式（如圖15-4，左圖為e筆書寫本校校訓，右圖為「e筆神功」商品外觀）。而書法研究室也結合此一利器開發出多樣的活動與課程，如邀請書畫名家使用 e 筆，並將作品規劃為「 e 筆書畫特展」，在校內開設國內首見之 e 筆書畫課程，舉辦 e 筆書法、繪畫比賽等。此外，更與中華文化總會等機構合作，運用 e 筆技術將故宮書法國寶轉化為動態筆跡，使國寶重生，將古典碑帖轉化為動態字帖，改變以往的字帖印刷模式，成為新的數位字帖，對書法藝術的傳揚甚有助益。

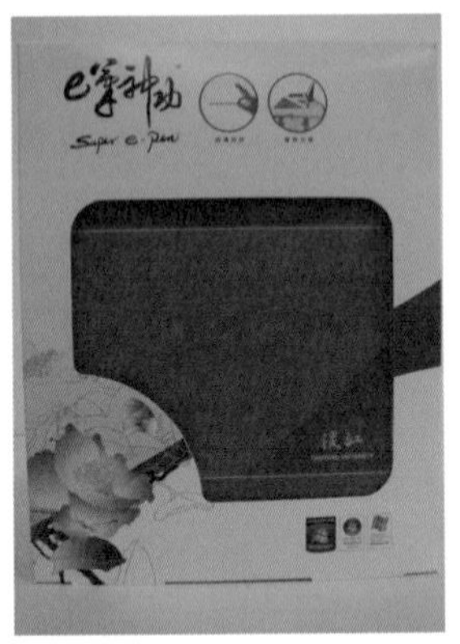

圖15-4　文錙藝術中心參與開發數位e筆書畫系統

此外，中心在創造品牌特色與價值上，著重出版品、文宣與網站的設計水準與一貫性，提高品牌識別度，維持展演活動高水準的質量與發揮藝術傳統與現代的新價值。

四、顧客與市場發展

文錙藝術中心的顧客主要可分為三類，其一是校內師生同仁，其二是地區民眾與相關機構，其三是參與展演的藝術家。首先，針對校內師生同仁，中心本於淡江「三環五育」之教育目標中，致力於藝術美學教育，培育心靈卓越的人才，盡力提供各項資源協助校內教學單位師生進行教學、研究、學習與服務，如配合通識與核心課程中心之藝術欣賞、音樂欣賞類課程，提供參觀導覽與演出活動等資源；配合中文系書法課程提供典藏之書畫石碑，供學生在展覽廳實作拓碑體驗；提供展演資源，配合各系所之藝術相關畢業成果展或藝術類相關學生社團活動等。其次，針對地區民眾與機構，中心持續提供高水準之展演活動及優質參觀導覽，並開放一般民眾免費參加。2002、2004及2006年三度承辦淡水藝術節，包括設立淡水鎮地標、燒陶藝術牆、彩繪藝術牆、舉辦大型美術展、多場室內外表演活動、社區美術比賽，以及出版活動專輯、畫冊等；每年皆與中華民國書學會於文錙藝術中心展覽廳聯合舉辦暑期書法研究會，並接受各級學校或機構的申請，提供中心導覽、藝術教育及展演空間等資源，全力支持藝術紮根教育。針對各界藝術家，中心則盡力提供所需資訊、硬體及經費等資源的支持和服務，包括邀請藝術大師擔任諮詢委員，平時維持與藝術家之良好關係，於校慶等重大慶典特邀藝術家來淡水及蘭陽校園寫生，並舉辦特展與編印畫冊，展後多數藝術家皆將作品贈送本校，豐富本校藝術典藏，彼此間互動熱絡良好。

在顧客開發與商情管理方面，文錙藝術中心目前致力於提升校內師生瞭解並使用中心的資源。首先，藉由大學學習課程的機會，使所有大一新生皆親至中心各廳館參觀體驗；其次，透過校內外平面、影音及電子媒體的傳播報導，舉辦創新的行銷活動，以及設立文錙藝術中心Facebook粉絲專頁，利用網路互動進行顧客商情管理與即時疑難解答；並藉由經常和各教學行政單位及學生社團聯繫或合辦活動，使中心的特色、展演活動與提供之軟硬體資源更廣為人知。此外，更藉由email及網路行銷，加強與校友間的連繫。

除了以上方法進行顧客的開發外，文錙藝術中心一直充分運用中心已有的特色，如海博館早已具備的知名度、展覽廳和音樂廳辦理重要的經典展演之機會廣為宣傳。進而開創數位e筆系統，與書畫名家合作，進行創新書畫創作，並在海內外辦理數位作品展，營造創新的書畫活動，並輔以操作教學，推廣數位書法體驗與數位學習模式。經常將數位作品放置於網路平台，提供網路展覽，開拓展覽面向，都能吸引顧客注意中心之發展，達到開發市場的效果。

五、人力資源與知識管理

文錙藝術中心的服務範圍相當廣，涵蓋展覽廳、文錙音樂廳、書法研究室與海事博物館等四個範圍，在本校人力精簡的政策下，除了編制內的專任職員外，更倚重志工與工讀生團隊之培訓，並藉由同仁間互相支援以活化人力資源。此外，藉由妥善規劃的知識管理，讓人員在業務進行、職務交接、教育訓練、能力考核上皆有豐富的資源與準則可供應用。

在人力需求方面，要求專任職員必須具備基礎行政、策展所需之藝術管理、廳館經營、媒體與影音技術的應用、以及統合學生團隊之領導統御等能力，同仁皆須針對各別業務進行自我訓練，建立自我學習、不斷成長的文化氛圍，並不定期組隊至校外參訪、鼓勵同仁進修專業相關學位、參加各類專業研習活動等。此外，並經常由主任召開品管小組會議，針對藝術中心的過去、現狀與未來服務方向加以檢討改進。

其次，由學生志工及工讀生組成的「藝術種子」團隊經過多年來的經營與發展，人數已達50人的規模，並採用學生自治的原則經營團隊，在招募、訓練與管理上皆有紮實穩定的標準流程作法，服務項目包括：展場規劃與佈展、來賓接待、團體導覽、活動執行、舞台與影音技術、行政工作協助、網頁與美工設計等等。服務熱忱與專業品質普受參觀之師生及來賓好評，團隊成員亦以成為「藝術種子」之身分為榮。近年來，中心更藉由舉辦工讀生暨志工座談會，讓團隊同學從學生的角度發表他們對中心展演活動和行銷手法的建議，並作為中心未來發展方向的重要參考。

文錙藝術中心及所屬各廳館各有其領域之專業知識，可分為藝術專業素養類、展演活動企劃執行與館務類、軟硬體設施技術類，以及藝術中心自行出版類等。各類知識管理之過程包含取得、學習、歸納整合、應用及出版，茲分述如下：

(一) 藝術專業素養類：包括書畫藝術類藏書約8,000冊，各類音樂專輯與演出錄影光碟約1,500張，皆包含了國內外珍貴的藝術資料與資源。

(二) 展演活動企劃執行與館務類：中心所屬各廳館已建立各項展演業務之標準作業流程與工作手冊，針對志工及工讀生亦有製作完整之講義與教材供訓練、學習與考核之用。

(三) 軟硬體設施技術類：針對文錙音樂廳的學生技術團隊，購置舞台燈光、專業音響、攝錄影與錄音等相關書籍與教材，並建立校外專家、協力廠商與技術人員資料庫。

(四) 藝術中心自行出版類：文錙藝術中心迄今已出版之典藏品畫冊包括「文錙藝萃I」、「文錙藝萃II」、「翰墨珠林：臺灣書法傳承展作品集」、「淡江之美」、「蘭陽之美」以及「美哉淡江」等，內容詳細介紹捐贈藝術家及典藏品資料，每檔特展及專題展亦編印簡介畫冊或摺頁，介紹當期展覽特色、參展者學經歷與畫歷以及代表作品圖片，成為藝術欣賞的最佳知識寶庫；海事博物館亦編印「百艦麇集」一書及典藏品說明，現正編輯出版導覽手冊、多媒體簡介光碟，以及設計製作行動載具APP等。

六、資訊策略、應用與管理

因應資訊化的需求，中心設立以來即以「館藏數位化、資訊網路化、資料系統化」為資訊策略。在應用上以文錙藝術中心為統一入口網頁，分衍展覽廳、文錙音樂廳之網頁，以及書法研究室與海事博物館之獨立網站。各網頁都要求架構清晰、內容豐富、呈現動態、外部連結多樣化、資訊更新零時差，並積極開發與個人訪客及國內外各相關機構間互動交流之功能。

關於中心典藏、展演活動與研發成果的資訊呈現方面，諸如展覽廳的數位美術館網頁、書法研究室的 e 筆書畫特色獨立網站、音樂廳的演出資訊及海博館的船艦資料皆十分精彩。除了由專責同仁負責管理外，亦在工讀生團隊中尋求具有行銷、介面設計與美工專長之學生參與，期能以觀眾和使用者的角度達到完整資訊的傳遞效能。

七、流程（過程）管理

文錙藝術中心的流程管理以「快、準、順」為重點原則，為提高展演活動品質，針對來賓意見加以反映與改善，使工作人員執行業務時有所依循並增加效率，針對各項業務皆制定標準作業流程及細則文件，並於每次中心會議中檢討修訂。此外，在檢討會議或同仁日常的交流中，經常彼此分享在各種情況發生時的展場與演出活動中如何服務觀眾，對各項突發狀況之應變措施，重視觀眾的意見並加以回應與改進的方法，以建立優質的策展美學文化。

在跨組織關係管理上，文錙藝術中心基於本校培養心靈卓越人才的核心價值，肩負推廣藝術美學教育之使命，除自身主辦各項展演活動外，對於各教學行政單位辦理各項藝文或成果發表活動，更全力配合與支援，其服務精神與專業程度屢獲校內各單位之高度肯定。此外，借重中心領導階層與豐富資源的優勢，更將觸角伸向校外，在各藝術界中皆獲優良的評價，並經常和國內外公部門、重要機構或藝術團體合辦指標性的藝術活動，成果卓越，亦免費提供廳館資源供各級學校辦理藝術活動，和社區民眾維持良好關係。

在美術藝術方面，除三度承辦臺北縣（現新北市，下同）「淡水藝術節」外， 2009年由教育部指導，和多所大學聯合主辦兩岸重彩畫交流展、座談會及學術研討會並出版作品專輯及論文集；2010年和國立國父紀念館合作展出「文錙藝萃珍藏書畫展」，協辦「臺灣鄉情水墨畫」巡迴展，開幕式當天邀請黃光男政務委員現場揮毫及演講；2011年主辦「臺灣水彩畫協會會員聯展」；2012年與臺灣雕塑學會合辦「雕塑與環境的對話」雕塑展及座談會等等。

在書法藝術方面，書法研究室每年固定於總統府前舉辦新春開筆大會、於國父紀念館舉辦迎新春聯揮毫大會等大型指標活動，並獲行政院內政部之重視與協助；於春節前邀請書法家書寫春聯，且大量印製贈送民眾，進而印製春聯詞句書寫秘笈，推行全民寫春聯文化；中華民國建國一百年時更舉辦「百家萬歲書法展」，展品含括從38到97歲之老中青書畫家作品，書畫家年齡總和共約一萬零五百歲，馬英九總統親自蒞臨開幕式並給予高度肯定（如圖15-5）。

承辦百家萬歲書法展

總統參觀數位e筆展

新春開筆大會

圖15-5　文錙藝術中心承辦書法活動，總統　馬英九先生親臨指導。

在音樂藝術方面，曾協辦臺北市文化局「228愛・和平巡迴音樂會」、海峽兩岸古箏名家名團交流音樂會、協助多位知名音樂人錄製音樂專輯，如校友林生祥之「臨暗」專輯，獲行政院新聞局第16屆金曲獎7項提名與3項得獎肯定。而海事博物館為國際海事博物館協會（ICMM）與國際交通博物館協會（IATM）之資深會員，以及新北市政府藍色公路和淡水文化生活圈之重要景點，亦經常和國內知名博物館如國立臺灣博物館、鶯歌陶瓷博物館、淡水古蹟博物館、十三行博物館等進行館際與館藏交流。

八、經營績效

文錙藝術中心成立之初，適逢淡江大學全面品質管理邁入精進期，藉由運用品質管理手法經營以來，迭經學校改革與整體環境的變遷，仍在各面向之經營績效上不斷突破既往，茲就各面向分述如下：

(一) 參觀人數與顧客滿意度

自2005年納編海事博物館以來，中心每年皆有超過3萬人次的師生與民眾參與我們的展演活動。各檔活動皆針對觀眾意見進行滿意度調查，項目包括藝術內容評比、支援技術水準、展演場地設施與規劃以及服務人員等，得分百分率均在85分以上，可見參與者對中心的展演品質與服務水準皆抱持高度正面的評價。

(二) 財務與市場發展績效

中心主要經費來源以學校預算為主，然除了服務校內師生的教育目標外，中心更肩負社會責任，所舉辦之展演活動皆歡迎一般民眾免費參與。因此固定之校內預算難以滿足日益擴大的服務範圍，中心遂亦積極尋求外部資源的挹注，如勸募藝術品典藏、各界募款、尋求政府公部門之補助、和校友、藝術家或團體建立互惠合作方案等。此外，書法研究室更藉由研發 e 筆系統，獲得專利，並進行技術轉移以生產為商品，使本校在數位書畫工具的研究發展、技術領先、產學合作、以及財務獲利上都有豐碩的成果。

(三) 資訊管理績效

中心網站之網頁數量每年均以10至20頁的數量增長，其內容亦從原本靜態之圖文進入動態的呈現，轉而開設數位美術館、e筆特色網站等動態網頁，並藉由Facebook等互動式社群網站的使用進行活動行銷與顧客關係管理，整體成效良好。

(四) 人力資源績效

中心從草創之初人手短缺的篳路藍縷，至目前為止「藝術種子」已發展成為超過50人之工作團隊，分屬四個廳館室，其運作從招募與任用、考核與訓練、組織管理、到任務執行等階段都有既定之組織章程與標準流程，且各項業務所需之知識，包括訓練教材、考試題庫、工作備忘錄、檢核清單、應變措施與經驗分享等都已編製成文件，並有固定之歸檔管理模式，整體人力資源在質和量上都有顯著的提升。

(五) 流程管理績效

中心從成立之初，度過摸索期後，即著手編寫各項業務之標準作業流程，使得同仁與團隊在執行展演策展業務時，能更符合「快、準、順」的流程要求，各廳館每年可執行超過300次以上之導覽，文錙音樂廳之演出工作負荷量更從每年40場一舉躍升至超過100場的演出活動，皆歸功於執行流程管理之效能。

(六) 創新與核心競爭力

中心的核心競爭力包括學校的支持、中心各廳館規模及設備的完整、領導階層的藝術地位與行政能力、長期累積超過千件藝術品與60餘艘船艦模型等大量的典藏與館藏、具備高規格影音設備與絕佳聲學效果之音樂廳可供演出與錄音，以及獨步全球的數位書畫工具技術等等，在國內非藝術類大學中實屬罕見，且在國內大專藝文中心中已建立聲譽。由於外界時空與顧客行為的改變，我們更在展演活動的策畫上不斷融入創新的作法，在研發 e 筆的過程中融入藝術新觀念與資訊科技能力，並採取網路資訊化的創新行銷手法，以顧客需求為導向，未來更將結合系所舉辦「淡江大展」與「藝術文化週」等活動，使中心與校內各單位師生更緊密地結合。

(七) 社會評價

中心目前每年約有百篇以上之媒體正面報導，並多次獲得華視、民視、公視、東森、中天等電視台採訪。並且因協助淡水地區設立公共藝術、協助公部門、學校、藝術家、藝文團體等舉辦藝文活動，多次獲贈感謝狀或於出版品中特別註明感謝。近年來更藉由 e 筆書畫系統的開發，將兩岸故宮博物院所收藏之國寶進行動態筆跡重現計畫。每年於總統府舉辦新春開筆大會，以數位 e 筆參與基礎書法教學更獲　總統馬英九先生特別重視。

九、結語

淡江大學雖然沒有藝術相關系所，卻具有提升人文素質及強化藝術教育的眼光。文錙藝術中心位於深具歷史地位及人文薈萃之地的淡水，展望未來，我們將用心革新，創造更高的人文藝術價值，使之成為藝術重鎮。中心首要服務對象是校內的師生，高層次的經營與展演，將帶給全校教職員生難以言喻的藝術美學教育資源。但在服務學校提升藝術學風之外，更要對社會人文的推動盡一份心力，甚至能在現代科技領域中，以既有的數位e筆研發成果繼續努力，為傳統所延續下來的藝術再創高峰。中心全體同仁均能一體同心，完全體認中心的願景與任務目標，並堅持以PDCA的模式進行各項推廣業務的挑戰。對於協同校內及校外各級學校或社區教育，亦是如此；文錙藝術中心亦將繼續與校內外各單位積極合作，期使藝術資源能更有效的共享，進而創造藝術新價值。

加護病房的春天

細心觀察

101年春天，微風徐徐的午後，兩名外籍學生（A、B生）拖著沉重的步伐走進辦公室。A生腹瀉、發高燒，尋求就醫，業務承辦人員小綠立即提供醫院相關資訊，為他們預約計程車前往醫院並提醒攜帶居留證、健保卡。

4天後的週日，值班教官緊急來電，告知A生需要入住加護病房，境輔組組長立即聯絡相關人員前往探視。醫院判斷病因是感染性腹瀉導致急性腎衰竭、橫紋肌溶解症。

耐心聆聽、真誠以對

隔日，小綠前往醫院探視A生，該生擔心課業、期中考及醫療費用，小綠耐心聆聽且極力安撫A生，除協助辦理請假手續並為她說明健保、平安保險及教育部急難救助金等可提供的資源。

下午駐外館來電，表示其父親欲與學生通電，小綠立刻聯繫醫院，經多次磋商，醫院同意使用視訊。

打聽熟記、主動出擊、堅持力行

住院14天中，小綠每天早晚兩班次探視與陪伴，詢問護士A生病情與檢查狀況，並自行從網路蒐集病情相關的資訊與醫療人員溝通，掌握診療進度。

治療時，A生橫紋肌、腎臟功能及肝功能指數攀高，小綠擔心造成併發症，主動要求醫院會診肝膽胃腸科醫師，進行相關檢查及治療。

量身打造、超越期待、創造驚奇

治療期間，A生的腎臟因功能惡化，醫生提出緊急洗腎需求；小綠安撫A生情緒，使其放心接受兩次的洗腎，腎臟功能才得逐漸回復，橫紋肌指數也大幅下降，終於在入住加護病房的第七天轉入一般病房。

小綠得知A生轉入一般病房後將無人照料，便於事先為A生計算救助金金額確認足以負擔看護費用後，建議A生聘請看護。有了看護細心的照料，終於在第十四天出院。出院後，小綠協助學生申報相關保險及救助金，並持續關心復原的進展。

引導話題、了解興趣與深層需求

小綠於病房探視A生期間，數度與外籍生接觸，閒談中有同學表示由於文化差異及語言隔閡要參與社團的不易，小綠順著話題建議成立外籍生社團，得到了熱烈的迴響。因著一場病，納入了眾人的關懷與愛心，意外成就了一個社團的成立。

社團終於在101學年度開始運作，凝聚了外籍同學的感情，一起辦活動彼此照應關懷，而境輔組同仁對他們親切且全面的關照，更成為他們最好的依靠。

（國際暨兩岸事務處．境外生輔導組）

得獎過後…

得獎過後

榮獲國家品質獎的意義在哪裡？

榮獲國家品質獎後，淡江的經營可以就此劃地自限嗎？

榮獲國家品質獎後，淡江的發展可以就此登峰造極、平步青雲嗎？

身處在台灣高等教育風起雲湧的年代，我們可以確信本校創辦人高瞻遠矚的魄力是正確的指引。淡江從1993年開始宣示推動高等教育全面品質管理，至今整整20年，而追求國家品質獎的路是很艱辛的，從2001年第一次叩關，到2007、2008兩度挑戰，終於在2009年摘下桂冠。透過國家品質獎的焠煉與洗禮，正好對淡江進行了一場大規模的總體檢，得獎只是告訴我們，淡江整體表現的體質很好。

美國管理大師柯林斯（Jim Collins）有三本著作：《基業長青：願景企業的成功習慣》（Built to Last）、《從A到A+》（Good to Great）及《巨人如何衰敗》（How The Mighty Fall）。這三本書從《基業長青》到《從A到A+》，進而深思《巨人如何衰敗》，正可做為本校發展的警訊。

在《基業長青》一書中，柯林斯特別研究了歷經歲月考驗的二十世紀的18家代表企業，希望了解這些美國最長青的公司，如何從零開始，創建一家持久不墜的卓越公司。同時，這些公司有什麼與眾不同的特色，而能成為百年基業固守核心價值的卓越企業。結果發現：一、長青企業往往致力於造鐘(建構永續發展的組織)，而不是報時(只依賴偉大的領導人、偉大的構想或創新的產品)。二、能兼容並蓄，兼顧目的和利潤、延續性和改革、自由和責任等。三、有清楚的核心價值觀和目的，作為決策的依歸。四、固守核心的同時，又設定明確動人、振奮人心的大膽目標，力求進步。

然而，《基業長青》出版後，很多企業認為這本書對他們沒幫助，因為書中所舉的18家企業本來體質就很好，他們的領導人都不是試圖改造企業的執行長，而是創業家。有很多企業想知道如果本身體質不是很好，要怎麼樣變得很好。所以，柯林斯和他的研究團隊又花了五年時間完成了《從A到A+》一書，他以1000多家企業作為研究樣本，最後嚴格地篩選出11家傑出企業，探討這些傑出企業如何從優秀到卓越，並提出第五級領導人的看法與飛輪的觀念，進而引介卓越企業的成功之道。

柯林斯談到領導能力有五個等級：第一級（level 1）是高度才能的個人（highly capable individual）：能運用個人天賦、知識、技能和良好工作習慣，產生有建設性的貢獻。第二級（level 2）是有貢獻的團隊成員（contributing team member）：能夠貢獻個人能力，達成組織目標，並且有效地與他人合作工作。第三級（level 3）是勝任愉快的經理人（competent manager）：能組織人力和資源，有效率地和有效能地達成預定的目標。第四級（level 4）是有效的領導者（effective leader）：激勵部屬熱情追求明確、動人的願景和更高的績效標準。第五級（level 5）是第五級領導人（level 5 executive）：結合謙虛個性和專業意志，建立持久績效。基本上，組織需要變革或遭遇危機，需要轉型時，就相當需要第五級領導人。

同時，柯林斯認為企業的成功過程可分成三個階段：一是有紀律的員工，二是有紀律的思考，三是有紀律的行動。他認為一所卓越的企業必須仰賴能自我管理和自我激勵的員工，這是有紀律的文化中最重要的成分。在每個階段中，都包含其重要的觀念，環繞整個觀念架構的，柯林斯把它稱為「飛輪」(Flywheel)的觀念，這個觀念抓住了企業從優秀到卓越的整個過程的型態。企業蛻變的過程，必先從累積實力，然後再突飛猛進的過程，才能成為績效又有品質的企業。

但是，柯林斯在《從A到A+》中提到的11家傑出企業中，在新書發表後第二年竟有4家企業殞落，包括：2008年11月電路城(Circuit City) 公司破產、2008年9月政府代管房利美(Fannie Mae)公司、2005年吉列(Gillette)公司售予寶鹼及富國銀行(Wells Fargo)靠政府花250億紓困。原來，「巨人也會跌倒」。

柯林斯在《巨人如何衰敗》書中提到A+企業的由盛轉衰，成功的因素往往造成失敗的因子，成功者會不斷複製成功的模式，不再深入思考，等到成功過後，就自我膨脹、傲慢而忽略市場的變化。書中柯林斯歸納出巨人跌倒的五個階段：一、成功之後的傲慢自滿；二、不知節制，不斷追求更大、更快、更多；三、輕忽風險，罔顧危險；四、病急亂投醫；五、放棄掙扎，變得無足輕重或走向敗亡。我們必須要有警覺心，知道自己什麼時候可能開始衰敗。即使在太平時期，領導人也必須製造一些危機、不安的感覺，讓組織永遠保持警戒，不陷入成功的陷阱。如果及早了解衰敗的徵兆，可以讓健康的體質知所警惕，對於正在走下坡的機構及時踩下煞車，扭轉乾坤，甚至重整旗鼓後，變得更加健康茁壯！

淡江是一所「百年樹人」的高等教育機構，64年來，經過四個波段的建設，從英專建校到大學正名以來，漸次形成規模龐大的學校，大到有人以「大象」比喻淡江。為了讓「大象」學會跳舞，首先要做自我體檢，並找到塑身的方法。在推動TQM及挑戰國家品質獎的長期洗禮下，淡江校務管理的模式已然穩健完整，並且得到一份通過體檢的健康報告。然而，這樣的穩健與完整若缺乏正確的願景與持續的企圖，很容易會落入僵化與封閉。因此，我們必須重新要求自我反省與持續創新。

得獎之後，我們要以這健康的體質，自我警惕：第一、巨人也會跌倒，第二、大象體檢報告，第三、大象如何塑身，第四、塑身轉型計畫。雖然「巨人」「大象」在此是象徵著淡江，但是也可以隱射成每一所已具規模的高等教育機構。因此，當我們獲得國品獎的肯定，就要回思到高等教育的本質，應該如何再出發？若要使高等教育的命脈基業長青，不僅要積極與全球脈動同步，邁向「新曲線」的高峰，創造引領時代進化的領袖地位。

21世紀的高等教育正面臨著多元且極大的衝擊與挑戰，要成為一所永續經營的大學，不僅需要有明確而多元的使命願景，更須重視教育的核心、結構、資源與發展等面向的品質提升與策略績效，學校的組織模式、行政模式、經濟模式、及思維模式皆應要有開放的勇氣與準備，高等教育機構更須擁有最大的機動性與適應性，以達成未來的目標與理想。

期盼高等教育組織能建立提升學術競爭力的共識，發揮團隊精神，在競合發展、和諧共贏的氣氛之中，追求知識卓越的再提升。期望「大象」經過瘦身後，更要從巨象脫胎換骨，以「不驕不餒，再創新局」的精神，成為身手矯健、積極進取的獵豹。

參考文獻

Alexander, J. F. (2006年3月)。Monfort商學院：全面品質管理為基本動力。淡江大學94學年度全面品質管理研習會實錄，淡江大學。

Barkley, B. T. & Saylor, J. H. (1994).*Customer-driven project management: A new paradigm in total quality implementation.* New York: McGraw-Hill.

Besterfield, D. H., Besterfield-Michna, C., Besterfield, G. H., & Besterfield-Sacre, M. (1995). *Total quality management.* New Jersey: Prentice-Hall.

Coate, L. E. (1994). Implementing total quality management in a university setting. In H. I. Costin (ed.). *Readings in total quality management* (pp.447-483). Fort Worth: Harcourt Brace.

Costin, H. I. (ed) (1994). *Readings in total quality managment.* For worth : Harcourt Brace & Company.

Crainer, S. (2000). *The management century: A critical review of 20th century thought & practice.* San Francisco: Jossey-Bass.

Dettmann P. E. (2004). *Administrators, faculty, and staff/support staff' s perceptions of MBNQA educational criteria implementation at the University of Wisconsin Stout.* Unpublished dissertation.

Freed, J. E. (1994). *Total quality management on campus: Pipe Dream or new paradigm?* (ERIC Document Reproduction Service No. ED 373 636)

Joblonski, J. R. (1992). *Implementing TQM: Competing in nineties through total quality management* (2nd ed.). New Mexico: Technical Management Consortium.

Juran, J. M. (1989). *Juran on leadership for quality－An executive handbook.* New York: Free.

Kenneth W. Monfort College of Business, MCB (2004). *2004 Malcolm Baldrige National Quality Program Application.* Retrieved March 15, 2009, from http://www.quality.nist.gov/PDF_files/Monfort_Application_Summary.pdf

Lewis, R. G. & Smith , D. H. (1994). *Total quality in higher education.* Delray Beach : st. Lucie Press.

Melan, E. (1995). Quality improvement in higher education: TQM in administrative functions, In Ruben, B. (Ed.), *Quality in higher education* (pp.173-188). New Jersey: New Brunswick.

NIST (National Institute of Standards and Technology, Department of Commerce) (2011). *The 2011-2012 Education Criteria for Performance Excellence.* Retrieved March 20, 2011, from http://www.nist.gov/baldrige/publications/upload/2011_2012_Education_Criteria.pdf

NIST (National Institute of Standards and Technology, Department of Commerce) (n.d). The 2004 Education Criteria for Performance Excellence. Retrieved March 15, 2009, from http://www.quality.nist.gov/PDF_files/2004_Education_Criteria.pdf

NIST (National Institute of Standards and Technology, Department of Commerce) (2013). *History.* Retrieved April 2, 2013, from http://www.nist.gov/baldrige/about/history.cfm

Oblinger, D. & Verville, A. (1998).*What business wants from higher education* Phoenix, Ariz. : Oryx.

Richland College, RLC (2005). *2005 Malcolm Baldrige National Quality Program Application.* Retrieved March 15, 2009, from http://www.quality.nist.gov/PDF_files/Richland_College_Application_Summary.pdf

Ruben, B. D. (2001). *Adapting the baldrige framework for colleges and universities: the excellence in higher education program.* USA: The Hunter Group.

Sherr, L. A. & Lozier, G. G. (1992). Total quality management in higher education In L. A. Sherr and D. J. Teeter (eds.). *Total quality management in higher education* (pp.3-11). San Francisco: Jossey-Bass.

Sims, R. R. & Sims, S. J. (1995). Toward an understanding of total quality management: Its relevance and contribution to higher education. In S. J. Sims (eds.). *Total quality management in higher education.* Westport: Praeger.

Slaughter, S. & Leslie, L. L. (1997). *Academic capitalism: politics, policies, and the entrepreneurial university.* Baltimore and London: The Johns Hopkins University Press.

Sorensen, C. W. (2004年3月)。品質之旅～追求品質獎之歷程。淡江大學92學年度全面品質管理研習會實錄，淡江大學。

Stahl, M. J. (1999/2000). *Management: Total quality in the global environment.* 李茂興(譯).。管理概論：全面品質管理取向。台北：弘智。

UNESCO(1993)。*Strategies for change and development in higher education.* Policy paper on Higher Education prepared by the Division of Higher Education.

白滌清(1999)。企業管理教育中服務品質之研究－利用品質機能展開法。淡江人文社會學刊，3，191-213。

何瑞薇譯(2003)。全面品質教育（原作者：E. Sallis）。台北：元照。

吳清山、黃旭鈞(1995)。提升教育品質的一股新動力：談全面品質管理及其在教育上的應用。教育資料與研究，2，74-83。

吳清山與林天祐(1994)。全面品質管理及其在教育上的應用。初等教育學刊，3，1-28。

岳林(1994)。美國教育界推行TQM的省思。品質管制月刊，30(12)，21-22。

林天祐(1998)。全面品質管理與學校行政革新。教育資料與研究，22，19-22。

林清風(2011)。100學年度淡江大學品管圈輔導員培訓課程手冊(二)。新北市：淡江大學。

秦夢群(1997)。教育行政學－理論部分。台北：五南。

張明敏譯(2005)。新自由主義全球化年代高等教育的政治經濟(原作者Carlos A. Torres & Daniel Schugurensky)，摘錄自21世紀高等教育的挑戰與回應：趨勢、課程、治理。台北：淡江大學高等教育研究與評鑑中心主編。

張家宜(2002)。高等教育行政全面品質管理－理論與實務。台北：高等教育。

張家宜(2004)。中美國家品質獎應用於高等教育之比較與探討。教育研究月刊，123，5-18。

張家宜(2008)。高等教育領導人力發展與教育品質的提升。教育資料與研究雙月刊，81，17-42。

楊國賜(2008)。推薦序，載於國際大學研究績效評鑑，王如哲著。台北：高教評鑑中心基金會。

褚耐安譯(2007)。洞察卓越績效：探討深入2007年美國國家品質獎評選標準(原作者：Mark Blazey)。台北：經濟部中小企業處。

戴久永(1992)。品質管理。台北：三民。

戴曉霞(2000)。高等教育的大眾化與市場化。台北：揚智文化。

淡江書系 004 ISBN 978-986-5982-49-2

TQM在淡江-感動服務

作　　者　張家宜 編著
主　　編　白滌清
執行編輯　孔令娟
責任編輯　王舒嫵
封面設計　楊蕙如

發 行 人　張家宜
社　　長　邱炯友
總 編 輯　吳秋霞

出　　版　淡江大學出版中心
地址：25137 新北市淡水區英專路151號
電話：02-86318661/傳真：02-86318660

總 經 銷　紅螞蟻圖書有限公司
地址：台北市114內湖區舊宗路2段121巷19號
電話：02-27953656/傳真：02-27954100

出版日期　2014年6月 一版一刷

定　　價　600元

國家圖書館出版品預行編目資料

TQM在淡江：感動服務／張家宜編著. -- 一版.
-- 新北市：淡大出版中心, 2014.06
面；　公分.

ISBN 978-986-5982-49-2(平裝)

1.高等教育 2.學校行政 3.全面品質管理

525.6　40703-18　103009906